1

Tricolore

5ᵉ édition

Sylvia Honnor
Heather Mascie-Taylor
Michael Spencer

OXFORD
UNIVERSITY PRESS

Great Clarendon Street, Oxford, OX2 6DP, United Kingdom

Oxford University Press is a department of the University of Oxford.

It furthers the University's objective of excellence in research, scholarship, and education by publishing worldwide. Oxford is a registered trade mark of Oxford University Press in the UK and in certain other countries

Tricolore first published in 1980 by E.J. Arnold and Sons Limited

Encore Tricolore first published in 1992 by Thomas Nelson and Sons Limited

Encore Tricolore nouvelle édition first published in 2000 by Thomas Nelson and Sons Limited

Tricolore Total first published in 2008 by Nelson Thornes Ltd

Tricolore 5e édition first published in 2014 by Oxford University Press

British Library Cataloguing in Publication Data
Data available

978-1-4085-2418-3

1 3 5 7 9 10 8 6 4 2

Paper used in the production of this book is a natural, recyclable product made from wood grown in sustainable forests.

The manufacturing process conforms to the environmental regulations of the country of origin.

Printed in Great Britain

Acknowledgements

Although we have made every effort to trace and contact all copyright holders before publication this has not been possible in all cases. If notified, the publisher will rectify any errors or omissions at the earliest opportunity.

Links to third party websites are provided by Oxford in good faith and for information only. Oxford disclaims any responsibility for the materials contained in any third party website referenced in this work.

La France

LE PAYS DE GALLES

L'ÉCOSSE

L'IRLANDE

L' ANGLETERRE

Douvres

Londres

Calais

LA BELGIQUE

La mer du Nord

LES PAYS-BAS

L' ALLEMAGNE

LE LUXEMBOURG

La Manche

Cherbourg

Rouen

La Seine

Paris

Versailles

Disneyland Paris

Strasbourg

Les Vosges

LA SUISSE

Le Mans

Tours

La Loire

Dijon

La Seine

Le Jura

L'océan Atlantique

La Rochelle

Clermont-Ferrand

Lyon

Les Alpes

L' ITALIE

Bordeaux

La Garonne

Le Massif Central

Grenoble

Le Rhône

Biarritz

Avignon

Nice

MONACO

Lourdes

Toulouse

Marseille

L' ESPAGNE

Les Pyrénées

La Corse

La mer Méditerranée

Table des matières

4 quatre

Table des matières

Course information

Welcome to **Tricolore**! Whether you are a total beginner or have studied some French before, you will be learning to use the language to talk about the things that interest you.

 Tricolore 1 is available in print or online. The digital version of the book has links to many more activities to help you learn French.

Dossier-langue **Grammaire 5.3**

These grammar boxes will help you understand the patterns and rules of French. The reference number, e.g. 5.3, links to the **Grammaire** section on pages 160–166, where you can find more detailed information.

Stratégies

In **Tricolore 1** you will find strategies for understanding the language you listen to and read, and for producing accurate French. The **Stratégies** boxes will also give you help with learning vocabulary and grammar.

Phonétique

These boxes help you to learn French sounds and to recognise how these sounds are written in French. So when you see a word written down, you will know how to pronounce it correctly, and when you hear a French word, you will know how to write it down.

These boxes will help you with an activity and provide you with interesting information.

🔊 This means that the activity has an audio track for you to listen to, either on an audio CD or from the digital book.

⊕ Look for this symbol if you have studied French before and are ready for an extra challenge.

💬 For some language activities, it is best to work with a partner or in a group.

Dossier Personnel

As you work through the course, you can build up your own reference material in your personal project file. This will be useful when you look back at what you have learnt at the end of a term. It will also help with revision before a test or exam.

Sommaire

At the end of each unit, there is a summary of the key vocabulary and language taught in that unit.

unité 1   Au choix

This section contains some extra practice activities linked to each unit and can also be used for independent work.

Rappel   **Unités 4–5**

This section contains revision activities and is suitable for independent work.

Presse-Jeunesse ❶

This is a magazine-style section for independent reading.

Grammaire

This reference section (pages 160–166) gives more information about grammatical points, such as nouns, gender (masculine or feminine), adjectives, verbs etc. You can refer to this at any time.

Glossaire

Like a mini bilingual dictionary, the glossary has two sections. Bilingual means it translates words between two languages – from French to English and English to French. In each section, the words are listed in alphabetical order.

Français – anglais – look up the meaning of a French word or check the spelling or gender (masculine or feminine).

Anglais – français – look up the French for an English word (if it's in the units).

unité 1 Bonjour!

1A Toi et moi

- **greet someone, ask their name and age and tell them yours**
- **ask someone how they are and tell them how you are**
- **use numbers 1–20**

1 Bonjour!

🔊 Écoute et répète.

① Bonjour, Cécile.
Bonjour, Sébastien.

② Salut, Olivier!
Salut, Camille!

③ Au revoir, Isabelle.
Au revoir, Loïc.

④ Bonjour, Monsieur Marcuse.
Bonjour, Madame Lucas.

⑤

> Comment t'appelles-tu?

> Je m'appelle Océane. Et toi, comment t'appelles-tu?

> Je m'appelle Clément.

2 Ça va?

🔊 Écoute et écris ✓ ou 〜 ou ✗ pour chaque personne.

🙂	Ça va bien	✓
😐	Comme ci comme ça	〜
🙁	Pas très bien	✗

Exemple: Lauryne ✓

Julie

1 Lauryne

2 Julien

3 Sanjay

4 Chloé

5 Léa

6 Alexandre

3 Quel âge as-tu?

Travaillez à deux.

Exemple:

> Tu es Célia. Quel âge as-tu?

> J'ai onze ans.

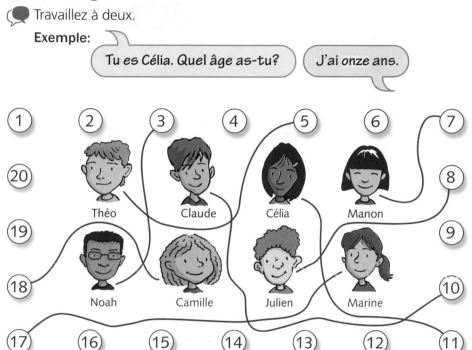

Théo Claude Célia Manon

Noah Camille Julien Marine

(1) (2) (3) (4) (5) (6) (7)
(20) (8)
(19) (9)
(18) (10)
(17) (16) (15) (14) (13) (12) (11)

Stratégies

Using what you know

As you learn a new language, try to build on what you know as you go along, practising the new words and expressions with what you know already. For example, you have now learnt how to greet people and ask and answer questions about name, age and how people are feeling.

Use this together with any other French words you know to have a long conversation with a partner.

4 Salut!

a À deux, complétez la conversation.

A Salut! Comment t'appelles-tu?

B Je m'appelle ___ .
Et toi, comment ___?

A Je ___ .
Quel âge as-tu?

B J'ai 11 ans. Et toi, quel ___?

A J'ai ___ .
Ça va?

B Comme ci, comme ça. Et toi, ___?

A ___
Au revoir ___ .

B ___

b À deux, inventez une longue conversation.

See how long you can keep the conversation going, using correct French, of course! Here are some useful phrases to help you:

Et toi? (What about you?)

Moi aussi. (Me too.)

Maybe you already know some other expressions you could use.

Phonétique

 The letter 'c'

cinq   cartable

ce ci ç = soft c   ca co cu = hard c

c'est Cécile un garçon ça   Camille comme M. Marcuse

1B Qu'est-ce que c'est?

- use numbers 1–20 with things in the classroom
- learn about gender (masculine and feminine)
- learn how to make singular nouns plural

1 Des affaires d'école

🔊 Écris 1–15. Écoute et écris la bonne lettre.

Exemple: 1C

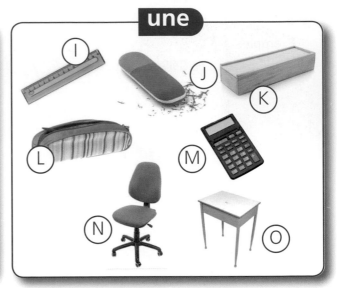

Dossier-langue | **Grammaire 1.1, 1.2**

Masculine and feminine (gender)

In French all nouns are either **masculine** or **feminine**. This is called the gender of a noun.

Before a **masculine** word use **un** for 'a' or 'an',

e.g. **un** *crayon*

Before a **feminine** word use **une** for 'a' or 'an',

e.g. **une** *chaise*

In English, nouns don't have genders, but in French they do. It is important to learn the gender of each new noun as you meet it.

2 Qu'est-ce que c'est?

🔊 a Regarde les images. Écoute et écris les nombres.

Exemple: 4, …

💬 b Jouez à deux.

Exemple:

A Je pense à quelque chose.

B C'est une chaise?

A Non. (Non, ce n'est pas ça.) ✗

ou Oui, c'est ça. ✓

3 Au collège

Le cartable de Mathilde

Le sac de Thomas

a Copie les bonnes phrases.

Exemple: Dans le cartable de Mathilde, il y a quatre crayons, ...

1 Il y a quatre crayons.
2 Il y a deux stylos.
3 Il y a une trousse.
4 Il y a trois livres.
5 Il y a un portable.
6 Il y a quatre règles.

b Copie et complète.

Exemple: Dans le sac de Thomas, il y a un taille-crayon, ...

1 Il y a ___ taille-crayon.
2 Il y a ___ classeurs.
3 Il y a cinq ___ .
4 Il y a une ___ .
5 Il y a quatre ___ .
6 Il y a ___ carnet.

➕ **c** Regarde le sac de Léa. Écris six phrases.

Exemple: Il y a une règle.

Dossier-langue   **Grammaire 1.3**

Plural nouns

How do we usually make nouns plural in English? Can we normally hear the added letter?

To make nouns plural in French, we also add -s, but usually it is not pronounced.

un crayon ⟶ deux crayons

🔊 Listen now to the plural of the words listed below.

1 crayons
2 tables
3 articles
4 solutions
5 parents
6 sports

Can you hear the final -s?

a in French?   **b** in English?

Stratégies

Working out meaning

Some words look the same in French and in English – they are called **cognates**. You can easily understand them when you read them. It's more difficult when you hear them because they sound very different.

🔊 Listen to how these words are pronounced in French:

1 *France* 2 *Paris* 3 *table* 4 *sport* 5 *animal*
6 *action* 7 *télévision* 8 *orange* 9 *violet*
10 *intelligent*

---

4 Qu'est-ce qui manque?

🔊 C'est l'anniversaire de Carine. Voici les cadeaux. Écoute la conversation et regarde les cadeaux. Qu'est-ce qui manque?

1C En classe

1 Donner un ordre

a Trouve les paires.

Exemple: 1C

1 Écoutez.
2 Regardez.
3 Prenez un stylo.
4 Levez-vous.
5 Écrivez.
6 Rangez vos affaires
7 Répétez.
8 Ouvrez le livre à page 10.
9 Asseyez-vous.
10 Fermez le cahier.

◀))) b Écris 1–10. Écoute et écris la bonne lettre.

Exemple: 1E

c Complète les phrases.

Exemple: 1 _Écoutez_ la chanson.

1 Écoutez la ___ .	5 Regardez le ___ .
2 Comptez les ___ .	6 Trouvez un ___ .
3 Ouvrez le ___ .	7 Regardez le ___ .
4 Fermez la ___ .	8 Fermez le ___ .

la la la

Dossier-langue   Grammaire 11.7

Giving instructions

The verb forms used in activities 1 and 2 are commands or instructions. The correct grammatical term for these is **imperatives**. You will find out more about these in a later unit.

Phonétique

⟳ **The letters 'i', 'y'**

stylo
livre

souris Paris merci

Stratégies

Remembering the gender of nouns (1)

To help you learn the gender of nouns, you could use colour coding. Write or highlight **masculine nouns** in **blue** and **feminine nouns** in **red** – afterwards you will picture each word in red or blue, and that will remind you whether it's feminine or masculine.

2 Des instructions

a Trouve les paires.

Exemple: 1c

1 Trouve les paires.	a Listen and repeat.
2 Regarde les images.	b Copy and fill in …
3 Écoute et répète.	c Find the pairs.
4 Écoute et écris …	d Look at the pictures.
5 Copie et complète …	e Listen and write …

➕ **b** Dessine un poster pour la classe.

Exemple:

Des phrases utiles en classe

Asseyez-vous!

3 Un, deux, trois

 Écoute et chante!

– Un, deux, trois (1, 2, 3)
Salut! C'est moi!
Quatre, cinq, six (4, 5, 6)
J'habite à Nice.
Sept, huit, neuf (7, 8, 9)
Dans la rue Elbeuf.

Dix, onze, douze (10, 11, 12)
Et toi?
– Toulouse.
Treize, quatorze, quinze (13, 14, 15)
Dans l'avenue de Reims.

Seize, dix-sept (16, 17)
Je m'appelle Colette.
Dix-huit, dix-neuf, vingt (18, 19, 20)
C'est la fin!
Recommence au numéro un …

Sommaire

Now I can ...

■ **say hello and goodbye and give my name**

Bonjour! Je m'appelle Lynda. — Hello. I'm called Lynda.
Comment t'appelles-tu? — What are you called?
Salut Lynda! Je m'appelle Alain. — Hi Lynda! I'm called Alain.
Au revoir! — Bye!

■ **give my age**

Quel âge as-tu? — How old are you?
J'ai quatorze ans. — I'm 14.

■ **ask people how they are and say how I am too**

Ça va? — How are you? OK?
Ça va bien, merci. — Fine, thank you.
Comme ci comme ça. — So-so/Not bad.
Non, pas très bien. — No, not so good.

■ **recognise masculine and feminine nouns**

un livre — *une table*

■ **make nouns plural**

un cahier → *des cahiers*
une trousse → *des trousses*

■ **understand classroom commands**

Asseyez-vous. — Sit down.
Complète … /Complétez … — Complete … /Fill in …
Compte … /Comptez … — Count …
Copie … /Copiez … — Copy …
Écoute … /Écoutez … — Listen …
Écris … /Écrivez … — Write …
Ferme … /Fermez … — Close …
Jouez à deux. — Play in pairs.
Levez-vous. — Stand up.
Ouvre … /Ouvrez … — Open.
Prends … /Prenez … — Take …/Pick up …
Range … /Rangez … — Put away …
Regarde … /Regardez … — Look at …
Répétez. — Repeat.
Réponds … — Reply.
Travaillez à deux. — Work in pairs.
Trouve … — Find …

■ **name things in the classroom**

les affaires (d' école) — (school) things
masculine words
un bic — biro
un cahier — exercise book
un cartable — schoolbag, satchel
un carnet — notebook
un classeur — file
un crayon — pencil
un feutre — felt-tip pen
un lecteur MP3 — MP3 player
un livre — book
un ordinateur (portable) — (laptop) computer
un portable — mobile phone
un sac (à dos) — bag (backpack)
un smartphone — smartphone
un stylo — pen
un surligneur — highlighter
un tableau interactif — interactive whiteboard
un taille-crayon — pencil sharpener
un trombone — paper clip

feminine words
une boîte — box/tin
une calculatrice — calculator
une chaise — chair
une clé USB — memory stick
une fenêtre — window
une feuille de papier — sheet of paper
une gomme — rubber
une porte — door
une poubelle — bin
une règle — ruler
une table — table
une trousse — pencil case

2A Venez en France

- *understand people saying where they live*
- *learn how to say 'in' a place*

1 J'habite en France

🔊 Écoute et lis.

Lucas

Camille

J'habite à Paris. C'est fantastique!

Moi, j'habite à Lille.
J'habite dans un appartement en ville.

M. Lebrun

Moi, j'habite ici, en Normandie.
J'habite dans une ferme, près de Trouville.

Mme Dumas

J'habite ici, à Strasbourg, avec ma famille.
J'habite dans une maison en ville.

Nicolas

Moi, j'habite à La Rochelle.
C'est un port en France.

Julie

Jean-Pierre

Moi, j'habite à Nice.
C'est super.

Maxime

Moi, j'habite ici, à l'Île de Ré.
C'est une île près de La Rochelle.

Moi, j'habite dans un village, à la montagne.
C'est dans les Alpes, près de Grenoble.

Map labels: l'Angleterre, la Belgique, l'Allemagne, la Manche, le Luxembourg, la Seine, Lille, Trouville, Strasbourg, Paris, la Loire, LA FRANCE, la Suisse, l'île de Ré, La Rochelle, l'océan Atlantique, la Dordogne, le Rhône, Grenoble, l'Italie, la Garonne, Nice, l'Espagne, la mer Méditerranée

Phonétique

▶ **The letters 'ch'**

chat

La Ro**ch**elle la Man**ch**e **ch**ose **ch**aise

Dossier-langue — Grammaire 5.1, 5.3, 5.8

Saying 'in' a place

In French there are several ways of saying 'in'. Which do you use when talking about where people live? Work it out and complete the rules below. Here are some clues:

J'habite à La Rochelle en France.

M. Lebrun habite dans une maison, dans un village.

The rules!

How to say 'in'.

1 Before the **name of a city, town or village** use …

2 Before the **name of a country** use …

3 Before the **kind of accommodation or location** use …

Use these rules in the activities on pages 15, 16 and 17. Why not make a note of this to help you in future?

2 C'est où?

Trouve le français.

Exemple: 1 à Paris

1 in Paris
2 in a flat
3 in town
4 on a farm
5 in a house
6 a port in France
7 in the mountains
8 in the Alps
9 near La Rochelle

3 Vrai ou faux?

a Lis les phrases 1–10. Vrai ou faux?

Exemple: 1 vrai

1 Paris est en France.
2 La Rochelle est un port en France.
3 Camille habite dans une maison en Angleterre.
4 M. Lebrun habite dans un appartement.
5 Mme Dumas habite dans une ferme près de Trouville.
6 Maxime habite près de Grenoble.
7 Lucas habite dans un port.
8 Nice est une ville au bord de la mer.
9 Julie habite à La Rochelle.
10 Maxime habite dans les Alpes.

✚ **b** Corrige les cinq phrases qui sont fausses.

Exemple: 3 Camille habite dans un appartement en France.

M. = Monsieur
Mme = Madame

Stratégies

Using clues to work out meaning (1)

The **pictures** in an activity can help you work out what words mean. Also, some words are cognates (very similar to English words), e.g. *super, moderne, important(e)*.

Look at the photo texts in activity 1 and find the French for these words:

fantastic, a flat, a port, a village.

2B Où habites-tu?

- *say where you live*
- *ask someone where they live*
- *use numbers up to 30*

1 J'habite ici

Écris des phrases complètes.

Exemple: 1 J'habite à Cherbourg.

 CHERBOURG

1 J'habite

 **2** J'habite dans

 **3** J'habite dans

 **4** J'habite dans

 TOULOUSE 5km

5 J'habite

 **6** J'habite dans

 **7** J'habite dans

 8 J'habite

a une ferme.	**c** un appartement.
b à Cherbourg.	**d** une ville.

e près de Toulouse.	**g** en France.
f une maison.	**h** un village.

Dossier-langue   Grammaire 8.2

Asking a question

Tu habites en France. means 'You live in France.'

Où habites-tu? asks the question 'Where do you live?'.

What has happened to change this from a statement into a question?

Look at the word order. What has been added?

2 Et toi? Où habites-tu?

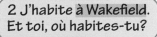 Écoute et lis.

À deux, inventez des conversations. Changez les mots surlignés.

1 Où habites-tu?

2 J'habite à Wakefield. Et toi, où habites-tu?

3 Moi, j'habite dans un village, près de Leeds.

J'habite dans (+ house, flat or farm).
J'habite près de (+ name of city, town or village).

J'habite à (+ name of city, town or village).
J'habite en/au (+ country).

J'habite	à près de	Paris		Écosse. Angleterre. Irlande (du Nord). France.
		Glasgow	en	
		Londres		
		Dublin		
		Belfast		
		Cardiff	au	pays de Galles.

Wales is different.
'in Wales' = **au pays de Galles.**

Exemple: Swansea est au pays de Galles.

J'habite à Ammanford, au pays de Galles.

3 Qui habite où?

Écoute et trouve les paires.

Exemple: 1 *Olivier* 7

1 Olivier	5 Sébastien
2 Coralie	6 Monsieur Garnier
3 Magali	7 Jean-Marc
4 Loïc	8 Isabelle

4 C'est moi!

a Trouve les paires.

Exemple: 1*b*

1	Je m'appelle	a	douze ans.
2	J'ai	b	Sonia Charbonnier.
3	J'habite	c	une ville en France.
4	Ma maison est dans	d	de La Rochelle.
5	Le village est près	e	dans une maison.
6	La Rochelle est	f	un petit village.

b Écris des phrases complètes.

Exemple: 1 *Je m'appelle Sonia Charbonnier.*

Stratégies

Memorising numbers

- Learn numbers in groups of five.
- Sing the numbers in a song (see p13).
- Make some number cards for a game (e.g. dominoes with words and numbers: deux | 8, huit | 6 etc.).

- With difficult numbers, link them to a picture or a rhyming word (e.g. *quinze* might be a row of 15 cans!). Something funny or crazy will be more memorable.
- Record yourself saying the numbers in French in any order – then listen back and write the numeral you hear (e.g. you hear *treize*, you write 13).
- Can you think of other ways that work for you? Share your ideas!

5 Inventez des conversations

a Écoute et lis la conversation.

A Comment t'appelles-tu?

B Je m'appelle Roman. Et toi, comment t'appelles-tu?

A Moi, je m'appelle Jules. Quel âge as-tu?

B J'ai douze ans. Et toi? Quel âge as-tu?

A Moi, j'ai onze ans. Où habites-tu?

B J'habite près de Tours. Et toi? Où habites-tu?

A J'habite à Orléans. Au revoir, Roman.

B Au revoir, Jules.

onze
douze
treize
à
près de
La Rochelle
Swansea
Exeter
Glasgow

b À deux, changez les mots surlignés.

Exemple:

A Comment t'appelles-tu?

B Je m'appelle Laura. Et toi, comment t'appelles-tu?

A Moi, ...

c À deux, inventez une autre conversation. Ajoutez encore deux détails.

2C Comment ça s'écrit?

1 La semaine de Lou

🔊 a Écoute et lis.

Voici Lou Leroux. Il est reporter à Télé-France. Il voyage beaucoup.

lundi

Lundi, il est dans un village en Écosse.

mardi

Mardi, il est à Londres, en Angleterre.

mercredi

Mercredi, il est au pays de Galles.

jeudi

Jeudi, Lou est à Belfast, en Irlande du Nord.

vendredi

Vendredi, il est dans une ferme à la montagne, en France.

samedi

Samedi, Lou est à Paris.

dimanche

Lou est à la maison. Ouf!! Lou adore le dimanche!

b Trouve les cinq phrases qui sont vraies.

Exemple: 1, ...

1 Lundi, Lou est dans un village.
2 Mercredi, Lou est en France.
3 Samedi, Lou est dans une ville en France.
4 Vendredi, Lou est dans une ferme, au pays de Galles.
5 Mardi, Lou est en Angleterre.
6 Jeudi, Lou est en Irlande.
7 Samedi, Lou est près de la tour de Londres.
8 Lou adore le dimanche.

c Clara est cycliste. Elle voyage en France. Où est-elle lundi? Et mardi, mercredi, ..., dimanche? À toi de décider!

Exemple: *Voici Clara. Lundi, elle est à Calais.*
C'est un port en France. Mardi, elle est dans un village près de ...

2 Quel jour sommes-nous?

Trouve les paires et écris l'équivalent en anglais.

Exemple: lu. – lundi, Monday

lu. ma. me. je. ve. sa. di.

dimanche	mercredi
jeudi	samedi
lundi	vendredi
mardi	

3 L'alphabet

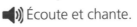

🔊 Écoute et chante.

Moi, je sais l'alphabet,
Écoute est-ce que c'est bon?
A, B, C, D, E, F, G, H ...
- Ça continue comment?
- A, B, C, D, E, F, G, H,
I, J, K, L, M, N, O, P ...
- Ça continue comment?

[...] Q, R, S, T, U, V, W,
- Ça continue comment?
[...] X, Y, Z.
- Ça continue comment?
- Idiote, c'est tout, c'est bon!
A, B, C, [...] X, Y, Z

4 Comment ça s'écrit?

 À deux, inventez des conversations.

Exemple:

A Comment t'appelles-tu?

B Je m'appelle Jack.

A Comment ça s'écrit?

B J–A–C–K. Et toi? Comment t'appelles-tu?

A Je m'appelle Sophie.

B Comment ça s'écrit?

A S–O–P–H–I–E.

5 Tu habites où?

🔊 Écris 1–6. Écoute et écris les villes en France.

Exemple: 1 Lyon

Sommaire

Now I can ...

■ *talk about where people live*

Où habites-tu? (Tu habites où?)	Where do you live?
J'habite ...	I live ...
dans une maison	in a house
dans un appartement	in a flat
dans une ferme	on a farm
dans un port	in a port
dans une ville	in a town
dans un village	in a village
à la maison	at home
à la montagne	in the mountains
au bord de la mer	by the sea
à Londres	in London
près de Paris	near Paris
en France	in France
en Angleterre	in England
en Écosse	in Scotland
en Irlande (du Nord)	in (Northern) Ireland
au pays de Galles	in Wales

■ *say what day of the week it is*

Quel jour sommes-nous?	What day/date is it?
les jours de la semaine	**days of the week**
lundi	Monday
mardi	Tuesday
mercredi	Wednesday
jeudi	Thursday
vendredi	Friday
samedi	Saturday
dimanche	Sunday

■ *count up to 30*

0	*zéro*	16	*seize*
1	*un*	17	*dix-sept*
2	*deux*	18	*dix-huit*
3	*trois*	19	*dix-neuf*
4	*quatre*	20	*vingt*
5	*cinq*	21	*vingt-et-un*
6	*six*	22	*vingt-deux*
7	*sept*	23	*vingt-trois*
8	*huit*	24	*vingt-quatre*
9	*neuf*	25	*vingt-cinq*
10	*dix*	26	*vingt-six*
11	*onze*	27	*vingt-sept*
12	*douze*	28	*vingt-huit*
13	*treize*	29	*vingt-neuf*
14	*quatorze*	30	*trente*
15	*quinze*		

■ *use the French alphabet (see page 18)*

■ *ask how you say something and how it's spelt*

Comment ça s'écrit?	How do you spell that? How's it written?
Comment dit-on [...] en français?	What's the French for [...]?
Comment dit-on [...] en anglais?	What's the English for [...]?

unité 3 Chez moi

3A Ma famille

- *talk about your family*
- *learn how to say 'the' and 'a'*
- *use the singular of* avoir (to have)

1 Ma famille

◄)) **a** Écoute et lis.

① Je m'appelle Thomas Laurent et j'ai douze ans. Dans ma famille, il y a cinq personnes: mes parents et trois enfants.

Je m'appelle Louise et je suis la sœur de Thomas et Daniel.

②

③

Voici mon frère. Il s'appelle Daniel et il a dix ans.

Voici ma mère, Madame Claire Laurent.

Voici ma sœur. Elle a quatorze ans.

Voici mon père, Monsieur Jean-Pierre Laurent.

④

⑤

b Qui est-ce? Lis les phrases et écris les noms.

Exemple: 1 *C'est Thomas.*

1 J'ai douze ans.
2 J'ai quatorze ans et j'ai deux frères.
3 J'ai une sœur et un frère et j'ai dix ans.
4 Je suis le père et j'ai trois enfants.

5 Je suis la fille de M. et Mme Laurent.
6 Je suis la mère. J'ai deux fils et une fille.
7 C'est le père de famille.
8 C'est la sœur de Daniel.

2 La famille Laurent

a Complète la description avec les mots de la case.

Exemple: 1 M. Laurent est le père.

fille	frères	père	fils
famille	sœur	mère	

1 M. Laurent est le ___ .
2 Mme Laurent est la ___ .
3 Il y a trois enfants dans la ___ Laurent.
4 Il y a deux garçons et une ___ .

5 Thomas et Daniel sont les ___ de M. et Mme Laurent.
6 Thomas et Daniel sont les ___ de Louise.
7 Louise est la ___ de Daniel et Thomas.

➕ **b** Invente une famille. Fais des dessins et écris une présentation.

Exemple: *Voici le père. Il s'appelle Martin Martien ...*

Dossier-langue   **Grammaire 1.1, 1.2**

Masculine and feminine

Before a **masculine** word ...
- use **un** for 'a', e.g. **un garçon, un livre**
- use **le** for 'the', e.g. **le garçon, le livre**
Use **il** to say 'he' or 'it'.

Before a **feminine** word ...
- use **une** for 'a', e.g. **une fille, une règle**
- use **la** for 'the', e.g. **la fille, la règle**
Use **elle** to say 'she' or 'it'.

3 Une grande famille

Regarde et lis.

4 Trois familles

un demi-frère	*half brother*	un beau-père	*stepfather*
une demi-sœur	*half sister*	une belle-mère	*stepmother*

a Écoute et lis.

1

– Talia, tu as des frères et sœurs?
– Non, je suis fille unique.
– Tu as des cousins?
– Oui, j'ai une cousine, Delphine, et un cousin, Nicolas.

2

– Et toi, Simon, as-tu des frères et sœurs?
– Non, je suis fils unique.
– Et tu habites avec ta grand-mère et ton grand-père, c'est ça?
– Oui, j'habite avec mon père et mes grands-parents.

3

– Et toi, Alice. Tu es fille unique aussi?
– Non, non. Dans ma famille, il y a ma mère, mon beau-père et aussi mon demi-frère, David, et ma demi-sœur, Érika. Ils sont fantastiques!

b Vrai ou faux?

Exemple: 1 faux

1 Talia a un frère.
2 Simon a deux sœurs et une belle-mère.
3 Alice a un demi-frère, David.
4 Talia est fille unique.
5 Simon a un demi-frère.
6 Alice est fille unique.
7 Simon a des grands-parents.
8 Simon est fils unique.
9 David a une sœur, Érika, et une demi-sœur, Alice.
10 Talia a une cousine.

Dossier-langue **Grammaire 11.10, 11.13**

The singular of *avoir* (to have)

In this Unit you have met all the singular parts of the verb **avoir** (to have).

Remember, to say your age, use the verb **avoir** – in French, you say you 'have' … years.

Phonétique

The letter 'è' with grave accent

r**è**gle

fr**è**re m**è**re p**è**re

5 Avoir

a Complète.

1 ___ I have
2 ___ you have
3 ___ he has
4 ___ she has
5 J'___ douze ans.
6 Et toi, tu ___ quel âge?
7 Mon frère ___ dix ans
8 Elle ___ treize ans.

b Tu es Martin Martien. Décris ta famille. Imagine les détails.

Exemple: *J'ai une sœur. Elle a douze ans …*

Stratégies

Using clues to work out meaning (2)

Sometimes knowing what the topic is about (the **context**) helps you to understand new French words. Here, new words are likely to be about the family.

Use that knowledge to say what these words mean:

1 *mes grands-parents* **2** *ma tante* **3** *mon oncle*
4 *un enfant* **5** *un bébé*

Remember that cognates usually sound different when you hear or say them.

3B C'est à qui?

- say which things belong to you
- use the words for 'my' and 'your'
- use *de* to show possession

1 La famille Corpuscule

Complète la description de la famille avec **mon**, **ma** ou **mes**.

Exemple: 1 Ma

> Je suis Désastre Corpuscule. Voici ma famille.

1 _____ sœur s'appelle Enferina.

> Voici _____ chat. Il s'appelle Drak.

2 Voici _____ parents.

3 _____ père s'appelle Tombô.

> Voici _____ ordinateur.

4 _____ mère s'appelle Draculine.

> Voici _____ souris. Elle s'appelle Fantôme.

5 J'habite avec _____ parents et _____ sœur dans le château Corpuscule.

2 Tu as tes affaires?

Complète les questions et les réponses.

Exemple: 1 ta; ma

1 Tu as ___ trousse?	1 Oui, voici ___ trousse.
2 Tu as ___ règle?	2 Oui, voici ___ règle.
3 Tu as ___ cahiers?	3 Oui, voici ___ cahiers.
4 Tu as ___ lecteur MP3?	4 Oui, voici ___ lecteur MP3.
5 Et tu as ___ sac?	5 Oh non! Zut! Où est ___ sac?

3 Mon numéro un

a Écoute quatre personnes qui parlent des choses importantes.
  Écris une liste pour chaque personne.

Exemple: 1 ma guitare 2 ma peluche 3 mon smartphone

b Écris ta liste personnelle.

Exemple: Mon numéro un, c'est mon cheval, Praline.

Dossier-langue   Grammaire 4.1

The words for 'my' and 'your'

There are three different words for 'my':
mon, **ma** and **mes**.

and three words for 'your': **ton**, **ta** and **tes**.

Can you work out the rule for which word to use?

Here are some clues:

> Tu habites avec tes parents, ton frère et ta sœur?

> Oui, c'est ça. J'habite avec mes parents, mon frère Alain et ma sœur Alice.

Here's the rule:

	masculine	feminine	plural (m or f)
my	mon	ma	mes
your	ton	ta	tes

These words are called 'possessive adjectives'. The correct word for 'my' or 'your' matches the word which follows it.

If the singular word begins with a vowel (a, e, i, o or u), use **mon** for 'my', **ton** for 'your', even if the word is feminine, e.g.

un ami	a male friend	**une amie**	a female friend
mon ami	my friend	**mon amie**	my friend
ton ami	your friend	**ton amie**	your friend

peluche mon tablette chien
guitare chat
liseuse smartphone ma
portable vélo
raquette de tennis

c À deux, inventez une conversation avec les listes personnelles.

Exemple:

A Quel est ton numéro un?
B Mon numéro un, c'est mon cheval, Praline.
A Et ton numéro deux?
B C'est mon ordinateur.
A Tu as un numéro trois?
B Oui, mon numéro trois, c'est ma flûte.

4 Dani et Théo

une copine = une amie

🔊 **a** Écoute et lis.

b Choisis la bonne phrase.

Exemple: 1b

a C'est le lecteur MP3 de Dani. ①
b C'est le lecteur MP3 de son frère.

a C'est le sac à dos de Dani. ②
b C'est le sac à dos de son frère.

a C'est la liseuse de Dani. ③
b C'est la liseuse de Théo.

a C'est le vélo de Théo. ④
b C'est le vélo de Dani.

a C'est le t-shirt de Dani. ⑤
b C'est le t-shirt de son frère.

a C'est la copine de Dani.
b C'est la copine de son frère. ⑥

son frère   *his brother*

Dossier-langue   Grammaire 4.2

Explaining belonging

Which three words does Dani use to say 'my brother's …'?

To say that something belongs to someone in French you say the item (a noun) followed by *de* (which means 'of') and then say who the owner is. The French don't use an apostrophe to show belonging.

> C'est le livre de Désastre.   C'est le dragon d'Enferina.

Why has *de* changed to *d'*?

Phonétique

⬚ **The letters 'a', 'à' with grave accent, '-as', '-at'**

voil**à**   Thom**as**   ch**at**   s**a**c

Stratégies

Remembering the gender of nouns (2)

In Unit 1, you learnt about using different colours to help you remember whether a noun is masculine or feminine: **masculine nouns** in **blue** and **feminine nouns** in **red**. You could also learn each noun with an article in front: *le vélo*, *un ordinateur*, *la guitare*, *une tablette*. This is how they are listed in the *Glossaire* at the back of this book.

The gender is listed after all nouns in a dictionary. Try looking up some nouns and check if they are followed by **m** or **f**.

3C Ma maison

- discuss your family and friends
- talk about your home
- use the singular of *être* (to be)

1 Un message d'Yvan

a Lis le message d'Yvan.

Salut! Je suis ton correspondant français. Je m'appelle Yvan. Je suis fils unique, mais j'ai beaucoup d'amis. Et toi, tu as des frères et sœurs?

Moi, je suis très sportif. Et toi, tu es sportif aussi? Mon ami, Lou, n'est pas sportif, mais il adore la musique. Ma copine, Delphine, aime la musique aussi. Elle écoute tout le temps son lecteur MP3.

Réponds vite!

Yvan

b Vrai ou faux?

1 Yvan a un frère.
2 Yvan est sportif.
3 Lou est un ami d'Yvan.
4 L'amie d'Yvan s'appelle Lou.
5 Lou est très sportif.
6 La copine d'Yvan aime la musique.
7 Delphine a un lecteur MP3.
8 La sœur d'Yvan s'appelle Delphine.

Dossier-langue — **Grammaire 11.13**

The singular of *être* (to be)

In this Unit you use all the singular parts of a very important French verb – *être* (to be).

Copy this table and fill in the English meanings.

	Singular		English
1st person	je	suis	
2nd person	tu	es	
3rd person	il	est	
	elle		

Watch out for these and also for the singular of **avoir** (to have) as you work through the next activities.

---

i

moi and *toi*

Use these little words for emphasis – **moi** (me, myself, I) and **toi** (you, yourself). Look how they are used in Yvan's email. Now try adding them to these sentences:

1 J'ai douze ans.
2 Tu es fantastique.
3 Je suis fils unique.
4 Tu as une sœur?

Think of two or more similar sentences or questions using *moi* or *toi*.

---

2 Un message de Karine

Complète le message.

3 Salut!

a Réponds à Yvan ou à Karine. Écris un paragraphe.

 b Écris deux paragraphes – donne plus de détails.

---

i

est (is), *et* (and)

Both these words are used very often.
How different do they sound? Is each word always pronounced the same way?

Salut! Je __ ta correspondante française. Je m'appelle Karine. J'ai un frère, Benjamin. Il __ amusant. J'ai aussi une demi-sœur, Clara. Elle __ fantastique! Et toi, as-tu des frères et sœurs? __-tu sportive comme moi?

Réponds vite!

Karine

Salut! Je __ ton/ta correspondant(e) et je m'appelle __.

Je (ne) __ (pas) fils/fille unique. Je (ne) __ (pas) très sportif (sportive).

J'ai un(e) ami(e). Il/Elle s'appelle __. Il/Elle __ amusant(e).

Réponds vite!

__

4 La maison de la famille Laurent

🔊 **a** Regarde le plan de la maison, écoute et lis la description.

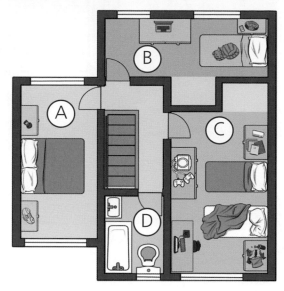

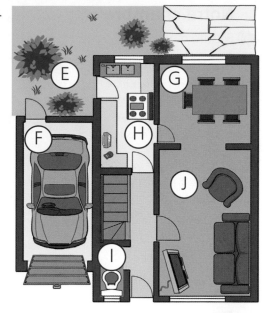

une station d'accueil MP3   MP3 dock

b C'est où?

Exemple: 1J

1 le salon
2 la salle à manger
3 la cuisine
4 les toilettes
5 la chambre de M. et Mme Laurent
6 la chambre de Thomas et Daniel
7 la chambre de Louise
8 la salle de bains
9 le jardin
10 le garage

5 Les pièces

Trouve les paires.

Exemple: 1b

1 Dans la maison, …
2 Il y a un téléphone …
3 Le chat est …
4 Dans la salle à manger, …
5 Dans la chambre de Louise, …
6 Les jeux vidéo sont …
7 Dans le salon, …
8 Dans la chambre de M. et Mme Laurent, …
9 Dans la cuisine, …
10 Dans la chambre de Thomas et Daniel, …

a dans la chambre de Thomas et Daniel.
b il y a huit pièces.
c il y a un lecteur CD et un téléphone.
d il y a une télé.
e il y a une station d'accueil MP3 et un portable.
f il y a une radio et un téléphone.
g dans la chambre de Louise.
h il y a cinq chaises et une table.
i il y a deux lits, une console de jeux et une télé.
j dans la chambre de M. et Mme Laurent et dans la cuisine.

Je suis Louise Laurent.

Voici notre maison et notre jardin.

Et voici le garage.

Dans la maison, il y a huit pièces: le salon, la salle à manger, la cuisine, les toilettes, la salle de bains et trois chambres.

Dans la chambre de mes parents, il y a un lit et un lecteur CD. Oui, il y a toujours un lecteur CD — ce n'est pas très moderne, quoi?!

Dans la chambre de Thomas et Daniel, il y a deux lits, une console de jeux et toutes les affaires de mes frères.

Il y a une télé dans le salon et un ordinateur dans la chambre de mes frères.

Il y a aussi un téléphone dans la chambre de Maman et Papa.

Dans la salle à manger, il y a une table et cinq chaises.

Dans la cuisine, il y a une radio et un téléphone.

Dans ma chambre, il y a ma station d'accueil MP3, mon portable et, regardez, sur mon lit, il y a mon chat Mimi!

Phonétique

↖ **The letter 'u'**

lune

utile r**u**e **u**nique
am**u**sant **u**ne

3D C'est où?

- describe where things are in a room
- use some prepositions
- learn more about masculine and feminine

1 Notre chambre

🔊 Écoute et lis.

Je suis Thomas Laurent, et Daniel est mon petit frère.

Voici notre chambre et voici notre console avec les jeux vidéo.

Voici mes affaires. Mes livres sont sur la table et mes crayons sont dans la boîte.

Mon stylo est sur le cahier et mes classeurs sont sous la table.

Et voilà mon lecteur MP3.

Et voici les affaires de mon frère Daniel.

Où est le sac? Ah oui, il est sur le lit!

Dans le sac, il y a une règle et des livres.

Et qu'est-ce qu'il y a sous le lit? Voilà!

Le smartphone de Daniel est sous le lit.

Et voici la trousse de Daniel: elle est sur la chaise.

Et qu'est-ce qu'il y a dans la trousse? Regardez!

Il y a une gomme dans la trousse, mais les crayons et le stylo sont sous la chaise!

2 Dans la chambre

Complète les phrases avec **sous**, **sur** ou **dans**.

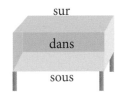

Exemple: 1 *dans*

1 La télé est ___ la chambre.

2 Où est le sac? Il est ___ le lit de Daniel.

3 Et où est la gomme de Daniel? Elle est ___ la trousse.

4 Et la trousse est ___ la chaise.

5 Les crayons de Thomas sont ___ la boîte et la boîte est ___ la table.

6 La règle de Daniel est ___ le sac.

7 Où est le smartphone de Daniel? Il est ___ le lit.

8 Et où est le lecteur MP3 de Thomas? Il est ___ la chaise.

Stratégies

Remembering vocabulary

As you move around your home, try to think of the French name for the room you are in and say it aloud or in your head, e.g. *Je suis dans ma chambre, Je suis dans la cuisine.* You could put sticky notes around the house to remind you of the rooms and their contents.

Suzanne et Suzette Souris

sur (on) and **sous** (under) are common prepositions. Make sure you pronounce them clearly to avoid confusion.

Practise the sounds '**ou**' and '**u**' with this tongue-twister.

1 Suzanne Souris est sur la boîte.

2 Voici sa sœur, Suzette Souris.

3 La boîte est sous la table. Suzanne et Suzette Souris sont aussi sous la table.

Dossier-langue — Grammaire 1.1, 1.2

Masculine and feminine

All nouns in French are either **masculine** or **feminine**.
You can often tell if a word is masculine or feminine because of the word which goes in front of it, e.g.

masculine	feminine
Mon frère a un chat.	Voici la radio de ta sœur.

Copy and complete:

	masculine	feminine	beginning with vowel
a (or an)	un	___	un / une
the	___	la	l' / l'
my	mon	___	mon / mon
your	ton	ta	___

The French for 'he' is **il**.
The French for 'she' is **elle**.

But **il** can also mean 'it' when it refers to a **masculine** noun, e.g.

Où est le crayon? Il est sur la table.

And **elle** means 'it' when it refers to a **feminine** noun, e.g.

Voici la trousse. Elle est sous la table.

3 Où est ... ?

Trouve les paires.

Exemple: 1c

a Elle est sous la table.
b Il est dans le jardin.
c Il est sur la table.
d Il est sous le lit.
e Elle est sur le lit.
f Il est dans le dragon.
g Elle est dans le jardin.
h Il est sur la chaise.

1 Où est le chat?

2 Où est Enferina?

3 Où est l'ordinateur de Tombô?

4 Où est le château de la famille Corpuscule?

5 Où est Draculine (la mère)?

6 Où est la souris?

7 Où est le dragon d'Enferina?

8 Mais où est le smartphone de Désastre?

4 Ma chambre

a Écris trois phrases ou plus sur ta chambre. La description peut être vraie ou imaginaire.

Exemple: Mon animal favori est sur mon lit.

b Fais une présentation (électronique) sur ta maison ou ton appartement, avec des photos ou des dessins, si possible. Pour t'aider, regarde *La maison de la famille Laurent* (page 25).

Exemple:

> J'habite 65 Gasworks Street.
> Dans ma maison, il y a ___ pièces: le salon, ___ chambre(s), la cuisine et ___ .
> Dans la chambre de (mes parents/mon frère/ma sœur), il y a un lit et ___ .
> Il y a une télé dans ___ .
> Mon ordinateur est dans ___ .

■ *read a poem in French*

1 Alban et sa famille extraordinaire

🔊 Écoute et lis le poème.

> (il n'y a) pas de … *(there are) not any, no …*

1 Bonjour! Je m'appelle Alban.
J'ai quel âge? J'ai un an.
Et qui a cinq ans? Mon grand-père.
C'est bientôt son anniversaire.

2 J'ai trente frères et vingt-huit sœurs,
et j'ai aussi dix demi-sœurs.
Mes vingt-huit sœurs, elles habitent
dans la chambre de Marguerite.

3 C'est nul, chez elle: il y a des classeurs
et des livres, mais pas de lecteur!
Et où est le lit de mes sœurs?
Voilà! Il est sous l'ordinateur.

4 Pour moi, Alban, et mes frères,
c'est différent et c'est super:
on habite dans la chambre de Mathieu.
Il y a de la place pour trente-deux.

5 Chez Mathieu, pas de cahiers,
mais il y a une grande télé,
un portable et des jeux vidéo
et de la musique pop à la radio.

6 J'ai aussi plusieurs cousines;
elles habitent dans la cuisine.
Et où sont donc mes cousins?
Eh bien, dans la salle de bains.

7 Et toi, tu as des frères et sœurs?
Ou peut-être des demi-sœurs?
J'espère que tu n'es pas enfant unique;
une grande famille, c'est fantastique!

2 Alban et sa famille

a Vrai ✓ ou faux ✗ ?

1 Alban est enfant unique.
2 Il a beaucoup de frères.
3 Il aime les grandes familles.
4 Ses cousins habitent dans la cuisine.
5 Son grand-père a dix ans.
6 Marguerite a un ordinateur.

b Corrige les phrases qui sont fausses.

c Complète les phrases.

1 C'est Alban qui a un ___ .
2 Dans la chambre de Mathieu, il y a des ___ .
3 Alban a ___ frères et 28 ___ .
4 Mathieu aime regarder la ___ .
5 Le lit des sœurs d'Alban est ___ l'ordinateur.

> **Phonétique**
>
>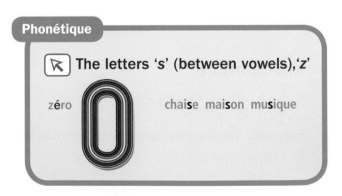
>
> ⬉ **The letters 's' (between vowels),'z'**
>
> zéro   chaise maison musique

Now I can ...

- **ask about someone's family**

Tu as des frères et sœurs?	Have you any brothers and sisters?
Tu as des grands-parents?	Have you any grandparents?

- **talk about my family**

ma famille		my family
J'ai	un père	I have a father
	une mère	a mother
	un beau-père	a stepfather
	une belle-mère	a stepmother
	une sœur	a sister
	deux sœurs	two sisters
	un frère	a brother
	trois frères	three brothers
	un demi-frère	a stepbrother, half brother
	une demi-sœur	a stepsister, half sister
	un(e) cousin(e)	a cousin
	un grand-père	a grandfather
	une grand-mère	a grandmother
	des parents (m pl)	parents
	des grands-parents (m pl)	grandparents
	un oncle	an uncle
	une tante	an aunt

Je suis	fils unique	I am	an only son
	fille unique		an only daughter
	enfant unique		an only child
	l'ami(e) de ...		the friend of ...

- **say where things are**

dans	in, inside
sur	on, on top of
sous	under, underneath

- **talk about my home**

Dans ma maison, il y a ...	In my house there is/are ...
la salle à manger	the dining room
le salon	the lounge/sitting room
la cuisine	the kitchen
la salle de bains	the bathroom
la chambre	the bedroom
les toilettes (f pl)	the toilet
le garage	the garage
le jardin	the garden
un lit	a bed

- **say what belongs to me**

mes affaires (f pl)	my things
une console	a games console
un jeu vidéo	a video game
un portable	a mobile phone/a laptop computer
une radio	a radio
un smartphone	a smartphone
une station d'accueil MP3	an MP3 dock
une télé	a television
un vélo	a bike

- **ask and give information about people and places**

Il/Elle s'appelle comment?	What is he/she called?
Il/Elle s'appelle ...	He/She is called ...
Il/Elle a quel âge?	How old is he/she?
Il/Elle a ... ans.	He/She is ... years old.
Il/Elle habite où?	Where does he/she live?
Il/Elle habite à ...	He/She lives in ...
Qui est-ce?	Who's that?/Who is it?
C'est ...	It's ...
Il/Elle est amusant(e). sportif (sportive).	He/She is amusing. sporty.

- **say who things belong to**

C'est l'ordinateur d'Alice.	It's Alice's computer.
C'est le frère de Dani.	It's Dani's brother.

- **recognise masculine and feminine words (see page 21)**

- **use the correct words for 'he', 'she', 'it' (see page 21)**

- **use mon, ma, mes ('my') and ton, ta, tes ('your') (see page 22)**

- **recognise and use the singular form of the verb être (see page 24)**

- **count up to 70**

20 vingt
21 vingt-et-un
22 vingt-deux
23 vingt-trois
30 trente
31 trente-et-un
32 trente-deux
33 trente-trois
40 quarante
50 cinquante
60 soixante
70 soixante-dix

1 Les nombres

a Écris le nombre qui manque. *Write the missing number.*

Exemple: 1 vingt-huit

1 vingt-six, vingt-sept, ___ , vingt-neuf.

2 soixante-et-un, ___ , soixante-trois, soixante-quatre.

3 quarante-deux, quarante-trois, ___ , quarante-cinq.

4 treize, ___ , quinze, seize, dix-sept.

5 quarante-neuf, ___ , cinquante-et-un, cinquante-deux.

6 trente-deux, trente-trois, trente-quatre, ___.

b Réponds aux questions. *Answer the questions.*

1 How many of the numbers 1–70 contain the word **dix**?

2 How many contain the word **un**?

3 How many contain **et**?

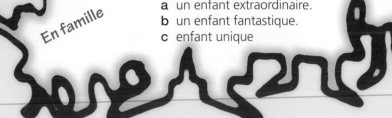

ellefillefrèregarçonillalemamèremonpèresœurtatonunune

2 Masculin, féminin

Écris deux listes. *Write two lists.*

Exemple:

masculin	féminin
	elle

3 Un multi-quiz

Choisis la bonne réponse. *Choose the correct answer.*

Exemple: 1c

En France

1 La Rochelle est
   a un village.
   b une région.
   c une ville.

2 Dans une maison française, le lit est souvent dans
   a la cuisine.
   b la chambre.
   c le salon.

3 Les Alpes sont
   a des montagnes en France.
   b des montagnes en Écosse.
   c des montagnes au pays de Galles.

Au collège

4 Mes affaires sont dans
   a un cartable.
   b un ordinateur.
   c un lecteur.

5 Je range mes crayons dans
   a un classeur.
   b une trousse.
   c un cahier.

6 Dans ma classe, il y a trente
   a professeurs.
   b magasins.
   c élèves.

En famille

7 Je suis un garçon. Je suis l'enfant de ta mère et de ton père. Alors, je suis
   a ton cousin.
   b ton demi-frère.
   c ton frère.

8 Tu n'as pas de frères et tu n'as pas de sœurs. Tu es
   a un enfant extraordinaire.
   b un enfant fantastique.
   c enfant unique

Résultats du multi-quiz

Compte un point pour chaque bonne réponse correcte.

6 à 8 points	Fantastique! Tu es un génie.
4 à 5 points	Très bien. Tu as une très bonne mémoire!
2 à 3 points	Un peu plus de concentration, s'il te plaît!
0 à 1 point	Vite! Au travail!

4 Le jeu des images

Trouve les paires. *Find the pairs.*

Exemple: 1B

1 Comptez.
2 Chantez.
3 Viens ici!
4 Jouez à deux!
5 Dans la boîte, il y a un crayon, une règle et un stylo.
6 La radio est sur la table.
7 La radio est sous la table.
8 Il y a deux crayons et une règle dans la boîte.
9 Voici une ville. C'est près de Paris.
10 Voici un village. C'est près de Bordeaux.

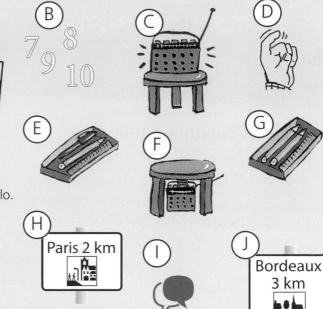

5 Des descriptions

Copie et complète les phrases. *Copy the sentences and fill in the gaps.*

Exemple: 1 Dans la cuisine, il y a une table, une ...

1

Dans la cuisine, il y a une ____ , une ____ et un ____ .

2

Dans une rue, il y a des ____ et un ____ .

3

Voici une grande ____ . Dans la famille, il y a une f____ , quatre g____ et deux p____ . La fille s'appelle Caroline. Elle a cinq a____ .

6 Les petits mots

Complète les phrases. *Fill in the gaps.*

Exemple: 1 une

a Dans ton sac, il y a (**1** *a*) ____ calculatrice, (**2** *a*) ____ gomme, (**3** *your*) ____ stylo, (**4** *your*) ____ trousse et (**5** *the*) ____ crayon de (**6** *your*) ____ frère.

b Dans notre famille, il y a (**7** *my*) ____ sœur, (**8** *my*) ____ demi-frère Martin, (**9** *my*) ____ mère et (**10** *my*) ____ père. Il y a aussi (**11** *the*) ____ chat de Martin qui habite avec nous.

7 Questions et réponses

Écris tes réponses. *Write your own answers.*

Exemple: 1 Je m'appelle Richard/Suzanne.

1 Comment t'appelles-tu?   Je ...
2 Quel âge as-tu?   J'ai ...
3 Où habites-tu?   J'habite ...
4 Tu as des frères et sœurs?   ...
5 Quel jour sommes-nous?   C'est ...

6 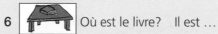   Où est le livre?   Il est ...

7    Où est la gomme?   Elle est ...

8 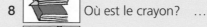   Où est le crayon?   ...

9 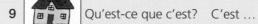   Qu'est-ce que c'est?   C'est ...

10 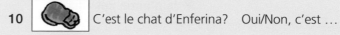   C'est le chat d'Enferina?   Oui/Non, c'est ...

unité 4 Les animaux

4A Tu as un animal?

- *talk about pets*
- *use adjectives to describe colour and size*

1 Grand Concours national

Trouve les paires.

Exemple: 1C

GRAND CONCOURS NATIONAL

Voici les 8 finalistes.

A

B

C

D

E

F

G

H

1 Le gros chien s'appelle Samba.

2 La petite souris blanche s'appelle Minnie.

3 Le petit hamster brun s'appelle Flic.

4 Le lapin noir et blanc s'appelle Carotte.

5 Le cochon d'Inde s'appelle Dodu.

6 Le chat s'appelle Tally et la chatte s'appelle Lily.

7 L'oiseau bleu, vert et jaune s'appelle Fifi. C'est une perruche.

8 Le poisson bleu, blanc et rouge s'appelle Tricolore.

2 Vote, vote, vote!

a Tu préfères quel animal?

b Écoute les résultats.

Tu aimes quel animal?	♡ **J'aime** Fifi. ♡+ **J'aime beaucoup** Tally. ✖ **Je n'aime pas** Fifi.
Tu préfères quel animal?	♡ ✓ **Je préfère** Lily.

3 Mes préférences

a Travaillez à deux.

Exemple:

A Tu aimes Samba?

B Non, je n'aime pas beaucoup Samba. Je préfère Flic.

b Parlez de vos préférences.

Exemple:

A Tu aimes (Arsenal/ l'Angleterre/…)?

B Oui, j'aime beaucoup (Arsenal/ l'Angleterre/…), mais je préfère (Liverpool/l'Écosse/…). Et toi, …?

Les couleurs

blanc
bleu
brun/marron
gris
jaune
noir
orange
rouge
rose
vert
violet

4 Tu as un animal?

 a Complète les phrases.

Exemple: 1 *Sophie a une perruche.*

1 Sophie a ____ ____ .

2 La perruche s'appelle ____ .

3 Coco est (*colour*) ____ .

b Écris trois phrases sur Noah et son animal.

Exemple: Noah a …

c À deux, inventez des conversations.

Exemple:

A Tu as un animal?

B Oui, j'ai un chien.

A Il s'appelle comment?

B Il s'appelle ____ .

A Et toi? (etc.)

– J'ai un oiseau. C'est une perruche jaune.
  Elle s'appelle Coco.
  Et toi, Noah? As-tu un animal?

– Oui, Sophie, j'ai un animal. Il s'appelle Roland.

– Qu'est-ce que c'est?

– C'est un rat, un gros rat noir!

– Aïe!

Dossier-langue   Grammaire 2

Adjectives (1)

Adjectives are words that describe nouns, for example, to say the **colour** and **size** of something. To say an animal is big you normally use **gros**. For people, use **grand**, which can also mean 'tall' – if you use **gros** for people it means 'fat'. The word **petit** (small) is used for both people and animals. You will learn more about adjectives later.

5 C'est à qui?

Regarde les animaux. Ils sont à qui?
Écris les noms.

Exemple: 1 Thomas

Phonétique

⤢ **The letters 'ou'**

rouge   sous   écoute

souris

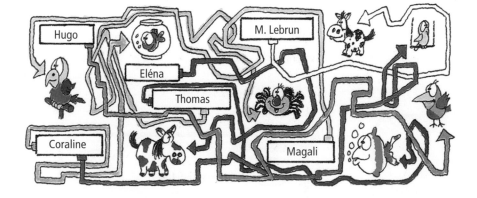

1 La tarentule noire est à ____ .

2 Le gros oiseau bleu, rouge et jaune est à ____ .

3 La très petite perruche jaune et bleue est à ____ .

4 Le cheval brun et blanc est à ____ .

5 Le cheval noir et blanc est à ____ .

6 Le petit poisson rouge, très mignon, est à ____ .

7 Le gros poisson bleu, orange et blanc est à ____ .

8 L'oiseau bleu et vert est à ____ .

1 Une histoire de chats

André et Karine sont à la maison de Mamie (la grand-mère) avec ses chats. Mamie est en vacances. Les enfants trouvent la description des chats de Mamie.

César est noir et blanc et très gros.
Minette est petite et mignonne. Elle est noire et elle a douze ans.
Mimi est petite aussi, mais elle n'est pas noire, elle est grise.

Viens, César!

Il n'est pas aimable.

Dans la cuisine, il y a un gros chat noir et blanc.

Voilà Mimi.

Ah oui, elle est grise.

Mimi est dans la salle à manger.

Elle ne mange pas.

Et voilà Minette. Viens Minette!

Il est énorme, et il est noir, gris et blanc. Mais comment s'appelle-t-il?

Oh, regarde!

Il y a un autre chat. Il est énorme. Il est noir, gris et blanc. C'est le chat de M. Lenoir et il s'appelle Géant!

Géant – non! non! non!

Ah oui! Il s'appelle Géant!

Dans la chambre, il y a un autre chat.

Lis l'histoire, puis complète les phrases.

Exemple: 1 *César*

1 Il est gros.
Il n'est pas gris.
C'est ___ .

2 Elle est petite.
Elle n'est pas dans le salon.
C'est ___ .

3 Il est très, très gros.
Ce n'est pas le chat de Mamie.
C'est ___ .

4 Elle a douze ans.
Elle est mignonne.
C'est ___ .

5 Il est dans la cuisine.
C'est un gros chat.
C'est ___ .

6 Elle est sur une chaise.
Elle est grise.
C'est ___ .

Dossier-langue   **Grammaire 7**

The negative

Elle n'est pas noire. Je n'ai pas d'animal.
Elle ne mange pas.

Can you work out the meaning of these sentences? In French there are two words to translate 'not': **ne** and **pas**. They go before and after a verb. Why does **ne** change to **n'** sometimes?

Phonétique

⟲ **The letters 'oi'**

poisson   **oi**seau

Adjectives (2)

Voici un petit chien noir et blanc.

Voici une petite souris blanche.

Il est très mignon.

Elle est très mignonne.

1 You have already learned that nouns in French are either masculine (**le/un**) or feminine (**la/une**).

2 Adjectives (words which describe nouns) must be masculine or feminine to match what they describe.

3 Colours, like most adjectives, go <u>after</u> the words they describe.

4 Sizes (**gros, grand, petit**) go <u>before</u> the words they describe.

The rule

You can often make an adjective feminine by adding -e to the masculine form (unless it ends in -e already).

Some exceptions

masculin	féminin	
blanc	blanche	white
mignon	mignonne	sweet, cute
gros	grosse	fat, big
marron	marron	brown (this adjective never changes)

 Work in pairs to spot the adjectives on these pages.

Discuss what they describe and how this affects the spelling.

2 Des adjectifs

Copie et complète les listes.

masculin		féminin		anglais
brun	1	brune	•	brown
noir	2	___	6	___
gris	3	___	•	grey
blanc	4	___	7	___
jaune	•	jaune	8	___
rouge	5	___	9	___

masculin		féminin		anglais
gros	10	___	•	big/fat
grand	•	grande	15	___
petit	11	___	16	___
énorme	12	___	17	___
méchant	13	___	•	nasty
mignon	14	___	•	cute

Stratégies

Adding interest to your writing (1)

You can improve descriptions by adding useful words like these (called qualifiers): *très* (very); *assez* (quite); *super* (really); *un peu* (a bit), e.g.

Mon chien est assez gros et un peu méchant, mais il est super mignon.

3 C'est quel mot?

Écris 1–6. Écoute. On dit les deux adjectifs, puis on répète un mot seulement. Écris **a** ou **b**.

Exemple: 1a

1 **a** blancs   **b** blanches
2 **a** vert   **b** verte
3 **a** petit   **b** petite
4 **a** grands   **b** grandes
5 **a** gris   **b** grise
6 **a** gros   **b** grosse

4 Des animaux

a Écoute (1–6). C'est quel animal?

Exemple: 1C

b Écoute encore une fois. Vrai ou faux?

Exemple: 1 Faux

1 Frodo le chat est gros.
2 Noiraud est aimable.
3 Chine est grosse.
4 Arabelle est une tarentule énorme.
5 Le gros chien s'appelle Roger.
6 Georges n'est pas mignon.

c Écris une description de deux des animaux. Puis dessine un autre animal et écris une description.

Exemple: c Frodo est un chat. Il est gris et il est assez petit. Il est super mignon.

- ask questions
- practise the singular of the verb *avoir* (to have)

1 Deux interviews

 Écoute et réponds **oui** ou **non**.

Exemple: 1a *Oui*.

1 Jean-Paul

   a Est-ce que Jean-Paul a un animal à la maison?

   b Est-ce que le chien de Jean-Paul est gros?

   c Est-ce qu'il est noir et blanc?

2 Charlotte

   a Est-ce que Charlotte a un chat?

   b Est-ce que le frère de Charlotte a un animal?

   c Est-ce que Charlotte habite dans un village?

Dossier-langue   **Grammaire 8.1, 8.2**

Asking questions

1 Put **Est-ce que ...** in front of a statement.

Tu as un animal. ⟶ **Est-ce que tu as un animal?**

Look for some more examples in the interviews.

What happens when **Est-ce que ...** is followed by a vowel?

2 You can just raise your voice at the end of a sentence, e.g.

Tu es sportif?

Elle a un chat?

3 Use a question word, and in most cases change the order of (invert) the subject and the verb, e.g.

Comment s'appelle-t-il/elle?

Comment ça s'écrit?

Quel âge as-tu?

Quel jour sommes-nous?

Où est le chat?

When the subject is a pronoun (e.g. **tu**, **il**, **elle**), you need to add a hyphen when you invert. Why do you think a 't' is sometimes added?

---

2 Des interviews

a À deux, inventez une interview. Changez les mots surlignés.

Interview 1

A Est-ce que tu as un animal à la maison?

B Oui, j'ai un hamster .

A Comment s'appelle-t-il?

B Il s'appelle Toto .

A Comment ça s'écrit?

B Ça s'écrit T–O–T–O .

A Quel âge a-t-il?

B Il a trois ans.

A Il est comment?

B Il est très gros .

b Invente des questions. (Regarde l'interview 1 pour trouver des idées.)

Interview 2

1 – (Exemple:) **Est-ce que tu as un animal à la maison?**

   – Non, moi, je n'ai pas d'animal. Mais mon ami(e) a une souris .

2 –

   – Elle s'appelle Fifi .

3 –

   – Ça s'écrit F-I-F-I .

4 –

   – Elle a un an.

5 –

   – Elle est petite .

c À deux, inventez et enregistrez une interview pour «Radio Tricolore».

un chat	un lapin
un cheval	un oiseau
un chien	un perroquet
un cochon d'Inde	un poisson ...
un hamster	

une chatte	une souris
une chienne	une tarentule ...
une perruche	

gros(se)	blanc(he)
petit(e)	noir(e)
mignon(ne)	marron ...
méchant(e)	

3 Une description

a Est-ce que tu as un animal à la maison?

Oui ✓

Alors, écris une petite description de ton animal (avec une photo ou un dessin, si possible).

Non ✗

Alors, écris une petite description de l'animal d'un(e) ami(e).

J'ai	un	chien/chat ...
Mon ami(e) a Voici	une	perruche/souris/ tarentule ...
Il/Elle s'appelle ...		
Il/Elle a ... ans.		
Il/Elle	est	(assez)	mignon(ne)/
	n'est pas	(très)	méchant(e)/brun(e)

b Mets la description dans ton **Dossier personnel**. Ça peut être dans un cahier, sur l'ordinateur, une présentation électronique, un enregistrement audio, une vidéo ... C'est à toi!

Dossier-langue   **Grammaire 11.10, 11.13**

The verb **avoir** (to have)

You have already met all the singular parts of **avoir** (to have).

Fill in the gaps.

j'___ I have   **il ___** he (or it) has

tu ___ you have   **elle ___** she (or it) has

Why has **je** (I) been shortened to **j'**?

je changes to **j'** before a vowel or a silent 'h'.

Remember **j'habite**? This time it's **j'ai**.

Listen to the pronunciation – does it sound like one word or two?

The verb **avoir** is used to say your age in French, too.

Quel âge as-tu? J'ai douze ans.

Et ta sœur? Elle a seize ans.

Phonétique

⟲ **The letters 'qu'**

quel **qu**i est-ce **qu**e   **qu**estion

---

4 Questions et réponses

a Complète les questions.

Exemple: 1 Est-ce que tu as un chien?

1 Est-ce que tu ___ un chien?

2 Quel âge ___-tu?

3 Tu ___ un animal à la maison?

4 Est-ce que ta sœur ___ un lecteur MP3?

5 Est-ce que tu ___ une radio dans ta chambre?

6 Moi, j'___ une console et des jeux dans ma chambre. Et toi?

b Complète les réponses.

Exemple: a Oui, ma sœur a un lecteur MP3.

a Oui, ma sœur ___ lecteur MP3.

b Oui, j'___ une radio dans ma chambre.

c Non, mais mon frère ___ une console dans sa chambre.

d Oui, moi, j'___ un lapin et ma sœur ___ un hamster.

e J'___ douze ans.

f Non, mais mon frère ___ un petit chien.

c Trouve les paires.

Exemple: 1f

4D Tu aimes ça? Et vous aussi?

- express opinions
- use some plural nouns
- understand two ways of saying 'you'

1 Des animaux extraordinaires

🔊 **a** Écoute et lis.

Je m'appelle Éric Garnier. J'habite dans une ferme, près de Toulouse. J'aime beaucoup les animaux, mais à la maison, il y a des animaux extraordinaires ... Par exemple, il y a Télé. C'est le petit chien noir de mon frère, Marc. Il s'appelle Télé parce qu'il adore la télévision.

Et il y a aussi Blanco, le petit chat de Maman. Naturellement, il s'appelle Blanco parce qu'il est blanc. Il déteste la télévision, mais il aime beaucoup la radio et il adore la musique.

Eh bien, Télé aime la télévision, mais Blanco préfère la radio ... voilà, c'est très bien ... mais non! Ce n'est pas très bien parce qu'il y a aussi Jules et quelquefois, il y a Néron. Jules est le perroquet de ma sœur, Claire. Il est petit et très mignon, mais il n'aime pas la télévision, il n'aime pas la radio et il déteste la musique.

Et Néron, qui est-il? Eh bien ... Néron est un gros chien noir et blanc. C'est le chien de mon grand-père et il est très méchant. Il déteste les chats, il déteste les perroquets, il déteste la radio, il déteste la musique et il n'aime pas beaucoup le chien de Marc. Alors, qu'est-ce qu'il aime, Néron? Il aime deux choses: mon grand-père et le football ... à la télévision, naturellement! Il adore ça!

b Vrai ou faux?

Exemple: 1 vrai

1 Éric aime les animaux.
2 Le chien de Marc aime la télévision.
3 Blanco (le chat) n'aime pas beaucoup la radio.
4 Il préfère la télévision.
5 Blanco aime beaucoup la musique.

6 Jules (le perroquet) adore la musique.
7 Néron n'aime pas les chats.
8 Il préfère les perroquets.
9 Il adore la musique.
10 Il déteste le football.

Dossier-langue   Grammaire 1.3

Plural nouns – the x factor!

Most nouns in French add -s to make them plural – but there are some exceptions. Can you find the plural of **animal** on this page?

The word **cheval** follows the same pattern, so how do you say 'horses'?

What letter do the plurals end in?

Can you also work out the plural of **jeu** (game)?

The plural of **oiseau** also uses this letter. Can you make a rule for this?

Stratégies

Adding interest to your writing (2)

When you express your opinion, add interest by using **connectives** such as *et* (and), *mais* (but) and *aussi* (also).

J'aime beaucoup la radio, **mais je préfère** la télé.

J'adore la musique **et** j'aime **aussi** le sport, **mais je** déteste le football.

You can also make sentences longer by using *parce que/ qu'* (because) to give reasons.

Je n'aime pas Néron **parce qu'il est très méchant.**

2 Tu aimes ça?

🔊 **a** Écoute ces jeunes. Copie et complète le tableau.

	1 Thomas	2 Camille	3 Maxime	4 Laura
J'adore …				
Je déteste …	(Exemple:)			
J'aime (beaucoup) …	**a** (la télé)			
Je n'aime pas (beaucoup) …				
Je préfère …	**f** (les jeux vidéo)			

a	la télé
b	le football
c	le sport
d	mon lecteur MP3
e	la musique pop
f	les jeux vidéo
g	les ordinateurs
h	les livres
i	les animaux
j	la musique classique

➕ **b** Et toi? Qu'est-ce que tu aimes? Qu'est-ce que tu n'aimes pas? Fais une courte présentation électronique.

Exemple:

J'adore les animaux, …

… mais je n'aime pas les tarentules.

3 Qui dit ça?

Trouve la bonne bulle.

Exemple: 1D

A Vous aimez la musique, monsieur?

B Oui, merci. Tu es très gentil.

C Tu aimes les animaux?

D Vous avez gagné ce grand prix.

E Tu aimes les enfants?

F Vous aimez les chats, madame?

G Vous aimez les bonbons?

H Tu es dans la cage, Minnie?

4 Invente des questions

💬 Make up three questions using **tu** and three using **vous**.

Practise them in pairs, one of you acting as an adult.

Change over half way through.

Dossier-langue | **Grammaire 3.1**

Two ways of saying 'you'

Use **tu** …
- for a friend.
- for someone your own age or younger.
- for an animal.

tu is always singular.

Use **vous** …
- for an older person.
- for someone you don't know well.

vous can be singular or plural. Always use it for two or more people.

4E Un zoo extraordinaire

- **understand and practise descriptions**
- **use some everyday phrases**

1 Le zoo extraordinaire

🔊 **a** Écoute et lis le poème à haute voix.

1 Moi, j'adore les animaux –
Ils sont petits, ils sont très gros,
Ils sont de toutes les couleurs
Dans le zoo extraordinaire.
    C'est génial!

2 Un lion rouge et orange!
Eh bien, c'est très étrange.
Et un chameau jaune et noir!
C'est extraordinaire, je crois.
    C'est vrai!

3 Voilà un zèbre vert et blanc.
Ce n'est pas normal, dis donc!
Une grande girafe orange et jaune.
J'aime bien – elle est mignonne.
    Tu trouves?

4 Il y a un gros éléphant ici.
De quelle couleur? Bleu et gris.
Voilà un tigre jaune et bleu.
Est-ce qu'il est dangereux?
    Bien sûr!

5 Voici un ours, il est énorme.
Tu aimes ses couleurs? Rouge et brun?
Et le gorille, il n'est pas noir.
Il est marron et blanc, tu vois?
    Pas mal!

6 Moi, j'adore les animaux –
Ils sont petits, ils sont très gros,
Ils sont de toutes les couleurs
Dans le zoo extraordinaire.
    C'est trop cool!

ℹ️ The phrases at the end of each verse are often used in conversation. Listen out for them and try using them yourself to sound more French.

2 Comment ça se dit?

Trouve le français.

Exemple: *1 C'est génial!*

1 That's brilliant.
2 Certainly/Sure is!
3 Not bad!
4 That's so cool!
5 You think so?/You reckon?
6 That's true!

un hippopotame un crocodile un panda une perruche une tarentule	assez très	gros(se) petit(e) méchant(e) mignon(ne) aimable

b Mets les images dans le bon ordre.

Exemple: B (un lion), …

3 C'est extraordinaire!

a Traduis une strophe du poème en anglais.

➕ **b** Invente des animaux extraordinaires. Fais un dessin et continue le poème.

Sommaire

Stratégies

Remembering vocabulary (2)

Here are six ways to memorise vocabulary. Try them out and see which ones work well for you.

1 Use the technique 'Look, cover, write/say, check' to memorise new words.

2 Make links between new words and phrases and a sound, image, word or action that you know.

3 Every time you see an animal, for example, think of any French word you know which would describe it, e.g. colour, size, temperament.

4 List words in a different order – you often remember those at the beginning and end but forget the ones in the middle.

5 Practise vocabulary with a friend.

6 Draw a spider diagram and link words on the same topic.

Sommaire

Now I can ...

■ *talk about animals and pets*

Est-ce que tu as un animal à la maison?
  Do you have a pet?
Oui, j'ai un chat/chien (etc.)
  Yes, I have a cat/dog (etc.)

les animaux	**animals/pets**
un chat	cat
une chatte	cat (female)
un cheval (pl des chevaux)	horse
un chien	dog
un cochon d'Inde	guinea pig
un hamster	hamster
un lapin	rabbit
un oiseau (pl des oiseaux)	bird
un perroquet	parrot
une perruche	budgie, parakeet
un poisson (rouge)	(gold)fish
une souris	mouse
une tarentule	tarantula

■ *say 'you' correctly in French (see page 39)*

■ *describe animals and other things, especially their colour and size*

De quelle couleur est-il/elle? What colour is he/she/it?
Il/Elle est gris(e). He/She/It is grey.
Est-ce qu'il/elle est gros(se)? Is he/she/it big?
Il/Elle est gros(se). He/She/It is big.
Il/Elle est comment? What is he/she/it like?
Il/Elle est petit(e). He/She/It is small.

les couleurs		**colours**
masculin	féminin	
blanc	*blanche*	white
bleu	*bleue*	blue
brun	*brune*	brown
gris	*grise*	grey
jaune	*jaune*	yellow
marron	*marron*	brown
noir	*noire*	black
orange	*orange*	orange
rouge	*rouge*	red
vert	*verte*	green

la taille		**size**
Il est (très) grand.		He is (very) big/tall.
Elle est (assez) grande.		She is (quite) big/tall.
petit	*petite*	small
gros	*grosse*	big, fat
énorme	*énorme*	enormous
très		very
assez		quite

autres qualités	**other qualities**
Il est méchant.	He is bad/naughty.
Elle est méchante.	She is bad/naughty.
Il est mignon.	He is sweet/cute.
Elle est mignonne.	She is sweet/cute.
Il/Elle est aimable.	He/She is friendly.

■ *say what you like/dislike/prefer*

Est-ce que tu aimes ... ?	Do you like ... ?
♡♡ *J'adore ...*	I love ...
♡+ *(Oui), j'aime beaucoup ...*	I like ... a lot.
♡ *J'aime ...*	I like ...
♡✓ *Je préfère ...*	I prefer ...
✹– *(Non), je n'aime pas beaucoup ...*	I don't like ... much.
✹ *(Non), je n'aime pas ...*	I don't like ...
✹✹ *Je déteste ...*	I hate ...

■ *recognise and use the negative ('not') (see page 34)*

■ *ask questions in French (see page 36)*

To make a sentence into a question, add *Est-ce que*, e.g.
Est-ce que tu habites dans une maison? Do you live in a house?
Est-ce qu'il est gros, ton chien? Is your dog big?

■ *practise the singular form of the verb avoir (see page 37)*

■ *use connectives (see page 38)*

et	and
mais	but
aussi	also
parce que/qu'	because

Bonjour, Mangetout!

① Je me présente. Je m'appelle Mangetout. Pourquoi? Parce que j'aime manger tout, bien sûr!

② J'habite ici, numéro 7, dans la rue Général de Gaulle.

③ J'aime beaucoup le poisson …

④ … et j'adore la viande.

⑤ J'aime dormir, aussi.

⑥ Je n'ai pas de frères et sœurs, mais j'ai une bonne copine. Elle s'appelle Calinette et elle est très jolie.

Le sais-tu?

La France

La France est le plus grand pays de l'Europe de l'Ouest. Quelquefois, on l'appelle l'Hexagone. Pourquoi?

En France, il y a beaucoup de montagnes, par exemple les Alpes, les Pyrénées, le Jura, le Massif Central et les Vosges. La montagne la plus haute est le Mont Blanc.

Paris, la capitale de la France, est sur la Seine. Le monument le plus célèbre à Paris est la tour Eiffel. L'église la plus célèbre à Paris est la cathédrale de Notre-Dame.

La France est célèbre … pour ses vins, pour son parfum et pour ses fromages. Il y a plus de 350 fromages français – on dit qu'il y a un fromage différent pour chaque jour de l'année.

Les Français aiment le cyclisme. Beaucoup de jeunes ont un vélo, une mobylette ou un scooter, et presque tout le monde s'intéresse au Tour de France.

En France, on aime le sport. Les sports les plus populaires sont le foot et le ski, mais on aime aussi le tennis, le judo, le rugby, le basket et le handball.

En plus, beaucoup de personnes jouent aux boules (ou à la pétanque); on trouve ça dans presque toutes les villes et même dans les petits villages. C'est amusant!

(Regarde aussi la carte à la page 3.)

Chimène!

1 Lève-toi, Chimène!

2 Tu viens, Chimène?

3 Vite Chimène! C'est l'heure de ta toilette!

4 Tu es toujours dans la salle de bains, Chimène?

5 Ferme la fenêtre et range tes affaires, Chimène. Ta copine est là.

6 Tu as ton cartable, Chimène, avec ta calculatrice et tes livres?

7 Alors, ça va bien avec tes parents?

8 Oh oui, très bien. C'est moi qui décide tout!

Crayons de couleur
(par Chantal Couliou)

Le vert pour les pommes et les prairies,

 Le jaune pour le soleil et les canaris,

Le rouge pour les fraises et le feu,

 Le noir pour la nuit et les corbeaux,

Le gris pour les ânes et les nuages,

 Le bleu pour la mer et le ciel,

Et toutes les couleurs pour colorier

Le monde.

1 Bonjour, Mangetout!

Complète les phrases.

Exemple: *Mangetout est un chat.*

1 Mangetout est un ____ .
2 Il ____ au numéro 7.
3 Il n'a pas de frères et ____
4 Il ____ dormir.
5 Pour manger, il aime le ____ et la ____ .
6 Sa copine s'appelle ____ .

2 Le sais-tu?

Trouve les mots français.

Exemple: 1 *la capitale*

1 capital   la ____
2 a mountain   une ____
3 a tower   une ____
4 perfume   du ____
5 famous   ____
6 a cathedral   une ____
7 everyone   ____
8 a town   une ____
9 a country   un ____

3 Chimène

Français–anglais. Trouve les paires.

Exemple: 1f

1 Lève-toi!   **a** Close the window!
2 Tu viens?   **b** quickly
3 Range tes affaires!   **c** Everything's going very well.
4 vite   **d** Are you coming?
5 Ferme la fenêtre!   **e** Tidy up your things!
6 Ça va très bien.   **f** Get up!

4 Crayons de couleur

a Trouve le français.

1 the fields   5 clouds
2 the sun   6 the sea
3 strawberries   7 the sky
4 crows   8 the world

b Change des mots pour écrire un autre poème.

Exemple: *Le vert pour mon vélo et ma trousse. ...*

unité 5 Des fêtes et des festivals

5A L'année en France

- **ask for and give the date**
- **learn about saints' days and other festivals**

A janvier
20
Sébastien
match de foot

B février
4
Vanessa
mardi gras

H juillet
3
Thomas
début des vacances d'été

I août
10
Laurent
concert à l'Olympia

J septembre
2
Ingrid
rentrée scolaire

K octobre
22
Élodie
vacances de la Toussaint

L novembre
1
Toussaint
anniv. de Christophe

M décembre
6
Nicolas
soirée chez Nicolas

N décembre
31
Sylvestre
fête et feu d'artifice, centre-ville

1 Quelle est la date?

◀)) Écris 1–10. Regarde les dates, écoute et écris la bonne lettre.

Exemple: 1L

i Les mois

Several French months look similar to the English, but they all sound different.

◀)) Write 1–10. Listen to the French names and the English names of 10 months.

Then note which name is repeated: the French (F) or the English (E).

Exemple:

1F

Listen again and repeat the French version.

mardi gras *Shrove Tuesday*

Stratégies

Remembering the months

Compare the spelling of months in English and French.

1 Is the first letter of each month the same in both languages?

2 What is the difference in the spelling of the last four months?

3 Which months have an accent in their French spelling? How does this affect their pronunciation?

4 Do the months begin with a capital letter in French?

2 Des dates

Complète.

Exemple: 1 cinq février

1 Cette année, mardi gras, c'est le mardi ___ ___ .

2 La Saint-Valentin, c'est le jeudi ___ ___ .

3 La fête au club des jeunes, c'est le mercredi ___ ___ .

4 La rentrée scolaire, c'est le mardi ___ ___ .

5 Le match de foot, c'est le samedi ___ ___ .

6 Cette année, Pâques, c'est le dimanche ___ ___ .

C février **14** Valentin *soirée chez Noah*

D mars **27** Maxime *dimanche de Pâques*

E avril **2** Léa *fête au club des jeunes*

F mai **25** Sophie *fête des Mères*

G juin **21** Rodolphe *fête de la musique*

3 C'est quand?

 Travaillez à deux.

Exemple: 1

A Le match de foot, c'est quand?

B C'est le vingt janvier.

1 le match de foot
2 mardi gras
3 la fête de la musique
4 la soirée chez Nicolas

5 l'anniversaire de Christophe
6 la soirée chez Noah
7 le feu d'artifice en ville
8 le concert à l'Olympia

4 Bonne fête

Sur un calendrier français, il y a un nom pour chaque jour.

Quels sont ces noms? Ce sont des noms de saints.

Chaque jour de l'année, c'est la fête d'un saint ou d'une sainte et de toutes les personnes qui ont le même prénom.

Par exemple, si tu t'appelles Laurent, la date de la Saint-Laurent, le 10 août, c'est ta fête. Si tu t'appelles Sophie, ta fête, c'est le 25 mai.

As-tu le prénom d'un saint ou d'une sainte? Regarde le calendrier des saints.

C'est quand, ta fête?

Je m'appelle Léa. Ma fête, c'est le douze avril.

Ma fête, c'est aujourd'hui, le vingt janvier.

Bonne fête, Sébastien!

a Lis l'article et regarde les pages du calendrier. C'est quand, la fête de ces personnes?

Exemple: 1 *C'est le 31 décembre.*

1 Sylvestre   2 Nicolas   3 Vanessa   4 Élodie   5 Rodolphe   6 Ingrid

b Écris les dates d'anniversaire de trois personnes dans ta famille.

Exemple: *Mon anniversaire est le deux septembre.*

Mon anniversaire est …

L'anniversaire de mon père/mon frère/ma mère/ma sœur est …

 c Écris les dates de cinq fêtes ou festivals pendant l'année.

Exemple: *La fête de Noël, c'est le 25 décembre.*

5B En France, c'est la fête

- find out about festivals and events in France
- use correct greetings for special days

1 Les fêtes en France

🔊 Écoute et lis.

une fève   *a lucky charm*

janvier

Le premier janvier, c'est le jour de l'An. On dit «Bonne Année» à ses amis.

janvier

Le six janvier, c'est la fête des Rois. On mange un gâteau spécial: la galette des Rois. Dans la galette, il y a une fève. La personne qui trouve la fève est le roi ou la reine et porte une couronne.

février/mars

Au mois de février ou mars, il y a mardi gras. On mange des crêpes.

mars/avril

En mars ou en avril, il y a Pâques. À Pâques, on mange des œufs en chocolat ... et aussi des lapins et des oiseaux en chocolat. On dit «Joyeuses Pâques!».

avril

Le premier avril, on fait des poissons d'avril. Ça, c'est amusant!

mai

Au mois de mai, il y a la fête des Mères. Les enfants donnent une carte ou des fleurs à leur mère.

juin

Le 21 juin, c'est le premier jour de l'été. En France, c'est la fête de la musique.

juillet

Le 14 juillet, c'est la fête nationale. Il y a un défilé dans les rues. Le soir, il y a un feu d'artifice.

décembre

À Noël, on chante des chants de Noël. Le père Noël apporte des cadeaux aux petits enfants. On mange un repas délicieux, souvent pendant la nuit du 24 au 25 décembre. On dit «Joyeux Noël» à tout le monde.

décembre

Le 31 décembre, c'est la Saint-Sylvestre. Le soir, on mange un bon repas. À minuit, on téléphone à ses amis et on dit «Bonne Année» à tout le monde.

D'autres fêtes

Il y a aussi d'autres fêtes en France, par exemple la fête de l'Aïd-el-Fitr, pour la religion musulmane, et la fête des lumières à Diwali, pour la religion hindoue.

(On va reparler de ces fêtes dans l'Unité 9.)

Stratégies

Using clues to work out meaning (3)

To understand a text you might not need to know every single word. When you meet a new word, try to guess its meaning.

1 Some words are rather like the English (**cognates**), e.g. *chocolat*

2 Some words are similar (**near cognates**), e.g. *minuit*

3 Use picture clues, e.g. (3) *des crêpes*, (8) *un feu d'artifice*

4 Use words that you do know to help work out the full meaning, e.g. (6) *la fête des* **Mères**, (9) *le* **père** *Noël*

5 Sometimes you can guess the meaning from the context, e.g.

On mange un repas délicieux. (= a meal)

Le Père Noël apporte des cadeaux. (= presents)

6 If you can't work out the meaning of a word, look it up in the *Glossaire* or a French–English dictionary (printed or online).

2 Ça veut dire quoi?

a What do you think these words mean?

1 premier
2 délicieux
3 une couronne
4 une carte
5 la religion hindoue

b Copy these words and find the meaning.

Exemple: le jour de l'An = **New Year's Day**

1 le jour de l'An
2 des crêpes
3 Bonne Année!
4 des œufs
5 la religion musulmane
6 des fleurs
7 la nuit
8 un feu d'artifice

3 C'est quel mois?

Exemple: **1** *en mars ou en avril*

1 On dit «Joyeuses Pâques».

2 On mange des crêpes.

3 On dit «Joyeux Noël».

4 On dit «Bonne Année».

5 On porte une couronne.

6 On dit «Bonne fête, Maman».

Dossier-langue   Grammaire 3.1

The pronoun *on*

The pronoun ***on*** is often used in French. Its English translation can be 'one', 'we', 'you', 'people' or 'everyone'.

It is followed by the same part of the verb as *il* or *elle* (3rd person singular).

➕ Work out how to say these sentences in French.

1 At Easter, we eat chocolate eggs.

2 At Christmas, people sing Christmas carols.

3 On New Year's Eve (**À la Saint-Sylvestre**) everyone says 'Happy New Year' at midnight.

4 You eat a special cake at Christmas.

4 C'est quelle fête?

 a À deux, lisez le dialogue.

A On chante des chants de Noël. C'est quelle fête?

B C'est Noël.

b Maintenant, inventez d'autres dialogues.

Exemple:

A On regarde un feu d'artifice. C'est quelle fête?

B C'est ... (etc.)

Mardi gras

Shrove Tuesday (mardi gras – literally 'fat' Tuesday) is widely celebrated in France, sometimes with a carnival or fancy dress party. As in the UK, people eat pancakes, a tradition which comes from the old religious practice of eating up all the rich food before fasting in Lent (the 40 days before Easter).

1 Mardi gras

🔊 Écris 1–8. Écoute et choisis **a** ou **b**.

Exemple: 1a

en boîte *in a club*

1 C'est
  a le 5 février.
  b le 15 février.

2 C'est
  a l'anniversaire de Luc.
  b mardi gras.

3 Beaucoup de jeunes sont
  a en boîte.
  b dans les rues.

4 Ils sont
  a déguisés.
  b en jean et en t-shirt.

5 Un garçon est déguisé en
  a Père Noël.
  b Dracula.

6 Une fille est déguisée en
  a perroquet.
  b souris.

7 Deux filles sont déguisées en
  a chats noirs.
  b deux méchantes sœurs.

8 Le fantôme, c'est
  a Olivier.
  b Simon.

2 C'est qui?

Aujourd'hui, c'est mardi gras. Toutes ces jeunes personnes sont déguisées. Il y a Luc et sa sœur, Coralie. Il y a Sébastien et ses cousins, Olivier et Roseline. Il y a aussi la famille Lambert: Anne-Marie, sa sœur, Suzanne, et ses frères, Christophe et Jean-Pierre.

Christophe, c'est toi? Tu es Dracula?

Oui, oui, c'est Christophe. Et Jean-Pierre est le dragon. Ils sont horribles, non?

Roseline, c'est qui? Ah oui. Elle est déguisée en clown.

Où sont mes sœurs? Ah, vous voilà! Vous êtes les deux sœurs de Cendrillon, c'est ça?

Voici Sébastien. Il est Batman.

Mon frère et moi, nous sommes tous les deux des animaux. Moi, je suis un perroquet et mon frère Luc est un lapin.

Comment sont-ils déguisés?

Lis les bulles et complète les phrases.

Exemple: 1 *Coralie est le perroquet.*

1 _____ est le perroquet.
2 _____ est le lapin.
3 _____ est Batman.
4 _____ est le fantôme.
5 _____ est le clown.
6 _____ est Dracula.
7 _____ est le dragon.
8 _____ sont les deux sœurs de Cendrillon.

Dossier-langue — Grammaire 11.13

The verb être (to be)

You already know most parts of the verb **être** (to be).

Copy and complete this table. You can find the words you need on page 49.

	singular		plural	
1st person	je ___	I am	nous ___	we are
2nd person	___ es	you are (informal)	vous ___	you are (singular: formal) (plural: informal and formal)
3rd person	il ___	he (or it) is	___ sont	they are (masculine or mixed group)
	___ est	she (or it) is	elles ___	they are (feminine group)
	on est	every) one is, we/you/ people are		

- With a name or a noun, e.g. **César, ma mère** (etc.), use the same part of the verb as for **il/elle** (3rd person singular).
- Someone's name **et moi** (e.g. **Noah et moi**) counts as **nous** (1st person plural).
- If there is more than one name or a plural noun, e.g. **mes amis**, use the part that goes with **ils/elles** (3rd person plural.

3 C'est moi!

Trouve les paires.

Exemple: 1g

1 Je ...
2 Mon anniversaire ...
3 Ma mère ...
4 Mon père ...
5 Mes amis ...
6 Nous ....
7 César, mon chat, ...
8 Et toi, tu ...
9 Vous ...

a sommes dans la même classe.
b êtes en vacances ici?
c est assez grand.
d est petite.
e es français?

f est noir et blanc.
g suis élève au collège Missy
h est le 23 août.
i sont Sophie et Luc.

4 Des photos

a On regarde les photos de mardi gras. Écris les verbes.

Exemple: 1 Vous êtes

✚ **b** Voici Rosaline et Coralie. Écris une description.

Exemple: amusant

Rosaline est Claude le clown. Il est ___
Coralie est un perroquet. Elle ___
Les filles ___

amusant(e)(s)
horrible(s)
splendide(s)
fantastique(s)
extraordinaire(s)

Ça, c'est vous deux. Vous ___ (1) ___ horribles!

Voilà, là, c'est moi. Mais je ___ (2) ___ fantastique! Et là, c'est toi, Suzanne. Tu ___ (3) ___ superbe!

Regarde, là, c'est Jean-Pierre et moi. Nous ___ (4) ___ splendides. Moi, je ___ (5) ___ extra! Jean-Pierre aussi. Il ___ (6) ___ génial, non?

Anne-Marie, regarde les garçons. Ils ___ (7) ___ extraordinaires!

5D Ton anniversaire, c'est quand?

- *talk about birthday dates and presents*
- *use adjectives to add interest*

1 L'anniversaire de Marc

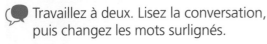 Écoute et lis. Écris **a**, **b**, ou **c**.

| | reçu | *received* |
| | une bande dessinée | *comic book* |

1 C'est quand, l'anniversaire de Marc?

  a le 1er février

  b le 1er juillet

  c le 11 février

2 Quel âge a-t-il?

  a 11 ans

  b 12 ans

  c 13 ans

3 Comme cadeaux, il a reçu …

  a un tee-shirt et une carte cadeau.

  b une raquette de tennis et un tee-shirt.

  c un portable et une bande dessinée.

2 Inventez des conversations

Travaillez à deux. Lisez la conversation, puis changez les mots surlignés.

A Salut!

B Salut!

A C'est quand ton anniversaire?

B C'est aujourd'hui, le premier février .

A Alors, bon anniversaire! Quel âge as-tu?

B Aujourd'hui, j'ai treize ans.

A Qu'est-ce que tu as reçu comme cadeaux?

B J'ai reçu un tee-shirt bleu et rouge et une raquette de tennis noire .

A Fantastique! Bonne journée!

B Merci beaucoup!

le premier février	bleu(e)	rouge
le deux mars	blanc(he)	jaune
le trois avril	vert(e)	orange
le quatre mai	noir(e)	brun
(etc.)	gris(e)	violet

| treize | douze | onze | (etc.) |

un livre	une trousse
un sac	une calculatrice
un ballon de foot	une boîte de chocolats
un jeu	une bande dessinée
(etc.)	(etc.)

3 Des cadeaux de Noël

Lis et note la bonne lettre.

Exemple: 1C

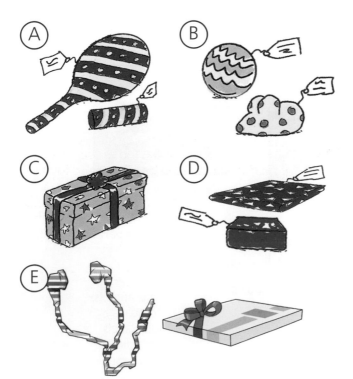

1 Mme Clément a un paquet seulement, mais elle est très contente. Dans son paquet, il y a des chaussures très élégantes.

2 Roseline adore le tennis. Elle a deux paquets. Dans un paquet, il y a une nouvelle raquette de tennis et dans l'autre paquet, il y a des balles de tennis.

3 Olivier est très content. Il a deux grands paquets. Dans un paquet, il y a des jeux vidéo et dans l'autre, il y a une bande dessinée.

4 M. Clément aussi a deux paquets. Il aime la musique et dans un paquet, il y a des écouteurs. Dans l'autre paquet, il y a des chocolats. Miam-miam!

5 Même le chat est content. Il a deux petits paquets: une balle et une souris en coton.

| des chaussures | *shoes* |

4 Merci pour les cadeaux

a Lis les phrases. Choisis le bon mot.

Exemple: **1 amusants**

1 J'adore les jeux (amusant/amusants).

2 Marc est très (content/contente) de sa tablette.

3 Le livre est très (intéressant/intéressante).

4 Ma sœur est très (content/contente) de son cadeau.

5 Elle aime beaucoup les (petite/petits) animaux.

6 Les cartes cadeaux sont toujours (utile/utiles).

7 La souris est (mignonne/mignonnes).

8 Je suis très content de mon (nouveau/nouvelle) portable.

➕ **b** Écris quatre phrases sur les cadeaux d'anniversaire ou de Noël.

Exemple:

Pour mon anniversaire, j'ai reçu un nouveau portable. C'est génial.

À Noël, j'ai reçu un livre amusant.

5 Cherche des adjectifs

Trouve sur cette page …

4 adjectifs au pluriel et …

Exemple: *utiles*

4 adjectifs au féminin.

Exemple: *mignonne*

Dossier-langue | **Grammaire 2.1, 2.2**

Using adjectives (singular and plural)

As you know, adjectives agree with the nouns they describe. This means that they are masculine, feminine, singular or plural to match the noun.

1 Many adjectives follow a regular pattern.

singular		plural	
masculine	feminine	masculine	feminine
grand	**grande**	**grands**	**grandes**

2 Adjectives which already end in -e (with no accent) have no different feminine form:

utile	**utile**	**utiles**	**utiles**

3 Adjectives which already end in -s have no different masculine plural form:

français	**française**	**français**	**françaises**

4 Some adjectives double the last letter before adding an -e for the feminine form:

bon	**bonne**	**bons**	**bonnes**

5 Some adjectives are irregular and you need to learn each one separately. The irregular forms are normally given in a dictionary in the French – English section.

blanc	**blanche**	**blancs**	**blanches**
nouveau	**nouvelle**	**nouveaux**	**nouvelles**

Stratégies

Getting adjectives right

It can be hard to remember whether adjectives are irregular and whether they go before or after the noun. Try learning them with a noun, e.g.

une souris blanche
une nouvelle chanson

This will help you remember the gender of the noun as well as the correct form and position of the adjective. Two things for the price of one!

Phonétique

🔲 **The letters 'ui'**

cuisine suis

huit

- use wider vocabulary for some more presents
- use some higher numbers and prices

1 Vous cherchez un cadeau?

🔊 Écris1–8. Écoute. Quels sont les huit cadeaux mentionnés?

Exemple: 1J

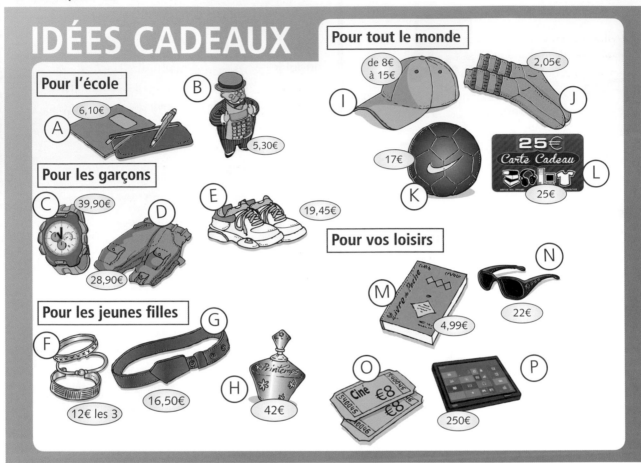

IDÉES CADEAUX

Pour l'école

A 6,10€
B 5,30€

Pour les garçons

C 39,90€
D 28,90€
E 19,45€

Pour les jeunes filles

F 12€ les 3
G 16,50€
H 42€

Pour tout le monde

I de 8€ à 15€
J 2,05€
K 17€
L 25€ 25€ Carte Cadeau

Pour vos loisirs

M 4,99€
N 22€
O Ciné €8 €8
P 250€

2 Les cadeaux

Regarde la liste. Note la lettre qui correspond.

Exemple: 1P

1 une tablette
2 un ballon de foot
3 deux billets de cinéma
4 des bracelets en métal argenté
5 une calculatrice amusante
6 une casquette
7 une ceinture chic
8 des chaussettes fantaisie
9 une collection papeterie (cahier, trousse et stylo)
10 une carte cadeau
11 un jean cargo
12 un livre de poche
13 des lunettes de soleil
14 une montre sport
15 le nouveau parfum «Printemps»
16 des tennis

Phonétique

🔍 **The letters 'ille'**

bille

juillet billet fille famille
Exceptions:
mille tranquille ville

Dossier-langue   Grammaire 6.3

Numbers

After **soixante-neuf (69)** counting in French is a bit different. Look carefully at these four numbers and work out the pattern:

70	soixante-dix	**72**	soixante-douze
71	soixante-et-onze	**73**	soixante-treize

Following this pattern, complete these numbers (write them down and practise saying them):

74	soixante-____	**77**	soixante-____-____
75	s____-____	**78**	____-____-____
76	s____-____	**79**	____-____-____

Now here's another surprise. What number is this:

quatre-vingts?

Here are the next two numbers:

81 quatre-vingt-un   **82** quatre-vingt-deux

Predict what the next numbers **(83–89)** will be.

90 is **quatre-vingt-dix**, **91** is **quatre-vingt-onze**. Now keep counting from **92** to **99** (**quatre-vingt-dix-neuf**).

Is there an -s in the French for **80** and is it still there in the numbers from **81** to **99**?

After all that, look at this easy word for **100** – **cent**.

And now you just start adding the numbers from the beginning on to **cent**:

101 cent-un   **102** cent-deux

200 is **deux-cents**;   **300** is **trois-cents**

Work out how to say these numbers in French:
104, 203, 307, 110, 213, 317, 450, 500.

You can go even further:

1 000 mille   **2 000** deux-mille
2 500 deux-mille-cinq-cents
1 000 000 un-million
2 000 000 deux-millions (notice the extra s)

3 Un cadeau idéal

a Choisis un cadeau pour chaque personne.

Exemple: 1M

1 Karim aime lire.
2 Léa aime les maths.
3 Claire aime acheter des cadeaux.
4 Le weekend, Daniel met toujours un jean.

5 Sophie met toujours du parfum pour aller à des fêtes.
6 Charlotte adore les vacances au soleil.
7 C'est un anniversaire spécial pour Alexandre. Il a dix-huit ans et il adore la technologie et les jeux.

b Choisis un cadeau pour toi et donne une raison.

Exemple:

Mon cadeau idéal, c'est un livre de poche parce que j'aime beaucoup lire.

c Invente des raisons pour trois autres personnes.

Exemple: *Georges aime aller au cinéma.*

Stratégies

Preparing for listening

Before you listen to an item, think about the words you are likely to hear. For example, for activity 4 you could say the numbers aloud so that you will recognise them easily when they are spoken.

4 La tombola

 a Le 14 juillet, dans mon village, il y a des jeux avec une tombola. Écoute, lis et trouve le bon prix.

Exemple: 1 *une tablette*

> À gagner …
> un tee-shirt   une calculatrice   une carte cadeau
> un classeur   des crayons   une tablette   une trousse
> un poisson rouge   un sac à dos   un stylo

b Travaillez en groupe. Faites un poster «Idées Cadeaux» avec six nouveaux cadeaux.

- **talk about clothes**
- **use plural nouns**

1 Lou Leroux. Chic: oui ou non?

🔊 Écoute et lis.

> Tu rigoles!   *You're joking!*

Lou Leroux fait beaucoup d'interviews pour la télé.
Cette semaine, sa sœur, Léa, et son amie, Charlotte, sont avec Lou.
Il choisit attentivement ses vêtements pour être chic!

jeudi

vendredi

> Ça va, Léa? Il est chic, mon pull, non?

> Tu rigoles!

Aujourd'hui, il porte une chemise noire, un pantalon blanc, une cravate rouge, des chaussettes noires et des baskets blanches.
Sa sœur, Léa, porte un pantalon brun et une chemise jaune et Charlotte, son amie, porte un short noir et un tee-shirt blanc.

Lou adore son pull vert et jaune et son pantalon vert. Avec ça, il porte des chaussettes jaunes et des chaussures marron. Léa est très chic. Elle porte une chemise blanche, une jupe noire et des chaussures noires.

samedi

dimanche

> Très bien, Lou!

> Aujourd'hui, tu es très chic!

Aujourd'hui, Lou et Léa sont au match de foot.
Le joueur de foot porte un maillot rouge et blanc et un short noir.
Léa porte une robe bleue et blanche et des sandales blanches.
Lou porte un jogging gris, une casquette violette, un sweat orange et des tennis blanches. Est-il chic: oui ou non?

Aujourd'hui, Lou est à la maison. Il porte un tee-shirt et son jean favori.

2 Des vêtements

Dans l'histoire de Lou, il y a le nom de beaucoup de vêtements. Copie et complète la liste.

masculin	
<u>un jean</u>	jeans
un ___	tracksuit bottoms
un pantalon	___
___	pullover
___	(pair of) shorts
___	sweatshirt
___	T-shirt

féminin	
des tennis	___
des ___	sandals
une cravate	<u>a tie</u>
une casquette	___
une chemise	___
une jupe	___
___	a dress
des chaussettes	___
des chaussures	___
des baskets	___

Recognising three kinds of words

As you learn new words it is very useful to know what kind of words they are.

If they are nouns or adjectives, you need to know if they are masculine or feminine, singular or plural.

If they are verbs, you need to know which is the correct part to use. (You will learn more about this in Unit 6, page 69.)

• **nouns** (names of people and things):

(un) garçon

(une) chemise

(des) vêtements

• **adjectives** (words which describe things):

amusant

petite

blanches

• **verbs:**

adorer   *(je) porte*

(il) a   *(ils) sont*

Find 4 nouns, 4 verbs and 4 adjectives on page 54.

3 C'est au pluriel?

Trouve les cinq mots au pluriel.

Exemple: 2, ...

1 un sweat gris
2 mes lunettes
3 les baskets
4 un pantalon
5 des chaussures
6 des jeux
7 sa sœur
8 des casquettes

4 Vrai ou faux?

  a À deux. Partenaire A invente une phrase sur Lou Leroux et ses vêtements. Vrai ou faux? Partenaire B décide.

Exemple:

A Vendredi, Lou porte un pull vert et jaune.

B C'est vrai.

A Jeudi, Lou porte une chemise bleue.

B C'est faux.

  b Travaillez à deux. Trouve une photo (ou fais un dessin) de trois personnes qui portent des vêtements différents – un peu extraordinaires, si possible! Partenaire A dit trois phrases au sujet d'une de ces personnes et partenaire B devine qui c'est (*guesses who it is*).

Dossier-langue   **Grammaire 1.3**

Plural nouns

un and **une** change to **des**

singular	plural
un pull	des pulls
une chaussette	des chaussettes
un élève	des élèves

le, la and **l'** change to **les**

singular	plural
le sac	les sacs
la jupe	les jupes
l'enfant	les enfants

In French, you usually add -s to the word in the plural, but in spoken French you can't usually hear the -s on the end of a word. Is this the same in English?

If a word already ends in -s, there is no change in the plural, e.g.

une souris ⟶ des souris

A few words have a special plural ending in -x, e.g.

des cadeaux , les gâteaux, les oiseaux

les yeux, les feux

les chevaux, les animaux

Like the -s ending, it is not sounded.

Find four words in **Lou Leroux. Chic: oui ou non**? which are plural in English but singular in French. Clue: you can wear them all!

  c Écris une description d'une personne de l'activité 4b. Ton/Ta partenaire décide si c'est une bonne description.

Exemple: *La personne porte …*

1 Des photos d'identité

Écris 1–6. Écoute les descriptions. Qui parle?

Exemple: 1B *Bruno*

| Marine | Bruno | Julie | Sonia | Zac | Maxime |

2 Une description personnelle

Fais une description de toi. Garde la description dans ton **Dossier personnel**.

Je m'appelle Mélisande.
Je suis assez grande.
J'ai les cheveux bruns et les yeux bleus.
Je porte des lunettes.

Pour décrire quelqu'un

		longs (*long*). courts (*short*). frisés (*curly*).
J'ai Il a Elle a Mon père a Ma mère a	les cheveux	noirs. blonds. roux. bruns. châtains.
	les yeux	marron. verts. bleus. gris.
Je porte Il porte Elle porte	des lunettes.	
Je suis Il est Elle est	assez très	grand(e). petit(e).

Use *roux* for auburn hair (not *rouges*).
Use *châtains* for (chestnut) brown hair.
Use *marron* for brown eyes. It doesn't change its spelling, whatever it describes.

3 C'est qui?

a Travaillez en groupe. Une personne fait une description de quelqu'un du groupe. Les autres devinent qui c'est.

Exemple:

A Elle est assez grande.

Elle a les cheveux longs et blonds et les yeux bleus.

B C'est Karine?

A Non.

C C'est Lauren?

A Oui, c'est Lauren.

La personne qui devine correctement fait une autre description.

b Écris la description d'un(e) ami(e), d'un membre de ta famille ou d'une personne célèbre.

Exemple: *David Beckham a les cheveux …*

| célèbre | *famous* |

Phonétique

The letters 'eu'

j**eu** chev**eu**x y**eu**x

h**eu**r**eu**x

Dossier-langue — Grammaire 11.13

The verb *avoir* (to have)

You have already met parts of the verb *avoir* (to have). See what you can remember and then use Léa's message to help you to complete this table:

singular		plural	
j'ai	I have	__ **avons**	we have
tu __	you have (informal)	**vous** __	you (singular: formal) (plural: informal and formal)
il a	he (or it) __		
__ **a**	she (or it) has	**ils** __	they have (masculine or mixed group)
on __	one has, people have	__ **ont**	they have (feminine)

4 Un message de Léa

Lis le message et trouve ...

5 adjectifs

4 animaux

3 meubles

2 membres de la famille

1 appareil électrique

> meubles *(items) furniture*

Merci de ton message. Comme tu vois sur ma photo, j'ai les cheveux longs et blonds et les yeux verts. Les deux garçons sont mes frères, Luc et Jules. Ils ont les cheveux bruns.
Tu demandes si nous avons des animaux à la maison. Oui, nous avons beaucoup d'animaux.
Toute la famille adore les animaux. Moi, j'ai un petit hamster. Il est très mignon. Mes frères ont deux lapins blancs. Ma sœur a un cochon d'Inde brun. Nous avons aussi un grand chien, Napoléon, et une chatte grise, Joséphine.
Heureusement, nous avons une maison avec un grand jardin.
Est-ce que vous avez aussi des animaux à la maison?
Qu'est-ce que tu as dans ta chambre? Moi, j'ai mon lit, une table, une chaise, etc. et un ordinateur. Pour Noël, je voudrais un nouveau jeu vidéo. J'aime beaucoup jouer sur l'ordinateur. Et toi?
Léa :-)

5 Chez nous

Choisis le bon mot pour compléter le message de Thomas

Exemple: 1 *Nous avons*

Nous (**1** avons/a/ont) ____ un petit appartement en centre-ville. Dans l'appartement, nous (**2** avez/ai/avons) ____ un salon, une cuisine, une salle de bains et trois chambres. Nous (**3** a/avons/ont) ____ aussi un garage.
Et vous, comment est votre maison?
Est-ce que vous (**4** ai/a/avez) ____ un jardin?
Dans ma chambre, j'(**5** a/ai/ont) ____ une chaîne hi-fi, mais ma sœur (**6** as/a/ont) ____ un ordinateur dans sa chambre et mes frères (**7** avons/avez/ont) ____ une console.
Et toi, qu'est-ce que tu (**8** ai/as/a) ____ dans ta chambre?
Écris-moi vite,
Thomas

6 Un e-mail

Écris un e-mail à un(e) amie français(e) sur ta maison et ta chambre. Garde ce message dans ton **Dossier personnel**.

Exemple:

J'aime beaucoup les animaux. Nous avons ...

Notre maison est ... et nous avons ...

Dans ma chambre, j'ai ...

7 Une conversation

 a Travaille avec un(e) partenaire. Parle de toi, de ta famille, tes animaux, ta maison et ta chambre.

Exemple: *Je suis ... et j'ai ...*

b Ton/Ta partenaire parle et tu notes les détails, puis tu écris un résumé.

Exemple: *Mon ami s'appelle ...*

Dans sa famille, il y a ...

Comme animaux, ils ont ...

Dans sa maison, il y a ...

Il/Elle aime ...

Mais il/elle n'aime pas beaucoup ...

Puis changez de rôle.

5H Écoutez bien!

1 Trouve le bon mot

First, check that you can recognise words that you have met before.

🔊 Écris 1–6. Écoute et écris la bonne lettre.

Exemple: 1f

a	fille	b	famille	c	livre
d	ville	e	fils	f	oui

2 C'est quelle image?

Now listen to some words you might not have met before, then add them to your vocabulary book.

If two nouns sound very similar, listening to the word before the noun might help you to spot which is which, e.g.

une maison

un maçon

🔊 Écris 1–6. Écoute et écris la bonne lettre.

Exemple: 1D

(A)
la pluie

(B) un parapluie

(C)
une boisson

(D)
un croissant

(E)
une pharmacie

(F)
un pharmacien

3 C'est quel mot?

Listen really carefully here.

🔊 Écoute. On dit les deux mots, puis on répète un des mots seulement. Écris **a** ou **b**.

Exemple: 1b

1 a	je	3 a	je	5 a	sous
b	j'ai	b	j'aime	b	sur
2 a	j'ai	4 a	trois	6 a	sœur
b	j'aime	b	toi	b	sur

4 Questions ou réponses?

Listen for clues from someone's tone of voice or the way they speak.

🔊 Écris 1–9. Écoute et écris **Q** (pour une question) ou **R** (pour une réponse).

Exemple: 1Q

5 L'histoire de Suzanne

🔊 a Écoute l'histoire de Suzanne.

1 Listen to discover what event the speaker is describing.

2 Listen again. This time find out:

  a Was the event a complete success?

  b Explain why this was.

3 Now fill in more details.

  c What date is being described?

  d How old is Suzanne?

  e Who or what is **citron pressé**?

➕ b Écris un résumé de l'histoire de Suzanne. Réécoute l'histoire, si nécessaire.

Stratégies

Listening with focus

The first time you listen to an item, aim to get the gist of it – the general idea of what it is about. Then listen again several times and focus on details to build up the meaning gradually.

Now I can ...

- **ask for and give the date**

Quelle est la date aujourd'hui?	What's the date today?
C'est le trente août.	It's the 30th of August.
C'est quand, le concert/ le match?	When is the concert/ the match?
C'est le mardi premier juin.	It's Tuesday the first of June.
C'est quand, ton anniversaire?	When is your birthday?
C'est le dix-neuf juillet.	It's the 19th of July.

- **say and write the months**

les mois	the months
janvier	January
février	February
mars	March
avril	April
mai	May
juin	June
juillet	July
août	August
septembre	September
octobre	October
novembre	November
décembre	December

- **talk about special days**

le jour de l'An	New Year's Day
la fête nationale	Bastille Day (14th July)
Pâques	Easter
Noël	Christmas
mardi gras	Shrove Tuesday

- **understand and give greetings**

Bonne Année!	Happy New Year!
Joyeuses Pâques!	Happy Easter!
Joyeux Noël!	Happy Christmas!
Bon anniversaire!	Happy Birthday!
Bonne fête!	Best wishes on your Saint's Day!

- **talk about presents**

Qu'est-ce que tu as reçu comme cadeaux?	What presents did you get?
J'ai reçu un tee-shirt et des chaussures.	I got a T-shirt and some shoes.
une carte cadeau	gift card/token
un casque (audio)	headphones
des écouteurs (m pl)	earphones

- **talk about clothes**

les vêtements	clothes
des baskets (f pl)	trainers
une casquette	baseball cap
des chaussettes (f pl)	socks
des chaussures (f pl)	shoes
une chemise	shirt
une cravate	tie
un jogging	jogging trousers, tracksuit bottoms
une jupe	skirt
un pantalon	(pair of) trousers
un pull	jumper
une robe	dress
des sandales (f pl)	sandals
un short	(pair of) shorts
un sweat	sweatshirt
un tee-shirt	T-shirt
des tennis (f pl)	tennis shoes, trainers

- **use numbers 70–100 (and beyond) (see page 53)**

70 soixante-dix		**80** quatre-vingts	
71 soixante-et-onze		**81** quatre-vingt-un	
72 soixante-douze		**82** quatre-vingt-deux	
73 soixante-treize		**90** quatre-vingt-dix	
74 soixante-quatorze		**91** quatre-vingt-onze	
75 soixante-quinze		**92** quatre-vingt-douze	
76 soixante-seize		**100** cent	
77 soixante-dix-sept		**200** deux-cents	
78 soixante-dix-huit		**360** trois-cent-soixante	
79 soixante-dix-neuf			

- **describe people's hair and eyes**

J'ai/Il a/Elle a ...	I have/He has/She has ...
les cheveux longs.	long hair.
les cheveux courts.	short hair.
les cheveux frisés.	curly hair.
les cheveux raides.	straight hair.
les cheveux noirs.	black hair.
les cheveux blonds.	blonde hair.
les cheveux roux.	red/ginger hair.
les cheveux châtains.	brown (chestnut brown) hair.
les yeux marron/verts.	brown/green eyes.
les yeux bleus/gris.	blue/grey eyes.
Je/Il/Elle porte des lunettes.	I wear/He/She wears glasses.

- **use the pronoun on (see page 47)**
- **use the verb être (see page 49)**
- **use adjectives (see page 51)**
- **use plurals (see page 55)**
- **use the verb avoir (see page 57)**

1 Un jeu 5–4–3–2–1

Trouve ... *Find ...*

cinq couleurs

quatre animaux

trois vêtements

deux adjectifs

une fête

mignon
une cravate
blanc
vert   jaune   un hamster
Pâques   un cochon d'Inde
rouge   un lapin   une jupe
noir   une souris
une robe
grand

2 Chasse à l'intrus

a Trouve le mot qui ne va pas avec les autres.

  Find the odd word out.

b Explique pourquoi, si possible.

  Explain why, if possible.

Exemple: 1 *une carte* – Les autres sont des choses à manger.

1 un gâteau, une carte, un œuf, une crêpe

2 un chien, une chaussure, un chat, un cheval

3 un pantalon, un tricot, un short, un lapin

4 une cravate, un cahier, une calculatrice,
  un classeur

5 février, avril, bleu, juillet

6 jeudi, mercredi, méchant, vendredi

7 treize, neuf, mardi, onze

8 lundi, samedi, petit, dimanche

9 la chambre, le perroquet, la salle à manger,
  le salon

10 mon frère, ma sœur, mon père, ma maison

des animaux	des pièces
des jours de la	des nombres
semaine	des choses à manger
des vêtements	des membres de la
des affaires d'école	famille

3 Masculin, féminin

Écris deux listes. *Write two lists.*

	masculine	feminine
Exemple:	un cadeau	

cadeaucasquettegâteaujupegommeoiseausalletrousseville

The following ending is usually masculine: **-eau**.
The following endings are usually feminine: a double consonant followed by -e, e.g. **fille** (but not **un homme**).

4 Ça commence par un 'c'

Trouve des choses qui commencent
par un 'c'. *Find things beginning with 'c'.*

Exemple: 1 *une chaise*

5 L'année en France

Complète les phrases. *Fill in the gaps.*

Exemple: 1 janvier

1 Le premier _ _ _ _ _ _ _ , c'est le jour de l'An.

2 Le premier jour d'été, c'est le 21 _ _ _ _ .

3 Pâques, c'est quelquefois en _ _ _ _ et quelquefois en _ _ _ _ _ .

4 Le premier _ _ _ _ _ , on fait des poissons d'avril.

5 En _ _ _ , c'est la fête des Mères en France.

6 Au mois de _ _ _ _ _ _ _ ou de _ _ _ _ , il y a mardi gras.

7 Le quatorze _ _ _ _ _ _ _ , c'est la fête nationale en France.

8 Et le vingt-cinq _ _ _ _ _ _ _ _ , c'est Noël.

9 Le mois d'_ _ _ _ , c'est le mois des vacances.

10 Mais en _ _ _ _ _ _ _ _ _ , c'est la rentrée.

11 Au mois d'_ _ _ _ _ _ _ , c'est déjà l'automne.

12 Le onze _ _ _ _ _ _ _ _ , c'est l'Armistice.

> l'Armistice   Remembrance Day

7 Questions et réponses

a Complète les questions avec **ton**, **ta** ou **tes**.

*Complete the questions with **ton**, **ta** or **tes**.*

Exemple: 1 ton

1 Quel est ___ jour favori?

2 Quel âge a ___ frère?

3 De quelle couleur est ___ maison?

4 Est-ce que ___ ville est grande?

5 Comment s'appellent ___ amis?

6 Est-ce que ___ parents sont profs?

b Complète les réponses avec **mon**, **ma** ou **mes**.

*Complete the answers with **mon**, **ma** or **mes**.*

Exemple: a ma

a Oui, ___ ville est assez grande.

b ___ amis s'appellent André et Lucie.

c ___ jour favori est le dimanche.

d Oui, ___ parents sont profs.

e ___ maison est blanche.

f ___ frère a treize ans.

c Trouve les paires. *Find the pairs.*

Exemple: 1c

6 Beaucoup de cadeaux

Décris les cadeaux. *Describe the presents.*

Exemple: 1 Le pull est vert.

baskets	chaussures	rouge
blanches	gris	rouges
bleu	hamsters	sac
bleue	jaunes	stylos
bruns	noires	trousse
casquette	perroquet	vert
chaussettes	pull	

8 Charles

Complète les phrases avec la bonne forme du verbe **avoir** ou **être**.

*Complete the sentences with the correct form of **avoir** or **être**.*

Exemple: 1 Je suis

1 Je ___ anglo-français.

2 Mon père ___ français et ma mère ___ anglaise.

3 J'___ douze ans.

4 J'___ un frère et une sœur.

5 Mon frère ___ quinze ans.

6 Il ___ assez grand.

7 Ma sœur ___ sept ans.

8 Elle ___ petite.

9 Nous ___ aussi deux chiens.

10 Ils ___ gros, mais ils ___ gentils.

11 Mes amis ___ Marc et Jean.

12 Nous ___ dans la même classe au collège.

unité 6 Qu'est-ce que tu fais?

6A Quel temps fait-il?

- *talk about the weather*
- *say what the temperature is*

1 Le temps en France

Légende

il y a du brouillard

il pleut

il fait chaud

il y a du soleil

il fait froid

il y a du vent

il fait mauvais

il fait beau

il neige

a Vrai ou faux?

Exemple: 1 faux

1 Il fait beau à Paris.

2 Il pleut à Lille.

3 Il fait mauvais à Nice.

4 Il y a du vent à Bordeaux.

5 Il neige à Dieppe.

6 Il fait mauvais à La Rochelle.

7 Il y a du brouillard à Rennes.

8 Il y a du soleil à Strasbourg.

b Complète les phrases.

Exemple: 1 À Dieppe, il y a du brouillard.

1 À Dieppe, ____.

2 À Strasbourg, ____.

3 À Paris, ____.

4 À Nice, ____.

5 À Toulouse, ____.

6 À Grenoble, ____.

7 À Lille, ____.

✚ **c** Décris le temps dans trois autres villes.

Exemple: À La Rochelle, il fait beau.

2 Les températures

Quelle température fait-il?
Est-ce qu'il fait chaud ou froid?

**Exemple: À Bordeaux, il fait 21 degrés.
Il fait chaud.**

Bordeaux	21°C
Dieppe	0°C
Grenoble	−2°C
Lille	3°C
Lyon	16°C
Nice	23°C
Paris	6°C
Rennes	5°C
Strasbourg	4°C
Toulouse	22°C

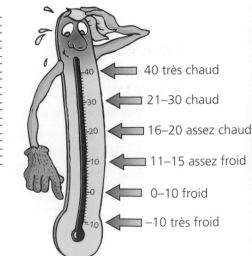

40 très chaud

21–30 chaud

16–20 assez chaud

11–15 assez froid

0–10 froid

−10 très froid

3 Voici la météo

 Écoute. C'est le 5 mars.

a Quel temps fait-il?

b Quelle température fait-il?

Exemple: 1a *C*, **1b** *7°C*

1 Paris
2 Rennes
3 Bordeaux
4 Toulouse
5 Nice
6 Grenoble
7 Strasbourg
8 Lille
9 Dieppe

4 Des conversations

 a Écoute la conversation.

b À deux, changez les mots surlignés pour inventer d'autres conversations. Il y a des idées en bas de la page.

A Salut, (Paul). C'est (Laura).

B Bonjour, (Laura). Où es-tu?

A Je suis à Grenoble .

B Quel temps fait-il?

A Il neige.

B Quelle température fait-il?

A Moins cinq.

Ville	Grenoble	Strasbourg	Lille	Nice
Temps	❄❄❄	25 ↗	🌧	☁☀
Température	−5°	7°	9°	14°

5 La météo aujourd'hui

a Lis le texte et regarde la carte à la page 62. Écris les mots qui manquent.

Exemple: 1 *fait*

> Dans le nord de la France, il (1) ___ mauvais, avec de la pluie* à Lille et du (2) ___ à Dieppe. Mais il ne fait pas mauvais partout. Dans la région méditerranéenne, il fait beau en général et il y a du (3) ___ à Nice. Dans l'ouest de la France, sur la côte atlantique, il fait assez (4) ___ à La Rochelle, mais il y a du (5) ___ à Bordeaux. À Grenoble, dans les Alpes, il fait froid et il (6) ___.

a beau	c fait	e soleil
b brouillard	d neige	f vent

* La pluie *(rain)* is the noun from the verb il pleut.

b Trouve le français.

Exemple: 1 *dans le nord de la France*

1 in the north of France
2 the weather isn't bad
3 the weather is good
4 in general
5 in the west of France
6 it's cold

✚ c Invente la météo. Fais une description comme ça pour un autre jour.

Exemple: *Voici la météo. Dans le nord de la France, ... À Paris, il ... À Strasbourg et dans l'est de la France ...*

- *talk about months and seasons*
- *use* quand *+ a phrase in a sentence*

1 Les quatre saisons

a C'est quelle saison?

Exemple: 1 le printemps

1 Ça commence le 21 mars.
2 Ça commence le 21 septembre.
3 Ça commence le 21 juin.
4 Ça commence le 21 décembre.
5 C'est novembre.
6 C'est août.
7 C'est avril.
8 C'est le jour de l'An.

b Complète les phrases.

Exemple: 1 Au printemps, il fait beau.

1 Au printemps, il fait b___ .
2 Il y a du s___ .
3 Quelquefois, il p___ .
4 En été, il fait c___ .
5 Normalement, le ciel est b___ .
6 En automne, il y a du v___ .
7 Quelquefois, il y a du b___ .
8 En hiver, il fait f___ .
9 Il fait souvent m___ .
10 Quelquefois, il n___ .

Au printemps
Il fait beau.
Il y a du soleil.

En été
Il fait chaud.
Le ciel est bleu.

Moi, j'adore le soleil.

Je déteste le froid!

Quelle pluie!

Quel vent! Aïe, mon parapluie!

Moi, j'adore la neige.

En hiver
Il fait froid.
Il fait mauvais.
Il neige.
Il pleut.

En automne
Il y a du vent.
Il y a du brouillard.

c Écris une phrase avec **souvent**, **quelquefois** ou **normalement** pour chaque saison.

Exemple: En été, il fait souvent beau.

Time expressions
The words *souvent* (often), *quelquefois* (sometimes), *normalement* (usually) tell you how frequently something happens. They are used here to talk about the weather, but they can be used in many different contexts to make your work more interesting.

2 La chanson des saisons
Écoute la chanson à la page 77.

3 Trouve le mot
Écris 1–8. Écoute et écris le mot.

Exemple: 1 là

été	où	île
là	Noël	août
leçon	hôpital	

Accents
Sometimes an accent changes the meaning not the sound, e.g.

à Paris = 'to' or 'at'

Elle a un chat. = 'has', from the verb **avoir**

Où est le lapin? = 'where'

Tu préfères les chiens ou les chats? = 'or'

A circumflex accent can be found on any vowel, e.g.

hâte (haste) **île** (island) **hôpital** (hospital) **août** (August)

Look at the English translation. Often a circumflex accent in the French corresponds to a letter in the English word. Which letter? Use this to work out the English for: **la forêt** **la côte**

A cedilla under c (**ç** or **c-cédille**) makes the 'c' soft like 'ss', e.g. **garçon**.

You have also met 'ë' (**Noël**) and 'ï' (**aïe**). The two dots (**tréma**) indicate that you should sound each vowel separately.

4 Le climat en France

La France est un grand pays et le climat est différent dans le nord, dans le sud, au centre et à la montagne.

Regarde les photos et trouve le texte qui correspond.

a Il neige souvent à la montagne en hiver. Le ski est très populaire.

b Beaucoup de cafés ont une terrasse. C'est agréable quand il fait beau.

c En hiver, il ne fait pas très froid et en été, il fait chaud. On cultive des pêches et des raisins.

d Il y a des volets aux fenêtres. On ferme les volets quand il fait très chaud.

5 Dossier personnel

Où habites-tu? Quel temps fait-il? Qu'est-ce que tu fais quand il fait mauvais ou quand il fait beau? Écris quelques phrases.

Exemple:

Moi, j'habite à Newcastle.

En hiver, il fait assez froid et il y a du vent. Quand il fait mauvais, je reste à la maison et j'écoute de la musique.

Au printemps, il fait beau, mais il pleut souvent. Quand il fait beau, je joue au tennis dans le parc.

Dossier-langue   **Grammaire 9**

Using *quand* (when) as a conjunction

Quand il fait beau …   *When the weather's good …*

Quand il fait très chaud … *When it's very hot …*

You can use **quand** + a weather phrase, just as in English.

Think of a suitable weather phrase to complete these sentences.

Quand il ___, je reste à la maison.

Quand il ___, je joue au football.

6 C'est quel mot?

 a Travaillez à deux. A pose la question. B répond. Après deux questions, changez de rôle.

Exemple: **1** A *Un mois au printemps qui commence par un 'a', c'est quel mot?*

B *avril*

1 Un mois au printemps qui commence par un 'a'.

2 Une saison qui commence par un 'a'.

3 Un mot qui décrit le temps et qui commence par un 'b'.

4 Un mot qui décrit le temps et qui commence par un 'c'.

5 Un mois en hiver qui commence par un 'd'.

6 Une saison qui commence par un 'é'.

7 Un mois en automne qui commence par un 'o'.

8 Une saison qui commence par un 'h'.

 b Invente un jeu. Prépare six questions ou plus pour un jeu comme ça.

Exemple: *Un animal qui commence par …*
Un article, très utile en classe, qui commence par …

Phonétique

 The letters 'am', 'an', 'em', 'en'

When 'a' or 'e' is followed by 'n' or 'm' it is often a **nasal vowel** (pronounced through the nose).

vent

enfant   quand   temps

6C Le sport

- **talk about sport**
- use the verb *jouer* (to play)

1 Au club de sports

🔊 **a** Écris 1–8. Écoute et trouve la bonne photo.

Exemple: 1A

> Nous jouons au volley.

Claire et Thomas

> Je joue au tennis.

Simon

> Nous jouons au football.

Paul et Yannick

> Je joue au basket.

Marc

> Je joue au golf.

Sophie

> Je joue au hockey.

Ibrahim

> Nous jouons au tennis de table.

Daniel et Luc

> Nous jouons au badminton.

Jonathan et Nicole

b Lis les phrases et corrige les erreurs.

Exemple: 1 Marc joue au basket.

1 Marc joue au rugby.
2 Claire et Thomas jouent au badminton.
3 Ibrahim joue au football.
4 Paul et Yannick jouent au hockey.
5 Simon joue au golf.
6 Sophie joue au tennis.
7 Daniel et Luc jouent au volley.
8 Jonathan et Nicole jouent au tennis de table.

2 Inventez des conversations

💬 À deux, lisez la conversation, puis changez les sports.

A Qu'est-ce que tu fais aujourd'hui?
B Je joue au tennis. Et toi?
A Non, moi, je joue au basket.

Phonétique

👉 **The letters '-er', '-et', '-ez', '-ey' at the end of a word**

aim**er**

jou**ez** juill**et** regard**er** hock**ey**

Exceptions: bask**et** intern**et** hiv**er** hamst**er**

Dossier-langue — Grammaire 11.11

***jouer* à + sport/game**

français	anglais
jouer **au** football	to play football
jouer **au** volley	to play volleyball
jouer **au** tennis	to play tennis
Why is the word different here?	
jouer **aux** cartes	to play cards

Dossier-langue   **Grammaire 11.4**

jouer (to play) – a regular -er verb

You have been using different parts of the verb **jouer** (to play). The infinitive, **jouer**, ends in **-er** and follows this pattern.

1 The first part of the verb, **jou-** is the **stem**.

2 The part that changes is the ending, the highlighted parts in the verb table.

3 Each subject pronoun (**je**, **tu**, **il**, etc. – the person of the verb) has a matching ending, e.g. **tu joues**.

4 Most endings on **-er** verbs sound the same or are silent BUT they may not be spelt the same.

Only the **nous** and **vous** endings sound different.

5 There is only one present tense in French. It is used to translate 'I play', 'I'm playing' and 'I do play'.

	singular		plural	
1st person	je joue	I play/am playing	nous jouons	we play/are playing
2nd person	tu joues	you play/are playing (informal)	vous jouez	you play/are playing (singular: formal) (plural: informal and formal)
3rd person	il joue	he (or it) plays/is playing	ils jouent	they play/are playing (masculine or mixed group)
	elle joue	she (or it) plays/is playing	elles jouent	they play/are playing (feminine group)
	on joue	one plays, we/people play		

3 Ils jouent bien?

Choisis le bon mot.

Exemple: **1** *Je joue*

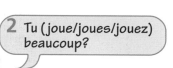
1 Je (joue/joues/jouent) au hockey.

2 Tu (joue/joues/jouez) beaucoup?

3 Ma fille (joues/joue/jouons) dans sa chambre.

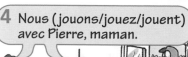
4 Nous (jouons/jouez/jouent) avec Pierre, maman.

5 Vous (joue/jouent/jouez) au badminton?

6 Ils (joues/jouons/jouent) dans le jardin.

4 Du sport pour tous

Complète les phrases.

Exemple: **1** *jouez au volley?*

1 Au collège, est-ce que vous  ?

2 Non, mais nous .

3 a Et toi, tu ? **b** Oui, je .

4 Et ton frère, est-ce qu'il ?

5 a Est-ce que tes parents ? **b** Oui, ils .

6 Et mon grand-père , mais sur l'ordinateur!

5 Dossier personnel

a Écris six phrases sur six sports ou jeux différents.

b Écris un paragraphe sur le sport et les jeux. Ça peut être de la part d'une personnalité célèbre. *(It can be on behalf of a famous celebrity.)*

Exemple: Je suis joueur de foot professionnel. Le sport est très important pour moi. Je joue très souvent au ... et au .... Mes amis/amies ...

Quelquefois, on ... , mais en général, on ...

Quand il pleut, je joue ...

En été, nous jouons ...

6D Des bandes dessinées

- find out about *les bandes dessinées* (BD)
- use some regular *-er* verbs

1 Tom et Jojo

🔊 **a** Écoute et lis la bande dessinée de Tom et Jojo.

> une bande dessinée   *comic strip*

1 Jojo est une souris. Elle pense à quelque chose. C'est le fromage.

2 Tom est un chat. Il pense à quelque chose. C'est Jojo.

3 Voilà le fromage. Voilà Jojo.

4 Jojo mange le fromage.

5 Voilà Tom. Tom entre dans la cuisine.

6 Tom chasse Jojo. Est-ce qu'il mange Jojo? Jojo entre dans le salon.

7 Tom saute sur Jojo. Il attrape Jojo?

8 Aïe!! Non, il n'attrape pas Jojo.

9 Tom chasse Jojo dans la salle de bains. Il saute ...

10 Pouf! Non! Il n'attrape pas Jojo dans la salle de bains.

11 Jojo rentre dans la cuisine. Voilà le fromage! Mais voilà Tom!

12 Et voilà Butch! Butch arrive. Butch n'aime pas Tom. Il chasse Tom ... et Jojo mange le fromage.

b Vrai ou faux?

Exemple: 1 *vrai*

1 Jojo aime le fromage.
2 Elle trouve du fromage dans le jardin.
3 Jojo commence à manger le fromage.
4 Tom, le chat, arrive.
5 La souris chasse le chat dans le salon.

6 Tom saute sur Jojo mais il n'attrape pas Jojo.
7 Jojo entre dans la salle à manger, Tom aussi.
8 Jojo rentre dans la cuisine, mais le chat est là aussi.
9 Butch, le chien, entre dans la cuisine.
10 Les trois animaux mangent le fromage.

➕ **c** Corrige les phrases qui sont fausses.

Exemple: 2 Elle *trouve du fromage dans la cuisine.*

Dossier-langue   Grammaire 11.4

Regular -er verbs

Many verbs have an infinitive ending in **-er**, e.g. **aimer**. You normally have to change the infinitive before you use it.

The stem

If you take off the **-er**, you are left with the stem of the verb, e.g. **aim-**. This appears in all parts of the verb.

The endings

French verbs have different endings according to the person or subject of the verb (I, you, he, she, we, they, etc.). The endings are added to the stem.

singular		plural	
je (or j')	-e	nous	-ons
tu	-es	vous	-ez
il/elle/on	-e	ils/elles	-ent

Many verbs are regular **-er** verbs. Here are two examples.

chanter (to sing)

je chante	nous chantons
tu chantes	vous chantez
il/elle/on chante	ils/elles chantent

aimer (to like)

j'aime	nous aimons
tu aimes	vous aimez
il/elle/on aime	ils/elles aiment

If the verb begins with a vowel (a, e, i, o, u) or sometimes 'h', use **j'** instead of **je**, e.g. **j'aime**, **j'écoute**, **j'habite**.

How many regular **-er** verbs can you think of?

2 Pendant les vacances

🔊)) Écoute et trouve les paires.

Exemple: 1b

François, tu aimes les vacances?

Bien sûr, et j'adore le camping.

1	François …	a	aiment le ski.
2	Christine et sa famille …	b	adore le camping.
3	En hiver, Jean-Marc et Sandrine …	c	passent les vacances d'été au soleil.
4	En été, Jean-Marc et Sandrine …	d	écoutent de la musique.
5	M. et Mme Duval …	e	invitent des amis à la maison.
6	Mathilde …	f	aime les animaux.
7	Nicolas et Isabelle …	g	chante dans un groupe.
8	Isabelle …	h	jouent au football.
9	Le soir, Nicolas et ses amis …	i	joue sur l'ordinateur.
10	Quand il pleut, Nicolas …	j	travaillent à la ferme.

3 Les bandes dessinées (BD)

Les bandes dessinées (BD), comme Tintin et Astérix, sont très populaires en France. Beaucoup de jeunes aiment les personnages de BD. Ils visitent, par exemple, un parc à thème, le Parc Astérix, près de Paris, et le musée Hergé (le créateur de Tintin), qui se trouve près de Bruxelles en Belgique.

a Voici les titres des albums d'Astérix et de Tintin. Quels sont les titres en anglais?

Exemple: 1 *Astérix the gladiator*

1 Astérix Gladiateur

2 Astérix aux Jeux Olympiques

3 Le Cadeau de César

4 Astérix chez les Belges

5 Tintin en Amérique

6 L'Île Noire

7 Les Sept Boules de Cristal

8 Le Temple du Soleil

➕ **b** Invente un personnage de bande dessinée, par exemple, un animal comique comme un rat ou un gorille. Décris le personnage ou invente une petite histoire.

Exemple:
Rangetout est un rat. Il aime ranger. Il entre dans la cuisine, mais quelle pagaille (what a mess)! Il déteste le désordre.

6E En famille

- *talk about family activities*
- *say what you do at weekends*
- *use -er verbs*

1 Les frères, c'est difficile!

a Lis le message et complète le résumé.

Exemple: **1** *frère*

> Voilà mon problème. J'ai un petit frère. Il s'appelle Léo. Il a quatre ans et il partage ma chambre. Il est très, très méchant. Il saute sur le lit, il dessine sur les murs, il joue sur ma tablette, il mange mes bonbons. Quand je travaille, il chante et il danse. Quand je raconte tout ça à ma mère, elle dit: «Mais il est petit, il est mignon!». Qu'en pensez-vous?
>
> Nathan, Paris

> Nathan a un petit (1) ____ difficile.
> Il s'appelle Léo. Léo partage une
> (2) ____ avec Nathan.
> Mais Léo est (3) ____ . Il
> (4) ____ sur le lit. Il (5) ____ sur les murs.
> Il (6) ____ les bonbons de
> Nathan. Il (7) ____ sur sa tablette. Quand
> Nathan (8) ____ , Léo
> (9) ____ et il (10) ____ .

b Relis le message de Nathan. Trouve au moins dix verbes. Fais une liste.

Exemple: J'ai, ...

2 Les Paresseux

Complète les phrases d'Anne Active.

Exemple: **1** *nous organisons*

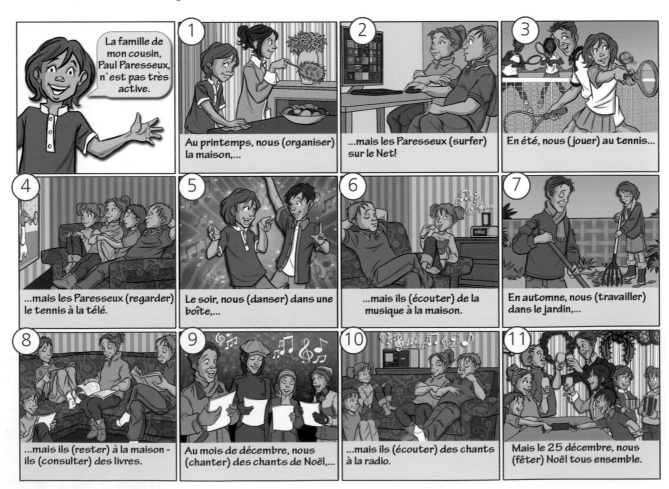

La famille de mon cousin, Paul Paresseux, n'est pas très active.

1 Au printemps, nous (organiser) la maison,...

2 ...mais les Paresseux (surfer) sur le Net!

3 En été, nous (jouer) au tennis...

4 ...mais les Paresseux (regarder) le tennis à la télé.

5 Le soir, nous (danser) dans une boîte,...

6 ...mais ils (écouter) de la musique à la maison.

7 En automne, nous (travailler) dans le jardin,...

8 ...mais ils (rester) à la maison - ils (consulter) des livres.

9 Au mois de décembre, nous (chanter) des chants de Noël,...

10 ...mais ils (écouter) des chants à la radio.

11 Mais le 25 décembre, nous (fêter) Noël tous ensemble.

3 Le weekend

Complète les phrases.

Exemple: 1 *Je prépare*

Je ___ des crêpes. (préparer)

Tu ___ au concert? (chanter)

Il ___ les chiens. (détester)

Elle ___ dans le jardin. (travailler)

Nous ___ sur le Net. (surfer)

Vous ___, Anne et Lucie? (travailler)

Ils ___ le rugby? (aimer)

Elles ___ un DVD. (regarder)

4 Deux interviews

🔊 Écoute et choisis la bonne réponse.

a Anne.

Exemple: 1*b*

1 **a** J'adore le sport. **b** Je n'aime pas le sport.
2 **a** Je retrouve des amis. **b** Je range le salon.
3 **a** Nous dansons ensemble.
   b Nous discutons ensemble.
4 **a** Nous écoutons de la musique.
   b Nous jouons au Monopoly.
5 **a** Je joue à la console. **b** Je joue aux cartes.
6 **a** Je prépare un gâteau. **b** Je regarde une vidéo.

🔊 **b** Marc.

Exemple: 1*c*

1 Marc adore … (**a** les animaux **b** la musique **c** le sport).
2 Il joue au football … (**a** avec son frère **b** avec des amis **c** le samedi).
3 Il joue au tennis dans … (**a** le parc **b** le jardin **c** la rue).
4 Quand il fait mauvais, il regarde … (**a** du sport **b** un film **c** un jeu) à la télé.
5 Il n'aime pas beaucoup … (**a** les chiens **b** les jeux vidéo **c** la musique).

5 Une conversation

🔊 **a** Écoute la conversation.

💬 **b** Lisez la conversation, puis inventez une conversation différente.

A Qu'est-ce que tu fais normalement, le weekend?
B Je joue souvent au foot. J'adore ça. Et toi?
A Moi, je joue au tennis. Et quand il pleut?
B Je surfe sur Internet. Et toi?
A Je regarde un film. Tu retrouves des amis?
B Oui, quelquefois. Tu aimes le sport à la télé?
A Non, je déteste ça.

💬➕ **c** Inventez une conversation très longue.

Stratégies

Keeping your conversation going

It is often useful to ask questions to keep a conversation going. Make a note of some useful questions which you could use in different contexts.

Qu'est-ce que tu fais aujourd'hui/le weekend/ quand il fait froid?

Où es-tu? Quel temps fait-il? Tu aimes le sport?

Sometimes, short questions work well, e.g.

Et toi?   *Et quand il pleut?*

Tu aimes ça?   *Avec qui?*

1   La fête de la science

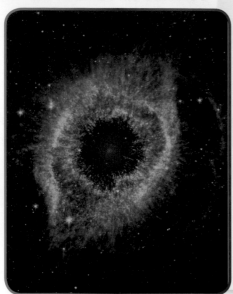

En octobre, on organise un grand festival de la science en France et dans d'autres pays d'Europe. Dans beaucoup de villes, il y a des activités sur les sciences, par exemple des expositions, des visites de laboratoires, de sites naturels et industriels, des conférences, du cinéma et des spectacles.

On monte des expositions sur des thèmes scientifiques, comme la conquête de l'espace, le climat, l'eau, la recherche dans l'Antarctique. Quelquefois, on monte un petit planétarium pour regarder les planètes et les étoiles.

Tout est gratuit pour le public. C'est très populaire et plus d'un million de personnes participent à la fête.

Réponds en anglais.

1 When is the science festival held?
2 Name some of the activities mentioned.
3 Do people have to pay to attend?
4 About how many people attend?

Dossier-langue   **Grammaire 3.1**

Using *on* + verb

You learnt about the pronoun *on* in 5B. It is used a lot in French and can be translated in different ways.

1 It can mean 'people in general' or 'they', e.g.
On organise un grand festival.
People (They) organise a big festival.

2 It can mean 'everybody' or 'you', e.g.
Quand il pleut, on cherche un parapluie.
When it rains, you look for an umbrella.

3 It can also mean 'we', especially when talking about you, your family and friends, e.g.
Le lundi, on a français.
On Mondays, we have French.

On s'amuse.
We're having a good time.

4 A phrase with *on* is often used to make suggestions, e.g.
Qu'est-ce qu'on fait? *What shall we do?*

Stratégies

Translating from French to English (1)

When translating from one language to another, you can't always translate word for word. If you do, it could sound very unnatural. Instead you have to think about what is normally said in French or English. For example, the French use the verb *avoir* (to have) to say their age: *J'ai douze ans.* If you translated this word for word, you might say 'I have 12 years', whereas the correct translation is: 'I am 12 years old'.

The pronoun *on* can be translated in various ways. Work out what would sound most natural each time.

---

2   Comment ça se dit en anglais?

Exemple: 1 Shall we watch a film on TV?

1 On regarde un film à la télé?
2 Il pleut, alors on surfe sur Internet?
3 À Pâques, on mange des œufs en chocolat.
4 Àid-el-Fitr, on prépare un grand repas.
5 À Diwali, on allume des lampes.
6 On ne joue pas au foot dans la cuisine.
7 Il fait beau, on joue au tennis?
8 On ne parle pas anglais en France.

---

3   Qu'est-ce qu'on fait?

 a   À deux, proposez des activités, selon le temps (*according to the weather*).

1 Il fait beau. Proposez quatre activités d'extérieur.

Exemple: Il fait beau. On joue au foot?

2 Il fait mauvais. Proposez trois activités d'intérieur.

b   Complète les phrases.

1 Quand il fait mauvais, on ...
2 Quand il y a du soleil, nous ...
3 Quand je suis à la maison, je ...
4 Quand il neige, ...

4 Au téléphone

a Suzanne et Luc

🔊 Écoute et complète les phrases.

Exemple: 1 Bordeaux

1 Luc est à ____ .
2 On joue un match de ____ .
3 Il fait ____ .
4 Suzanne est à ____ .
5 Il fait ____ .
6 Elle range sa ____ .

> beau
> basket
> chambre
> Bordeaux
> mauvais
> la Rochelle

b Nicole et Max

🔊 Écoute et réponds aux questions.

Exemple: 1 Max

1 Qui téléphone à Nicole?
2 Qui travaille sur l'ordinateur?
3 Qui joue au tennis?
4 Qui préfère rester à la maison?
5 Quel temps fait-il?

5 Inventez des conversations

💬 À deux, puis lisez la conversation inventez d'autres conversations.

A Salut. Ça va?
B Oui, ça va.
A Quel temps fait-il à `Toulouse` ?
B il fait `chaud` , mais `il pleut` .
A Et qu'est-ce que tu fais?
B `Je reste à la maison` . `Je travaille` . Et toi?
A Moi, `je joue au golf` .

Toulouse   Lyon   Strasbourg   Bordeaux

> il pleut
> il fait froid
> il y a du brouillard
> il y a du vent

> il fait beau
> il fait chaud
> il y a du soleil

> je joue au tennis/golf/
> football/rugby (etc.)
> je reste à la maison
> je joue sur l'ordinateur
> je regarde un film
> j'écoute de la musique
> je travaille (etc.)

6 Des cartes postales

a Complète les phrases.

Exemple: 1 janvier

> Strasbourg, le 24 (1) ____
>
> On (2) ____ trois jours ici. Il fait
> (3) ____ et (4) ____ pleut. (5) ____
> reste à la maison. Mes amis
> (6) ____ de la guitare. Moi, je
> (7) ____ un film et mon frère (8) ____
> un gâteau.
> Amitiés,
>
> Alex

> prépare
> mauvais
> passe
> On
> il
> janvier
> jouent
> regarde

b Écris une carte postale.

> Où es-tu? Avec qui? (ma famille/mes amis, etc.)
> Quel temps fait-il?
> Qu'est-ce que tu fais/vous faites?

ℹ Writing a postcard

Strasbourg, le 20 janvier ←	Write the place where you're staying and the date.
Strasbourg est super! ←	Write your message.
Ton ami, Nathan **Amitiés, Ton ami(e),** **À bientôt.** ←	End with a suitable phrase and your name.

6G Le weekend

- **discuss what you do at the weekend**
- **answer questions about free-time activities**

1 Des questions

Écris trois nombres entre 1 et 3. Écris des questions.

Exemple: a 3 *Qu'est-ce que tu fais quand il fait mauvais?*

a Qu'est-ce que tu fais ...
1 en hiver?
2 en été?
3 quand il fait mauvais?

b Est-ce que tu joues au ...
1 badminton?
2 tennis de table?
3 ? (ton choix)

c Tu aimes ...
1 les animaux?
2 le sport?
3 ? (ton choix)

2 Des réponses

Écris des réponses aux trois questions.

a Je retrouve mes amis.
On joue souvent au tennis/football/basket quand il fait beau.
b Oui, je joue souvent au ...
Non, je ne joue pas au ... , mais je joue au ...
Quelquefois, quand il fait beau, mais je n'aime pas beaucoup le ...
c Oui, j'aime beaucoup ...
Un peu, mais je préfère ...
Non, je n'aime pas ...

3 Deux personnes

Écoute et trouve les mots qui manquent.

Exemple: 1 *le weekend*

– Qu'est-ce que tu fais (**1**) ___ ?
– Je joue souvent au foot avec mes (**2**) ___ . Quand il fait (**3**) ___ , je surfe sur Internet. Est-ce que tu joues au foot?
– Non, je ne joue pas au foot, mais quelquefois, je joue au (**4**) ___ avec ma sœur. Tu aimes le sport?
– Oui, j'adore le sport. Je joue au foot et au (**5**) ___ et je regarde souvent des matchs à la (**6**) ___ . Et toi?
– Le sport, ça va, mais je préfère écouter de la (**7**) ___ ou surfer sur Internet.

Stratégies

Giving detailed answers
When replying to questions, try to give detailed answers:
- say 'when', e.g. *samedi, le weekend, en été, quand il fait beau*
- say 'who with', e.g. *avec mon frère/ma sœur*
- use *normalement* (usually), *souvent* (often) and *quelquefois* (sometimes)
- use connectives, e.g. *et* (and), *mais* (but).

4 Une conversation

a À deux, inventez une conversation avec deux questions et réponses.

Exemple:
A Qu'est-ce que tu fais le samedi?
B Je joue quelquefois au badminton. Et toi, qu'est-ce que tu fais?
A Moi, j'écoute de la musique ... j'adore la musique.

b À deux, inventez une conversation avec quatre questions et réponses.

5 Des photos

Choisis une photo et fais des notes.
- Il y a combien de personnes sur la photo?
- Où sont-elles?
- Qu'est-ce qu'on fait?
- Quel temps fait-il?

Now I can ...

■ *talk about the weather*

Quel temps fait-il?	What's the weather like?
Il fait beau.	It's fine.
chaud.	It's hot.
froid.	It's cold.
mauvais.	The weather's bad.
Il pleut.	It's raining.
Il neige.	It's snowing.
Il y a du brouillard.	It's foggy.
du soleil.	It's sunny.
du vent.	It's windy.

■ *talk about the seasons of the year*

le printemps	spring
au printemps	in spring
l'été (m)	summer
en été	in summer
l'automne (m)	autumn
en automne	in autumn
l'hiver (m)	winter
en hiver	in winter

■ *use some regular French verbs that end in -er* **(see page 67)**

adorer	to love, adore
aimer	to like, love
arriver	to arrive
chercher	to look for
cliquer	to click
détester	to hate
écouter	to listen to
entrer	to enter
habiter	to live in
jouer	to play
penser	to think
regarder	to watch, look at
rentrer	to come back
rester	to stay
surfer	to surf
taper	to type
téléphoner	to phone
travailler	to work

■ *use some time expressions*

normalement	usually
quelquefois	sometimes
souvent	often

■ *talk about some sports*

Je joue au	*badminton.*	I play badminton.
	basket.	basketball.
	foot(ball).	football.
	golf.	golf.
	hockey.	hockey.
	rugby.	rugby.
	tennis.	tennis.
	tennis de table.	table tennis.
	volley.	volleyball.

■ *discuss other activities*

Qu'est-ce que tu fais?	What are you doing?
Qu'est-ce que tu fais le weekend?	What do you do at weekends?
Qu'est-ce que tu fais quand il fait mauvais?	What do you do when the weather's bad?
Je reste à la maison.	I stay at home.
Je regarde un film.	I watch a film.
la télé.	TV.
J'écoute de la musique.	I listen to music.
la radio.	the radio.
Je chante.	I sing.
Je danse.	I dance.
Je dessine.	I draw.
Je range ma chambre.	I tidy up my room.
Je joue sur la console de jeux.	I use the playstation.
Je travaille.	I work.
Je joue/travaille sur l'ordinateur.	I play/work on the computer.
Je surfe sur Internet.	I surf the Internet.
Je regarde mes e-mails/textos/messages	I look at my emails/texts/messages
J'écris des textos/messages.	I write some texts/messages.
Je téléphone à un(e) ami(e).	I phone a friend.
Je retrouve mes amis.	I meet up with my friends.
Je discute avec mes amis.	I chat with my friends.
On joue à des jeux vidéo.	We play computer games.
On joue aux cartes.	We play cards.

■ *sign off at the end of a message or postcard*

Amitiés	Best wishes
Ton ami(e)	Your friend
À bientôt	See you soon
@+ (textspeak for À plus tard)	See you later

Presse-Jeunesse ❷

Le nouvel élève

1 Il y a un nouvel élève en quatrième au Collège Marie Curie.

Il a l'air sympa, le nouvel élève!

2 Comment t'appelles-tu?

Je m'appelle Patrick.

Tu habites près d'ici?

Non, j'habite au village avec ma mère et mon petit frère.

3 C'est mon anniversaire aujourd'hui, Patrick. On va au café après les cours. Tu viens?

Ah non, je regrette, mais je ne peux pas venir.

4 Quelques jours après …

Bravo Patrick!

Il joue bien, ce garçon!

5 Fantastique, Patrick! Est-ce que tu peux jouer dans notre équipe, samedi après-midi?

Ah non, je voudrais jouer, mais le samedi, je ne peux pas.

6 Un jour la classe de Patrick est punie. Toute la classe reste vingt minutes après les cours – avec une exception!

Oui, oui. Je comprends. Tu peux rentrer à la maison.

Ce n'est pas juste!

Mais ça alors!

7 Maintenant, la vie est difficile pour Patrick et il n'est pas très populaire.

8 Mais un jour …

Ah, maintenant, je comprends!

Maintenant tout va bien. Patrick est très populaire et très heureux – et son petit frère aussi.

9 Patrick, maintenant on comprend.

Oui, Patrick – ta mère travaille et tu restes avec ton petit frère. C'est ça, ton problème, non?

Oui, … mais … ?

Si tu veux, on va t'aider.

10 il a l'air sympa   *he looks nice*

1 Le nouvel élève

Réponds aux questions en anglais.

1 What comment is made about Patrick at the beginning?

2 Where does he live?

3 Does he have brothers and sisters?

4 What is he invited to do after class by one of the girls?

5 What is he invited to do on Saturday afternoon?

6 Why do things become difficult for Patrick?

7 Why is Patrick unable to stay behind after school?

8 How do things change at the end?

2 Tom et Jojo

Comment ça se dit en français?

1 today

2 in the kitchen

3 also

4 suddenly

5 He jumps on a chair.

6 The cheese rolls.

🔊 La chanson des saisons

1 Le premier mois, c'est janvier.
Nous sommes en hiver.
Il neige beaucoup en février,
En mars, il fait mauvais.

2 Au mois d'avril, il pleut, il pleut.
Nous sommes au printemps.
Il fait très beau au mois de mai,
La météo dit: beau temps!

3 Et puis c'est juin, et juillet, août.
Nous sommes en été.
Il fait très chaud pour les vacances,
Ma saison préférée.

4 Au mois de septembre la rentrée.
Octobre, c'est l'automne.
Du brouillard pendant novembre.
Oh! Qu'est-ce qu'il fait du vent!

5 Le dernier mois, on fête Noël.
Nous sommes en décembre.
Il fait très froid, mais moi, j'ai chaud.
Je reste dans ma chambre!

Tom et Jojo – Jojo gagne le fromage

① Jojo cherche du fromage. Mais il n'y a pas de fromage dans la cuisine aujourd'hui.

② Jojo entre dans la salle à manger. Voilà! Il y a du fromage sur la table. Jojo adore le fromage. Elle saute sur la table.

③ Mais Tom est aussi dans la salle à manger. Il saute sur la table.

④ Jojo saute sur la télé.

⑤ Tom saute aussi sur la télé.

⑥ Voici Jean-Pierre. Il entre dans la salle à manger. Il regarde Tom.

⑦ Jean-Pierre prend le fromage. Soudain, il regarde Jojo. Il saute sur une chaise.

⑧ Le fromage roule. Il roule chez Jojo. Jojo est très contente.

unité 7 En ville

7A La Rochelle

- *learn about a town in France*
- *learn some town vocabulary*
- *say what happens regularly on a particular day*

1 Voici La Rochelle

La Rochelle est une ville touristique très populaire avec plus de trois-millions de visiteurs par an.

🔊 a Écoute et lis. Puis trouve l'image qui correspond.

Exemple: 1I

1 Salut! Je m'appelle Marine, et voici mon frère, Noah.
   Nous habitons à La Rochelle. C'est une ville dans l'ouest de la France.

2 La Rochelle est au bord de la mer, alors on fait beaucoup de sports nautiques.

3 Dans le centre-ville, il y a beaucoup de magasins et de cafés. Il y a un marché dans les rues le mercredi et le samedi.

4 Et pour se connecter à l'Internet, il y a un hotspot wifi, près du parking Saint-Nicolas.

5 En été, il fait très beau ici et beaucoup de touristes visitent la ville. Ils vont au Vieux-port et ses trois tours. Quelquefois, il y a des acrobates et des clowns, c'est amusant.

6 Moi, je vais souvent à la piscine.

7 Pour aider les touristes, il y a un office de tourisme. Il y a des touristes français, mais aussi beaucoup de touristes britanniques.

8 Les touristes logent à l'hôtel, au camping ou à l'auberge de jeunesse.

9 Voici l'hôtel de ville avec son drapeau tricolore.

10 En ville, il y a des jardins et des parcs.

11 Il y a aussi des musées et un aquarium. Moi, j'aime bien le musée maritime. On monte à bord de différents bateaux. C'est très sympa.

12 Et, en été, au mois de juillet, il y a un grand festival de musique avec beaucoup de concerts. Ça s'appelle les Francofolies.

La Rochelle

l'île de Ré

l'océan Atlantique

b Comment ça se dit en français?

Exemple: 1 *le centre-ville*

1 the town centre
2 a lot of shops
3 a market
4 swimming pool
5 tourist office
6 youth hostel
7 town hall
8 museum

c Fais des recherches sur une autre ville de France. Écris six phrases ou plus.

Exemple: *Le Havre est une ville dans le nord de la France. C'est au bord de la mer et c'est un port important. etc.*

Phonétique

l'**h**omme

 The letter 'h' at the beginning of a word

The letter 'h' at the beginning of a word is usually silent, as if the word begins with a vowel.

en **h**iver l'**h**ôpital
Exceptions: le **h**amster Le **H**avre le **h**ockey

Dossier-langue Grammaire 6.7

Say what happens regularly on a particular day

Le lundi, le musée est fermé.
The museum is closed on Mondays.

Il y a un marché dans les rues le mercredi et le samedi.
There's a street market on Wednesdays and Saturdays.

Which word goes in front of the day of the week to indicate that something happens regularly on that day? Work out what the following sentences mean.

1 **Je vais à la piscine le vendredi.**
2 **Il y a un marché en ville le jeudi.**
3 **Le château est ouvert le mardi.**
4 **Le restaurant est fermé le dimanche.**

- understand and give information about a town
- learn more about adjectives

1 En ville

a Trouve le bon texte pour chaque symbole.

Exemple: A un théâtre

une banque	une piscine
un bowling	la plage
le centre commercial	le port
un centre sportif	une poste
un château	un supermarché
un hôpital	un théâtre
un parking	

🔊 **b** Écris 1–8. Écoute et écris la bonne lettre.

Exemple: 1E

Stratégies

Working out meaning (5)

Use the following strategies when you work on Activity 2, *La Rochelle – ville du vélo.*

- Use the pictures, title and questions for clues to work out the context
- Look for words you know, e.g. *jaunes.* Is this singular or plural? Which word does it go with? Can you link this with something in a picture?
- Look out for cognates, e.g. *cycliste.*

c Complète les phrases.

Exemple:

1 **Pour les touristes, il y a des hôtels, une auberge de jeunesse et un camping.**

1 Pour les touristes, il y a des h___ , une a___ de jeunesse et un c___ .

2 Si vous aimez le shopping, allez aux m___ au c___ c___ .

3 Pour acheter des provisions, allez au s___ .

4 Il y a beaucoup de bateaux au p___ .

5 Il y a des m___ intéressants et un vieux ch___ .

6 Pour les sportifs, il y a une p___ et un c___ s___ .

7 Pour les personnes en voiture, il y a un grand p___ près du centre-ville.

8 C'est amusant d'aller au b___ et au th___ .

Dossier-langue Grammaire 2.2, 2.3

More about adjectives

1 Irregular adjectives

Many common adjectives are irregular. You learnt **blanc** in Unit 4B. Can you remember the feminine form?

	singular		plural	
	masculine	feminine	masculine	feminine
white	blanc	...	blancs	...
false	faux	fausse	faux	fausses
old	vieux (vieil before a vowel)	vieille	vieux	vieilles

La Grosse-Horloge est une ancienne porte de ville qui sépare le Vieux-Port de la vieille ville.

2 Position of adjectives

In most cases, adjectives follow the noun. This is different from English.

des musées intéressants *interesting museums*

un monument historique *a historical monument*

But some common adjectives go before the noun. It's useful to learn these in a phrase to help you remember them.

un grand festival, une bonne idée, le Vieux-Port, la Grosse-Horloge

2 La Rochelle – ville du vélo

Le centre-ville de La Rochelle est un centre historique avec beaucoup de vieux bâtiments et de vieilles maisons. Le centre-ville est maintenant une zone piétonne pour protéger la vieille ville de la pollution. Alors, il n'y a pas de voitures, mais il y a des piétons et des cyclistes.

En effet, il y a beaucoup de velos jaunes à La Rochelle. Depuis longtemps, on encourage les gens (habitants et visiteurs) à prendre un vélo pour circuler en ville. C'est gratuit pendant deux heures. C'est une bonne idée, non?

a Réponds en anglais.

1 What are you told about the centre of La Rochelle?

2 What colour are the free town bikes?

3 Why did the council set up the system?

b Comment ça se dit en français?

1 a lot of old buildings

2 now

3 a pedestrian zone

4 the old town

5 for a long time

6 free of charge

7 for two hours

8 it's a good idea, don't you think?

3 Des cartes postales

a Complète les cartes postales avec les mots de la case.

Exemple: **1** *à l'auberge de jeunesse*

b Écris une carte postale.

- Vous passez combien de temps à La Rochelle?

- Quel temps fait-il?

- Qu'est-ce qu'il y a, en ville?

Pour t'aider, regarde la page 73.

+ c Écris trois phrases en plus.

Ce matin, je ...

Cet après-midi, nous ...

Ce soir, on ...

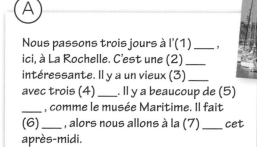

(A)

Nous passons trois jours à l'(1) ___ , ici, à La Rochelle. C'est une (2) ___ intéressante. Il y a un vieux (3) ___ avec trois (4) ___. Il y a beaucoup de (5) ___ , comme le musée Maritime. Il fait (6) ___ , alors nous allons à la (7) ___ cet après-midi.

À bientôt,

Luc

> port   ville   chaud
> auberge de jeunesse   piscine
> musées   tours

(B)

Nous (1) ___ le weekend au (2) ___ à La Rochelle. Il y a beaucoup de (3) ___ ici. Aujourd'hui, il fait (4) ___ .

Ce matin, au (5) ___ pour acheter des fruits et puis nous allons au (6) ___ pour jouer au tennis. Ce soir, on va manger au (7) ___ .

Amitiés,

Nicole

> parc   touristes   restaurant
> camping   marché   passons beau

7C C'est près d'ici?

- ask for and understand directions in town
- understand and give directions

1 Où vont les touristes?

🔊 Écris 1–10. Écoute et écris la bonne lettre.

Exemple: 1D

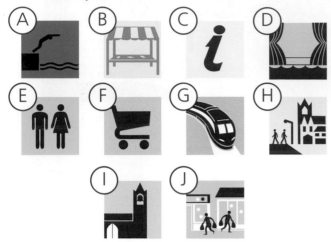

3 On arrive en ville

🔊 a Écoute et lis le texte.

Hassan et ses amis, Claude et Léa, passent les vacances à La Rochelle. Ils arrivent à la gare de la Rochelle. C'est le cinq juillet et il fait très chaud.

– Pardon, madame. Le centre-ville, c'est loin?

– Le centre-ville? Oui, c'est loin!

– Est-ce qu'il y a un bus?

– Oui, prenez le bus numéro 1 devant la gare.

– Merci, madame.

– De rien.

**Les trois amis arrivent au centre-ville.
Ils descendent place de Verdun.**

– Alors, on va à l'office de tourisme?

– Bonne idée!

– Pardon, monsieur, est-ce que l'office de tourisme est près d'ici?

– L'office de tourisme? Oh, c'est loin! C'est sur le quai du Gabut.

– C'est où, ça?

– C'est près de la mer et c'est assez près de la gare.

– C'est près de la gare, oh non! Ça alors!

– Mince alors! L'office de tourisme est très loin!

– Pfff! Il fait très chaud, n'est-ce pas?

– Oui, c'est vrai. Alors, on cherche un café?

– Bonne idée ... Pardon, madame. Est-ce qu'il y a un café près d'ici?

– Bien sûr! Il y a le café de la Paix dans la rue à gauche. Ce n'est pas loin.

2 Excusez-moi

Pose des questions.

a Pour aller ...?

Exemple: 1 *Pour aller au cinéma, s'il vous plaît?*

1 2 3

b Est-ce qu'il y a ... près d'ici?

Exemple: 1 *Est-ce qu'il y a un parking près d'ici?*

1 2 3

c ... , c'est loin/c'est près d'ici?

Exemple: 1 *La plage, c'est loin?*

1 2 3

b Vrai ou faux?

Exemple: 1 F (faux)

1 C'est le cinq janvier.

2 Il fait très froid.

3 Les amis arrivent à la piscine de La Rochelle.

4 Ils prennent le bus numéro 10.

5 Ils cherchent d'abord l'auberge de jeunesse.

6 L'office de tourisme est près de la gare.

7 Ils décident d'aller au marché.

8 Le café de la Paix est assez près.

➕ **c** Corrige les phrases qui sont fausses.

Exemple: 1 *C'est le cinq juillet.*

4 Dans quelle direction?

🔊)) Écris 1–10. Écoute et note la direction ⟵↑⟶ .

5 À gauche, à droite ou tout droit?

Regarde le panneau et complète les phrases.

Exemple: **1 La poste est à gauche.**

1 La poste est ___ .
2 Le parking est ___ .
3 Le centre-ville est ___ .
4 Le théâtre est ___ .

5 L'hôtel de ville est ___ .
6 Le marché est ___ .
7 L'hôpital est ___ .
8 La gare est ___ .

6 Par ici!

Quelle est la bonne réponse?

Exemple: **1b**

1 Pour aller à la piscine, s'il vous plaît?

2 Où est la poste, s'il vous plaît?

3 Est-ce qu'il y a un restaurant près d'ici?

4 Où est le cinéma, s'il vous plaît?

5 Pour aller à l'église, s'il vous plaît?

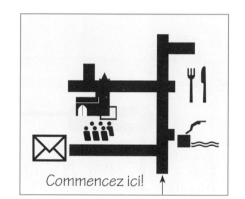

Commencez ici!

a Allez tout droit, puis c'est dans la deuxième rue à droite.

b C'est la première rue à droite. Ce n'est pas loin.

c Allez tout droit, prenez la deuxième rue à gauche. Puis c'est à gauche.

d La première rue à gauche, puis c'est tout droit.

e C'est tout droit, puis la deuxième à gauche, et puis c'est dans la première rue à droite.

7 Conversations en ville

🔊)) **a** Écoute les conversations.

① **A** On va à la piscine?

B Oui, d'accord.

A Pardon, monsieur, pour aller à la piscine, s'il vous plaît?

C Continuez tout droit, puis prenez la rue à gauche. Descendez la rue et voilà!

A Merci, monsieur. C'est loin?

C Non, c'est tout près.

② **B** Pardon, madame, est-ce qu'il y a un supermarché près d'ici?

C Continuez tout droit, puis prenez la première rue à gauche.

B Merci, madame. C'est loin?

C Oui, c'est assez loin.

b À deux ou à trois, lisez les conversations. Changez les mots surlignés pour inventer d'autres conversations.

Dossier-langue **Grammaire 11.7**

Giving directions

To give directions, use the imperative (**vous** form) of the verb.

infinitive	imperative (**vous** form)	English
aller continuer prendre	allez continuez prenez	go continue take

Using the verb **tourner**, work out how to say: Turn right, then turn left.

Phonétique

🔍 **The letters '-t' or '-te' at the end of a word**

port restaurant droit
porte j'habite droite

60
soixante

sport

7D Où exactement?

- discuss possible activities in town
- use the preposition à (au, à la, à l', aux) and other prepositions

1 Questions sur la ville

Choisis la bonne réponse (**a**, **b** ou **c**).

1 Pour jouer au tennis, on va ...
   a au bowling. **b** à la piscine.   **c** au parc.

2 Pour manger un bon repas, on va ...
   a à la poste. **b** au restaurant.   **c** au théâtre.

3 Pour trouver une chambre, les touristes vont ...
   a à l'église.   **b** au supermarché. **c** à l'hôtel.

2 On va en ville?

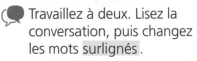 Travaillez à deux. Lisez la conversation, puis changez les mots surlignés .

A On va en ville cet après-midi?

B Oui, d'accord.

A On va aux magasins?

B Ah non, ce n'est pas intéressant.

A On va à la piscine ?

B Non, moi, je n'aime pas ça.

A On va au cinéma, alors?

B D'accord. On va au cinéma .

Pour aller au musée, s'il vous plaît?

4 Pour prendre le train, on va ...
   a au château.   **b** à la gare.   **c** au port.

5 Pour acheter des provisions, on va ...
   a aux magasins. **b** à la tour.   **c** au musée.

6 Pour voir un film, nous allons ...
   a au marché.   **b** au parc.   **c** au cinéma.

On va	au	Vieux-Port. château. musée. cinéma.
	à la	plage. piscine. gare.
	à l'	office de tourisme. aquarium.
	aux	magasins. Francofolies.

Stratégies

Remembering the gender of nouns (3)

You often need to know whether a noun is masculine or feminine, for instance when using adjectives or the preposition à. Sometimes the ending of a word can give you a clue.

endings normally masculine		exceptions	endings normally feminine	exceptions
-é	-ier	la fin	-ée	un musée
-eau	-ing		-ille	un kiosque
-in	-isme		-que	

Make a note of examples of each ending as you work through this unit. You will learn more about other endings which indicate masculine or feminine later in the course. Keep using the colour coding to help you remember the gender of new nouns.

Dossier-langue — Grammaire 5.1

Saying 'to' and 'at' + place

The preposition for 'to' and 'at' has different forms, depending on whether the noun which follows is masculine, feminine, singular or plural.

masculine le	feminine la	before a vowel or silent 'h' l'	plural les
au	à la	à l'	aux

Remember: à + le = au   à + les = aux

3 Une semaine de vacances

Complète les phrases avec **au**, **à la**, **à l'** ou **aux**.

1 Lundi, je vais
2 Mardi, je vais
3 Mercredi, je vais
4 Jeudi, je vais
5 Vendredi, je vais
6 Samedi, je vais

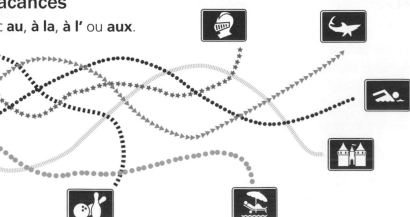

4 On va où?

🔊 Écris 1–8. Écoute et note l'endroit et d'autres détails, si possible.

Exemple: 1 castle, quite far, after supermarket

Other prepositions

These prepositions are often used to describe where places are situated.

dans *in*
devant *in front of*
sous *underneath, below*

derrière *behind*
entre *between*
sur *on*

The following prepositions are a bit different in that **de + le** changes to **du** and **de + les** changes to **des**.

à côté de *beside,* e.g.

à côté du cinéma, à côté de la piscine

près de *near,* e.g.

près du parc, près de la poste, près des magasins

5 Dans la rue

Vrai ou faux?

Exemple: 1 faux

1 Le cinéma est entre le café et le supermarché.
2 Le musée est entre la poste et la banque.
3 Mme Dubois est devant le supermarché.
4 Les enfants sont devant le cinéma.

5 Il y a un vélo devant la banque.
6 Le parking est entre le supermarché et le café.
7 M. Dubois est dans le café.
8 Le chien est devant la poste.

6 Où?

a Choisis la bonne préposition pour compléter les phrases.

Exemple: 1 entre

➕ **b** Invente trois images amusantes pour illustrer des prépositions.

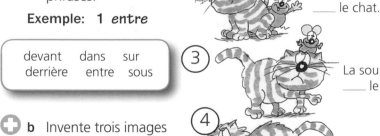

① La souris est ___ les deux chats.

② La souris est ___ le chat.

③ La souris est ___ le chat.

④ La souris est ___ le chat.

⑤ L'homme est ___ le lion.

⑥ L'homme est ___ le lion.

⑦ L'homme est ___ les deux lions.

⑧ L'homme est ___ le lion.

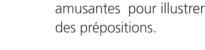

1 Un jeu 5-4-3-2-1

Écris les mots dans la bonne catégorie.

Exemple: 5 *une église...*

5 la religion   2 on mange là

4 le sport   1 on trouve des livres là

3 le logement

une auberge de jeunesse	une patinoire	un centre sportif
une bibliothèque	une piscine	un hôtel
une cathédrale	une synagogue	un restaurant
une église	un café	un temple
une mosquée	un camping	un terrain de football

2 Mon quartier

🔊 Écris 1–10. Écoute et trouve les bonnes images.

Exemple: 1C

A B C D E F G H I J

Dossier-langue   Grammaire 11.10

il y a and il n'y a pas de

Il y a	There is ... / There are ...	Il n'y a pas de	There isn't ... / There aren't any ...
Dans mon village, il y a un magasin, une église et des maisons.	*In my village, there's a shop, a church and some houses.*	**Il n'y a pas de cinéma, il n'y a pas de piscine et il n'y a pas de cafés.**	*There is no cinema, there is no swimming pool and there aren't any cafés.*

What do **un/une** and **des** change to after **il n'y a pas**?

When talking about a place where there isn't much to do, you could say:

Vraiment, il n'y a pas grand-chose. *There really isn't much.*

---

3 Qu'est-ce qu'il y a?

Complète les phrases.

Exemple: 1 *Dans le centre-ville, il y a un centre sportif.*

1 Dans le centre-ville, il y a  .

2 Dans ma ville, il y a et .

3 Près d'ici, il y a avec beaucoup de magasins.

4 J'aime bien mon quartier parce qu'il y a et .

5 Dans mon quartier, il y a avec et .

4 Et qu'est-ce qu'il n'y a pas?

Exemple: 1 *Il n'y a pas de bowling.*

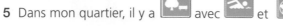

5 Jeu de mémoire

Travaillez en groupe. Pour trouver des idées, regardez les listes et les symboles à la page 86.

a La première personne dit un endroit en ville, la deuxième répète la phrase et ajoute un deuxième endroit et ainsi de suite (*and so on*).

Exemple:

A Dans ma ville, il y a un centre sportif.

B Dans ma ville, il y a un centre sportif et un musée.

C Dans ma ville, il y a un centre sportif, un musée et une patinoire. etc.

b Cette fois on fait la même chose, mais on dit ce qu'il n'y a pas en ville.

Exemple:

A Dans ma ville, il n'y pas de bowling.

B Dans ma ville, il n'y a pas de bowling et il n'y a pas de cinéma. etc.

6 Ma ville/Mon quartier

Trouve les mots qui manquent.

Exemple: 1 *ville*

bibliothèque	parce que
contraire	pas
loin	pour
magasins	ville

J'habite à Tricville. C'est une (1) ___ moyenne au centre de la France. Mon quartier est assez (2) ___ du centre-ville. Dans mon quartier il y a des (3) ___, une église, un café et un parc, mais il n'y a pas de centre sportif. Ce n'est pas intéressant (4) ___ les jeunes.
Au (5) ___, au centre-ville, il y a un grand centre commercial, une piscine, une (6) ___ et un bowling mais il n'y a (7) ___ de théâtre. J'aime bien aller en ville (8) ___ j'adore le shopping.

Stratégies

Adding interest to your writing (3)

These strategies will help improve your writing:

- Use connectives to join short sentences together e.g. *et, mais, alors, aussi, parce que, au contraire.*
- Add your opinions e.g. *j'aime, j'adore, je déteste*, etc.
- Note down and learn phrases that you can use later, e.g. *il n'y a pas de … , c'est dommage*, etc.

Pick out examples of those three strategies in the sentences below.

Dans ma ville, il y a un centre sportif avec une très grande piscine et beaucoup de parcs. Ça, c'est super parce que j'adore le sport, mais il n'y a pas de bowling.

Dans mon quartier, il n'y a pas grand-chose. Il y a trois ou quatre magasins, mais il n'y a pas de cinéma. Ça c'est dommage parce que j'adore aller au cinéma.

7 Dossier personnel

a Écris quatre phrases sur ton quartier et ta ville.

b Écris deux paragraphes. Pour t'aider, regarde **Au choix, 5 Un message**.

Exemple:

J'habite à Gloucester. C'est une assez grande ville dans l'ouest de l'Angleterre. J'habite dans un quartier moderne.

Dans mon quartier, il y a des magasins, une bibliothèque et un parc, mais il n'y a pas de cinéma et il n'y a pas de piscine. Ça, c'est dommage. Mais, au centre-ville, il y a un centre sportif avec une grande piscine. Ça, c'est bien.

■ *make plans and talk about where you are going*
■ *use the verb* aller

1 Où vont-ils?

Complète les bulles.

Exemple: 1 *au concert*

Vous allez ...

Je vais ...

Tu vas ...

Il va ...

Nous allons ...

Elles vont ...

Dossier-langue   **Grammaire 11.13**

The verb aller (to go)

Like many common verbs, **aller** is irregular and does not follow the pattern of regular -er verbs.

	singular		plural	
1st person	**je vais**	*I go, I am going*	**nous allons**	*we go, we are going*
2nd person	**tu vas**	*you go, you are going* (informal)	**vous allez**	*we go, we are going*
3rd person	**il/elle/on va**	*he/she/one goes, is going*	**ils/elles vont**	*they go, they are going*

Où vont les touristes?

Les touristes vont à la tour Eiffel.

Elle va où, Hélène?

Hélène va au zoo avec l'œuf.

Où vas-tu?

Je vais au musée.

Où allez-vous?

Lucie et moi allons à la piscine.

---

2 Coralie est au lit

🔊 **a** Coralie est malade (*ill*). Elle reste à la maison, mais ses amis vont en ville. Où vont-ils? Écoute les conversations. Complète avec **va** ou **vont** et la bonne destination.

Exemple: 1 *Sébastien va au cinéma.*

1 Sébastien ___ ___ .
2 Luc ___ ___ .
3 Anne-Marie ___ ___ .
4 Vincent ___ ___ .
5 Stéphanie et Mireille ___ ___ .
6 Christophe et Jean-Pierre ___ ___ .
   Mais le soir, ils ___ tous chez Coralie.

a au musée Maritime
b à la discothèque *Plaza*
c au cinéma *Dragon*
d aux magasins
e au club des jeunes
f au parc

🔊 **b** Écoute encore une fois et note avec qui ils vont en ville.

Exemple: 1 *Sébastien va en ville avec son cousin.*

1 Sébastien ___ .
2 Luc ___ .
3 Anne-Marie ___ .
4 Vincent ___ .
5 Stéphanie ___ .
6 Christophe ___ .

3 Allez!

Trouve les paires.

Exemple: 1h

a va chez sa grand-mère.

b vont au match.

c allez à la banque?

d vais à la gare.

e vont à l'hôpital.

f vas au festival de musique?

g va au parc.

h allons au marché aux poissons.

4 Ah non!

a Complète la conversation.

Exemple: 1 *je vais*

1 Demain, je ___ chez ma grand-mère pour l'aider un peu. Tu viens?

2 Ah non! Demain, je___ au cinéma.

3 Mercredi, nous ___ à la ferme pour travailler avec mon oncle. Tu viens?

4 Ah non! Mercredi, je ___ au parc avec des amis.

5 Samedi, ma sœur ___ aux magasins; tu ___ avec elle?

6 Ah non! Samedi, mon frère ___ au match de football et moi, je ___au match aussi.

7 Dimanche, nous ___ tous au Parc Astérix en minibus.

8 Ah oui? Je viens!

9 Désolé, mais il n'y a pas de place dans le bus!

> **Phonétique**
>
> ⟶ **The letters 'on', 'om'**
> When 'o' is followed by 'n' or 'm' it is often a **nasal vowel**.
>
> c**on**bien v**on**t **on**cle
>
> cit**ron**

b À deux, inventez une conversation amusante comme ça.

Exemple:

A Lundi, je vais chez ... pour l'aider. Tu viens?

B Ah non! Lundi, je ...

A Mardi, nous ...

5 Le weekend

Où vas-tu le vendredi et le samedi? Où allez-vous le dimanche? Invente six phrases.

**Exemples: *Le samedi soir, je vais au cinéma.*
*Le dimanche matin, je ne vais pas aux magasins.***

		je	vais	au restaurant ...	en ville ...
Le vendredi Le samedi Le dimanche	soir, matin, après-midi,	ma sœur mon frère on	va	au temple ... au cinéma ...	à l'église ... aux magasins ...
		nous	allons	au marché ...	à la synagogue ...
		mes amis mes parents	vont	au parc ... au supermarché ...	à la piscine ... à la mosquée ...
		je ne vais pas			

1 Une fenêtre ouverte sur l'océan

Visitez l'aquarium

Quai Louis Prunier 17002
LA ROCHELLE
Tel. 05 46 34 00 00

L'aquarium se situe dans le centre-ville
(près de la gare SNCF).
Parking gratuit à 300m.
Ouvert 365 jours par an.

- C'est une fenêtre ouverte sur l'océan
- Faites un voyage au fond des océans
- Observez 10 000 animaux marins de l'Atlantique, de la Méditerranée et des Tropiques
- Visitez le grand aquarium des requins
- Trouvez les étoiles de mer
- Prenez un tunnel pour marcher sous l'eau, entouré de méduses

Avant ou après votre visite, allez au café de l'Aquarium avec vue panoramique sur la vieille ville, le port et ses célèbres tours.

Avis
«Magnifique !» *Coralie*
«Super – un peu long mais très beau.» *Théo*
«Un très bon moment. Si possible allez-y le matin.» *Hassan*

a Réponds en anglais.

1 What kind of text is this?
   a a publicity leaflet
   b a magazine article
   c a story about fish

2 Where is the aquarium situated?

3 What could you do before or after a visit?

b Vrai ou faux?

1 L'aquarium est loin de la gare.

2 Il n'y a pas de parking.

3 C'est ouvert en hiver

4 On trouve des requins (*sharks*) au café.

➕ **c** Corrige les phrases qui sont fausses.

2 À l'office de tourisme

🔊 **a** Listen first to find out what this is about. Is it …

   a a recorded announcement about events in La Rochelle?
   b an interview with the director of tourism?
   c a conversation between tourists and a member of staff?

b Read the list a–h.
Listen again and note down the letter in the order you hear them.

Exemple: *c, …*

c Note down any other details.

   a l'aquarium
   b l'Île de Ré
   c la tour de la Lanterne
   d le bus de mer
   e le musée Maritime
   f le port de pêche
   g le port de plaisance
   h les vélos jaunes

Stratégies

Reading and listening to longer passages
Use the title, picture or questions to help you understand the context. When reading or listening for the first time, try to get a general idea of what the passage is about. Don't expect to understand every word. Sometimes you may need to understand specific details, like times or prices. It's useful to listen several times in order to 'tune in' to the French.

Now I can ...

- ■ *talk about places in a town*

un aquarium	aquarium
une auberge de jeunesse	youth hostel
une banque	bank
une bibliothèque	library
un bowling	bowling alley
un camping	campsite
un centre commercial	shopping centre
un centre sportif	sports centre
un château	castle
une gare	station
la Grosse-Horloge	the big clock tower (in La Rochelle)
un hôpital	hospital
un hôtel	hotel
un hôtel de ville	town hall
un magasin	shop
un marché	market
un musée	museum
un office de tourisme	tourist office
un parc	park
un parking	car park
une patinoire	skating rink
une piscine	swimming pool
une place	square
une poste	post office
un restaurant	restaurant
un terrain de football	football pitch
un théâtre	theatre
une tour	tower

des bâtiments religieux	**religious buildings**
une cathédrale	cathedral
une église	church
une mosquée	mosque
une synagogue	synagogue
un temple	temple

- ■ *ask for directions*

Pardon, monsieur/madame.	Excuse me, sir/madam.
Pour aller au centre-ville, s'il vous plaît?	How do you get to the town centre, please?
Est-ce qu'il y a un café près d'ici?	Is there a café near here?
C'est loin?	Is it far?

- ■ *understand and give directions*

à gauche	on the left
à droite	on the right
tout droit	straight on
Prenez la première (1ère) rue à gauche.	Take the first road on the left.
Tournez à droite.	Turn to the right.
Continuez tout droit.	Continue straight on.

- ■ *understand how far away places are*

C'est tout près.	It's very near.
C'est loin.	It's a long way.
C'est assez loin.	It's quite a long way away.
Ce n'est pas loin.	It's not far.
C'est à 50 mètres.	It's 50 metres away.

- ■ *use some prepositions*

C'est devant l'église.	It's in front of the church.
C'est derrière l'église.	It's behind the church.
C'est entre le cinéma et le café.	It's between the cinema and the café.
C'est à côté du cinéma.	It's next to the cinema.
C'est à côté de la poste.	It's next to the post office.

- ■ *use il y a and il n'y a pas de* **(see page 86)**

- ■ *talk about your town/area* **(see page 87)**

- ■ *use connectives and give opinions to make your work more interesting* **(see page 87)**

- ■ *use the words for 'at' and 'to'.*

Je vais à Paris.	I'm going to Paris.
Tu vas au parc?	Are you going to the park?
Il va à la gare.	He's going to the station.
Nous allons à l'hôpital.	We're going to the hospital.
Ils vont aux magasins.	They are going to the shops.

- ■ *use the verb aller* **(see page 88)**

- ■ say a lot about La Rochelle.

Le marché aux poissons, c'est près d'ici?

Rappel 3 Unités 6–7

1 Au contraire

Trouve les contraires. *Find the opposites.*

Exemple: 1*e*

1 oui
2 chaud
3 beau
4 petit
5 l'hiver
6 noir
7 devant
8 sous

a mauvais
b sur
c derrière
d blanc
e non
f grand
g froid
h l'été

2 Les mots en escargot

a Trouve six endroits en ville.
Find six places in a town.

Exemple: *église, ...*

b Avec les lettres qui restent, écris le nom d'une saison. *With the remaining letters, write the name of a season.*

mbanquepstour
églisepgareinh
tembost
épostialtepo
ôpitat

3 Chasse à l'intrus

a Trouve le mot qui ne va pas avec les autres.
Find the odd word out.

b Explique pourquoi, si possible.
Explain why, if possible.

Exemple: **1 du sport – Les autres sont des descriptions du temps.**

1 du brouillard, du vent, du soleil, du sport
2 cent, quatre-vingts, travailler, soixante-dix
3 jouer, février, dessiner, chanter
4 une église, une banque, un magasin, un homme
5 première, derrière, deuxième, troisième
6 sous, sur, devant, méchant
7 l'été, l'hiver, l'ami, l'automne
8 le printemps, le volley, le golf, le tennis

des nombres   des saisons
des verbes   des bâtiments
des prépositions   des sports

4 Quel temps fait-il?

Complète les phrases avec des voyelles. Trouve le symbole qui correspond.

Complete the phrases with the missing vowels. Find the matching symbol.

Exemple:

1 Il y a du soleil. – C

1 Il y _ d_ s_l__l.
2 Il f__t fr__d.
3 Il pl__t.
4 Il y _ d_ br___ll_rd.
5 Il n__g_.
6 Il f__t ch__d.

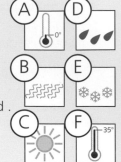

5 Masculin, féminin

Écris deux listes. *Write two lists.*

Exemple:

masculin	féminin
	une brochure

The following endings are usually masculine:
-ing, -eau.
The following endings are usually feminine:
-ure, -tte.

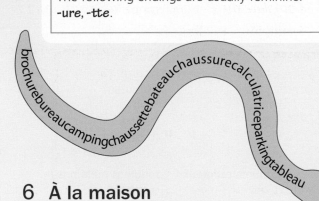

brochurebureaucampingchaussettebateauchaussurecalculatriceparkingtableau

6 À la maison

Complète les phrases avec la bonne forme du verbe. *Complete the sentences with the correct part of the verb.*

Exemple: **1 Il neige.**

1 Il ___ . (neiger)
2 On ___ à la maison. (rester)
3 Moi, je ___ à mes amis. (téléphoner)
4 Toi, tu ___ sur l'ordinateur? (travailler)
5 Marc ___ de la musique. (écouter)
6 Sophie ___ . (dessiner)
7 Nous ___ un grand repas. (préparer)
8 Vous ___ le salon, les enfants? (ranger)
9 Après le repas, mes parents ___ aux cartes. (jouer)
10 Ma grand-mère et ma sœur ___ un film. (regarder)

7 Où est le lapin?

Le lapin, Henri, n'est pas dans sa cage.
Où est il? *Henri, the rabbit, is not in his cage.*
Where is he?

Exemple: **1 Le lapin *est entre les livres.***

8 Le weekend

Trouve les paires. *Find the pairs.*

Exemple: 1*c*

1 Moi, je …
2 Et toi, tu …
3 Daniel, il …
4 Nicole, elle va …
5 Nous …
6 Et vous, vous …
7 Mes parents …
8 Les filles vont à …

a … vont au supermarché.
b … va à la piscine.
c … vais au musée.
d … vas au parc.
e … au match.
f … la patinoire.
g … allez aux magasins.
h … allons au concert.

9 À toi!

Réponds aux questions. *Answer the questions.*

1 Où vas-tu en ville, le samedi?
2 Et tes amis, où vont-ils?
3 Qu'est-ce que tu préfères: aller au cinéma ou aller au match de football?
4 Qu'est-ce que tu fais, quand il fait mauvais?
5 Et tes amis?
6 Qu'est-ce que tu préfères: jouer sur l'ordinateur ou regarder un film?

10 Tom et Jojo en ville

Complète les phrases avec les mots de la case.
Complete the sentences with the words from the box.

Exemple: 1 *ville*

C'est samedi. Jojo décide d'aller en (1) ___ . Elle va d'abord (2) ___ magasins. Puis elle va (3) ___ café. Ensuite, elle va chez une amie qui habite (4) ___ église. Puis elle va (5) ___ gare. Zut! Tom est (6) ___ gare aussi. Tom (7) ___ Jojo. Jojo (8) ___ dans la direction du port.
Puis elle (9) ___ à gauche.
Tom continue (10) ___ .

Jojo arrive (11) ___ parc.
Tom (12) ___ dans la rivière.

à la
va
tombe
aux
chasse
à la
au
tourne
au
à l'
tout droit
ville

unité 8 Une journée scolaire

8A À quelle heure?

■ *say at what time events take place*
■ *understand and tell the time*

1 C'est à quelle heure?

🔊 Écris 1–8. Écoute et note l'heure.

Exemple: 1 3h00

2 Le weekend

Complète les phrases.

Exemple: 1 à midi

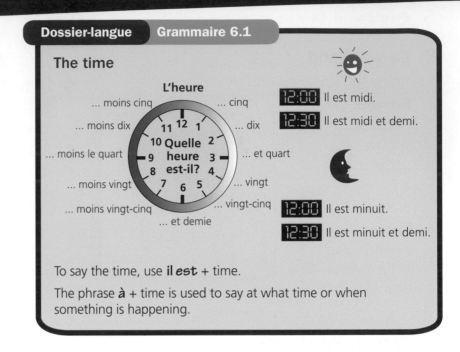

Dossier-langue | **Grammaire 6.1**

The time

L'heure

... moins cinq ... cinq
... moins dix 11 12 1 ... dix
10 **Quelle** 2
... moins le quart 9 **heure** 3 ... et quart
est-il?
8 4
... moins vingt 7 6 5 ... vingt
... moins vingt-cinq ... vingt-cinq
... et demie

12:00 Il est midi.
12:30 Il est midi et demi.

12:00 Il est minuit.
12:30 Il est minuit et demi.

To say the time, use **il est** + time.

The phrase **à** + time is used to say at what time or when something is happening.

Lucas et Sophie vont aux magasins ...

Fabio va à la piscine ...

Nicolas et Marc vont au parc ...

M. Leclerc (le curé) va à l'église ...

Laura et Alex vont au musée ...

Mangetout va dans la cuisine ...

3 Français/Anglais

Comment ça se dit en anglais?

1 Ça commence à quelle heure?
2 C'est à dix heures.
3 Quelle heure est-il?
4 Il est midi.
5 Le magasin est ouvert jusqu'à quelle heure?
6 C'est ouvert jusqu'à 19 heures.

4 Rendez-vous à quelle heure?

🔊 a Écoute et note l'heure.

Exemple: 1 2h30

b Écoute encore une fois et note l'endroit en anglais.

Exemple: 1 under the large clock tower

5 Quelle journée!

Thomas amuse son petit frère et ses deux sœurs.

a Lis le texte et trouve les paires.

Exemple: 1C

À huit heures, Thomas va à la boulangerie.

À dix heures vingt, il va au marché avec Pierre.

Puis à onze heures cinq, Thomas va à la piscine avec les trois enfants.

Ils mangent un sandwich au café à midi et demi.

L'après-midi, ils sont au parc à deux heures moins vingt-cinq. Les enfants jouent dans le parc. Ils aiment bien ça.

À trois heures et demie, ils vont au cinéma.

Puis à six heures et quart, ils rentrent à la maison.

Tu joues au football avec nous ce soir, Thomas?

Plus tard, à huit heures moins le quart, un ami de Thomas téléphone.

Non, merci, Hugo. Moi, je vais au lit ... Pfff! Quelle journée!

b Raconte la journée avec des changements. C'est une fille qui amuse son frère et ses sœurs. Change les heures et les endroits.

6 Conversations aux nombres

À deux, jetez un dé ou choisissez des nombres entre 1 et 6. Inventez des conversations.

Exemple: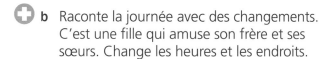

A On va à la piscine, tu viens?

B Oui, bonne idée. À quelle heure?

A À quatre heures, ça va?

B Oui, d'accord. Alors rendez-vous derrière le cinéma.

1 au cinéma	1 09h10
2 au stade	2 10h20
3 à la piscine	3 11h50
4 à la plage	4 12h30
5 à l'aquarium	5 14h00
6 aux magasins	6 16h00

1 devant le musée
2 au café
3 à l'office de tourisme
4 derrière le cinéma
5 sous l'horloge
6 à la gare

8B Une journée en semaine

- *talk about daily routine*
- *recognise some reflexive verbs*

1 Une journée typique

🔊 Écoute et lis. Olivier parle d'une journée typique.

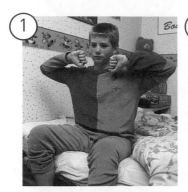

Le matin, je me lève à sept heures.

Je prends mon petit déjeuner à sept heures et demie. Je mange du pain avec du beurre et de la confiture et je bois du jus d'orange.

Je quitte la maison à huit heures et j'arrive au collège à huit heures vingt.

Les cours commencent à huit heures et demie. J'ai quatre cours le matin.

À dix heures et demie, il y a la récréation du matin. Ça dure dix minutes.

À midi, je mange à la cantine. Puis je vais dans la cour avec mes copains. Quelquefois, nous jouons au football.

L'après-midi, nous commençons à deux heures. J'ai cours jusqu'à quatre heures moins dix. Puis je rentre à la maison.

Pour mon goûter, je mange un sandwich et je bois un chocolat chaud.

À six heures, je commence mes devoirs.

Le soir, nous mangeons à sept heures. Après le dîner, je continue à travailler.

Puis je regarde la télé, j'écoute de la musique ou je joue sur l'ordinateur.

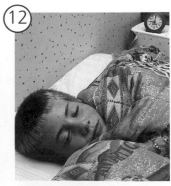

Et à neuf heures, je me couche.

2 La journée d'Olivier

Lis «Une journée typique» (page 96) et fais les activités.

a Mets les mots dans le bon ordre.

La journée	Les repas
l'après-midi	le déjeuner
le matin	le dîner
la nuit	le goûter
le soir	le petit déjeuner

b Trouve les mots dans le texte.

4 nombres

3 verbes

2 bâtiments

1 chose à manger

c Trouve les paires.

Exemple: 1f

a Olivier prend son petit déjeuner.

b Olivier arrive au collège.

c Il commence ses devoirs.

d Il se couche.

e Il quitte la maison.

f Olivier se lève.

g Olivier mange à la cantine.

h Il quitte le collège.

i C'est la récréation.

j Il dîne.

Dossier-langue   Grammaire 11.6

Reflexive verbs (je form)

Je me lève — I get up (or 'I get myself up').

Je me couche — I go to bed (or 'I lay myself down')

Verbs like this are called **reflexive verbs**. They contain an extra word (**me/m'** etc) which is called a reflexive pronoun.

You've also used **Je m'appelle** … (I'm called/I call myself…).

You will learn more about reflexive verbs in Stage 2.

---

3 Ma journée

Complète le résumé avec les mots de la case.

Exemple: 1 matin

Le (1) ___ , je prends mon (2) ___ à sept heures et quart. Au collège, les (3) ___ commencent à neuf heures. À midi, je prends le (4) ___ à la cantine. L'(5) ___ , nous avons cours de deux heures à quatre heures moins le quart. Pour le (6) ___ , je mange du chocolat ou un fruit. Puis je commence mes (7) ___ . Le (8) ___ , nous dînons à sept heures.

> devoirs   matin   après-midi   soir
> goûter   déjeuner   petit déjeuner   cours

4 Un questionnaire

Pose ces questions à un(e) partenaire et note les réponses.

Exemple: 1

A À quelle heure est-ce que tu quittes la maison?

B (Je quitte la maison) à huit heures moins dix.

À quelle heure est-ce que ...

1 tu quittes la maison, le matin? 7h50
2 tu arrives au collège?
3 les cours commencent?
4 tu manges à la cantine/tes sandwichs?
5 tu quittes le collège?
6 tu rentres à la maison?
7 tu commences tes devoirs?
8 tu manges le soir?

5 Dossier personnel

a Réponds aux questions du questionnaire. Écris **une** phrase en réponse aux questions 1 et 2, et **une** aux questions 5 et 6. Utilise des mots comme: et, puis, mais.

Exemple: Le matin, je quitte la maison à huit heures et j'arrive au collège à ...

b Relis «Une journée typique» (page 96) et modifie les phrases pour faire une description de ta journée.

- **talk about school subjects**
- **practise telling the time**

1 Les matières

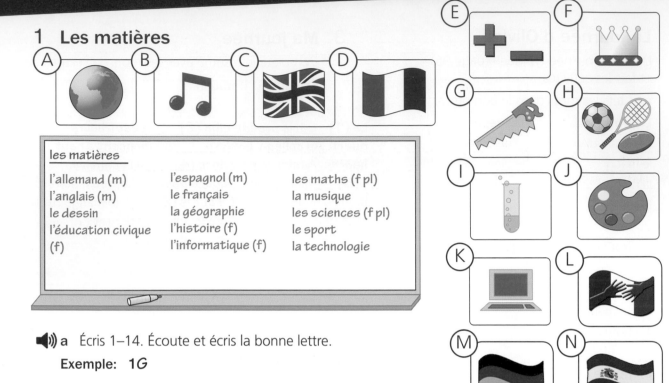

les matières

l'allemand (m)
l'anglais (m)
le dessin
l'éducation civique (f)

l'espagnol (m)
le français
la géographie
l'histoire (f)
l'informatique (f)

les maths (f pl)
la musique
les sciences (f pl)
le sport
la technologie

🔊 **a** Écris 1–14. Écoute et écris la bonne lettre.

Exemple: 1G

b Écris le nom des matières.

Exemple: A la *géographie*

2 Une journée au collège

Trouve les paires.

Exemple: 1G

1 J'arrive au collège à huit heures moins dix.

2 Les cours commencent à huit heures cinq.

3 La récréation est à dix heures vingt.

4 J'ai un cours de deux heures de dessin à onze heures dix.

5 La pause-déjeuner est à midi vingt-cinq.

6 Nous avons maths à deux heures moins vingt-cinq.

7 L'après-midi, la récréation est à trois heures moins vingt.

8 Je quitte le collège à quatre heures moins cinq.

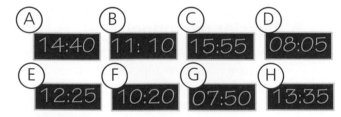

Stratégies

Using spelling patterns to improve writing

Look out for patterns that may help you to write French words correctly.

- French words ending in *-ie*

Find two school subjects which end in *-ie* in French.
What is their ending in English?
Using the same rule, how would you spell the French words for the following?

a photography **b** biology **c** astronomy

The next two need an acute accent, as in *géographie*:

d melody **e** comedy

- French words ending in *-que*

If 'music' is *la musique*, guess how to spell the French words for the following:

f fantastic **g** historic **h** electronic (also needs an acute accent)

3 Dans la cour

🔊 Écris 1–8 et écoute les conversations.

a Note la matière.

b Note l'heure.

Exemple: **1a** anglais; **b** 8h30

	lundi	mardi	mercredi	jeudi	vendredi	samedi
8h30	anglais	français		maths	éducation civique	français
9h30	histoire	géographie		anglais	français	anglais
10h20				récréation		
10h30	français	maths		français	maths	musique
11h30	maths	dessin		informatique	maths	
12h25				déjeuner		
14h10	technologie	SVT		français	EPS	
15h10	technologie	SVT		informatique	EPS	
16h				récréation		
16h10		EPS			anglais	

EPS = Éducation physique et sportive   SVT = Sciences de la Vie et de la Terre

4 Un emploi du temps

Réponds aux questions.

1 In what general ways is this timetable different from yours?

2 How many hours of lessons does this student have per week?

3 How does this compare to your timetable?

5 C'est quel jour?

 Écris 1–8. Écoute et consulte l'emploi du temps. C'est quel jour? C'est le matin ou l'après-midi?

Exemple: 1 samedi matin

6 On a quelle matière?

 À deux, consultez l'emploi du temps et inventez des conversations.

Exemple:

A Qu'est-ce qu'on a, lundi à 9h30?

B À 9h30, on a histoire. C'est bien, j'adore l'histoire.

7 Dossier personnel

a Écris ton emploi du temps pour ton jour préféré.

b Pourquoi est-ce ton jour préféré?

Exemple: C'est mon jour préféré parce qu'on a ... et j'aime bien ça.

Dossier-langue   Grammaire 1.4

When to use the definite article (le/la/les)

• *avoir* + school subject

With the verb **avoir**, the article (**le**, **la** or **les**) is not used. This is the same as in English.

Ensuite, on a français. Next, we have French.

Cet après-midi, nous avons technologie. This afternoon we have IT.

• *aimer/détester* + school subject

J'aime les maths. I like maths.

Mes amis et moi détestons le dessin. My friends and I hate art.

Is le/la/les used with the verbs **aimer** and **détester**?

Say five more sentences to practise this.

Phonétique

⌕ **The letters 'im', 'in'**

When 'i' is followed by 'n' or 'm' it is often a nasal vowel.

vingt

informatique   **im**possible   mat**in**

c Écris ton emploi du temps pour un jour que tu n'aimes pas.

Exemple: Je n'aime pas ce jour parce qu'on a ...

- **discuss school subjects**
- **use the verb** *faire* (to do, to make)

1 Conversations au collège

🔊 Écoute et complète le texte.

Exemple: 1 EPS

A Qu'est-ce que tu aimes comme matières?

B Ma matière préférée est l'(1) ___ . J'adore le sport.

A Qu'est-ce que vous faites comme (2) ___ au collège?

B En hiver, nous faisons de la gymnastique, du volley et du (3) ___ . On fait aussi de la natation. Nous allons à (4) ___ en ville le jeudi après-midi. Et en (5) ___ nous faisons de l'athlétisme.

A Est-ce qu'il y a des clubs de sport?

B Oui, il y a un club de judo. J'ai des amis qui font du (6) ___ , mais pas moi. Et toi, quelles sont tes matières préférées?

A Mes matières préférées sont (7) ___ et (8) ___ .

B Pourquoi?

A (9) ___ parce que j'adore la lecture et nous faisons aussi du théâtre. C'est amusant. Et j'aime (10) ___ parce que nous faisons des choses intéressantes.

> la lecture   *reading*

Dossier-langue   Grammaire 11.13

The verb *faire* (to do, to make)

Look at the verb **faire**. Does it follow the same pattern as other verbs you have used? What is similar and what is different?

singular		plural	
1st person I	je fais	1st person we	nous faisons
2nd person you (informal)	tu fais	2nd person you (singular: formal) (plural: informal and formal)	vous faites
3rd person he/she/it/ one	il/elle/ on fait	3rd person they	ils/elles font

Which part of **faire** do you use to talk about the weather?

Find 10 or more examples of **faire** on this page.

faire is used in many different expressions. Look out for them and note them down as you work through the course. You will learn more about **faire** in Unit 10.

2 Fais des phrases

Exemple: 1 Je fais du théâtre.

1 Je   2 Moi, je   3 Tu   4 Il
5 Elle   6 Nous   7 Vous   8 Ils

		dessin
faire	du	judo
		shopping
		sport
		théâtre
		vélo
	de la	gymnastique
		natation
	de l'	athlétisme
		informatique
	des	photos

3 Ils aiment ou ils n'aiment pas?

🔊 a Écris 1–8. Écoute et note les opinions et les matières.

Exemple:
1 (✹ histoire)

Légende	
♡ aime	✹ n'aime pas
♡♡ adore	✹✹✹ déteste

🔊 b Écoute encore une fois et écris les adjectifs sur deux listes.

Exemple:

des opinions positives ✓	des opinions négatives ✗
amusant = fun	

c Devine le mot anglais, puis vérifie dans le **Glossaire**. Écris l'anglais sur ta liste.

amusant   super   facile   difficile   intéressant
utile   nul   ennuyeux   sympa   génial

4 Six élèves

🔊 **a** Écris 1–6. Écoute et décide qui parle.

Exemple: 1E Sylvie

🔊 **b** Écoute encore une fois. Note les opinions sur les matières.

**Exemple: 1 les maths – très utile;
le dessin – ennuyeux**

Sika

(A) ♡ les sciences
✖✖✖ l'anglais

Philippe

(B) ♡♡ l'informatique
✖ la géographie

Marion

(C) ♡♡ le français
✖ l'histoire

Thomas

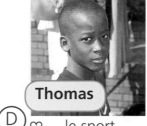

(D) ♡ le sport
✖ les maths

Sylvie

(E) ♡♡ les maths
✖✖✖ le dessin

Tchang

(F) ♡ la musique
✖ la technologie

5 Inventez des conversations

💬 **a** À deux, lisez la conversation. Puis changez les mots surlignés pour inventer d'autres conversations.

A Quelles sont tes matières préférées?

B Mes matières préférées sont l'anglais et les sciences.

A Pourquoi?

B J'aime l'anglais, parce que c'est utile et les sciences, parce que je trouve ça intéressant.

A Est-ce qu'il y a des matières que tu n'aimes pas?

B Ah oui, je déteste l'allemand et je n'aime pas beaucoup la technologie. Et toi, qu'est-ce que tu aimes comme matières?

A Moi, j'aime le sport, je trouve ça vraiment super.

B Qu'est-ce qu'on fait comme sport au collège?

A On fait de la gymnastique, du football et de la natation.

 b Écris un paragraphe sur les matières.

Stratégies

Adding interest to your writing (4)

When you check your written work, see if you can use connectives like *mais, et, parce que,* and qualifiers like *très, assez, vraiment* to add emphasis and interest, e.g.

J'adore le français parce que c'est très intéressant.

Mais les maths, c'est assez difficile et vraiment ennuyeux.

With *super, génial* or *nul,* you can't use *très* and *assez,* but you can say:

C'est vraiment nul/super/génial.

Practise adding extra words to these sentences:

L'informatique, c'est ennuyeux.

Les sciences, c'est super.

Then make up a long sentence for a subject you like and one for a subject you don't like.

- ask questions to get to know someone
- talk about your favourite things
- say 'his', 'her' and 'its'

1 Un nouvel élève

🔊 **a** Karim est un nouvel élève. Pendant la récréation, on lui pose beaucoup de questions.

Écoute, puis lis les questions. Il y a une question qu'on ne pose pas. C'est quelle question?

1 Quel âge as-tu?

2 Quelle est la date de ton anniversaire?

3 Quelle est ta matière préférée?

4 Quels sont tes passe-temps préférés?

5 Quel est ton sport préféré?

6 Tu es supporter de quel club de foot?

🔊 **b** Complète les réponses de Karim.

Exemple: **a le basket**

a Mon sport préféré est ...

b Mes passe-temps préférés sont ...

c J'ai ...

d Ma matière préférée, c'est ...

e Mon anniversaire est ...

> l'histoire   douze ans   le huit juillet
> le basket   le sport et l'informatique

2 Des questions utiles

Complète les questions.

Exemple: **1 Quel**

1 ___ jour (m) sommes-nous?

2 ___ heure (f) est-il?

3 ___ est ta couleur préférée?

4 ___ sont tes livres préférés?

5 ___ sont tes animaux préférés?

6 ___ est ton jour préféré?

7 ___ temps (m) fait-il?

🔊 **c** Relis les questions et trouve la bonne réponse, puis écoute et vérifie.

Exemple: **1c**

Dossier-langue   **Grammaire 8.2**

'which … ?'/'what … ?'

singular		plural	
masculine	feminine	masculine	feminine
quel	quelle	quels	quelles

The word **quel** in its different forms is used in many questions. Find some examples on this page.

Do the different spellings of **quel** sound different?

See 4C to remind yourself how the letters 'qu' sound in French.

---

3 Mes choses préférées

Travaillez à deux.

 a Une personne pose des questions. L'autre répond.

Exemple: **1**

A Quel est ton sport préféré?

B Mon sport préféré est le basket.

1 Quel est ___ sport préféré?   ___ sport préféré est le basket.

2 Quelle est ___ couleur préférée?   ___ couleur préférée est le noir.

3 Quel est ___ jour préféré?   ___ jour préféré est le samedi.

4 Quel est ___ animal préféré?   ___ animal préféré est le cheval.

5 Quelle est ___ saison préférée?   ___ saison préférée est le printemps.

6 Quelle est ___ matière préférée?   ___ matière préférée est le dessin.

b Réponds avec ton choix.

Exemple: **1**

A Quel est ton sport préféré?   **B** Mon sport préféré est le football.

Stratégies

Improving your speaking skills

To keep a conversation going, it's useful to ask questions as well as answer them. Make a note of some standard questions which you can adapt for different contexts.

Think of one way you could change each of these questions.

Qu'est-ce que tu aimes comme matières/passe-temps?

C'est quand, le match/le concert?

---

4 Inventez des conversations

Une personne pose une question, l'autre répond et pose une question différente.

Continuez comme ça. Quelle paire peut avoir la conversation la plus longue?

Pour vous aider, regardez les questions à la page 102.

Exemple: 1

A C'est quand, ton anniversaire?

B C'est le 20 mai. Quelle est ta couleur préférée?

5 Mes amis

Mon amie s'appelle Camille.

Camille est française, mais ses grands-parents habitent au Sénégal en Afrique.

Son sport préféré est la gymnastique.

Sa matière préférée, ce sont les maths.

Son frère s'appelle Noah.

Noah aussi est un bon ami.

Son anniversaire est le 15 avril.

Ses passe-temps préférés sont la natation et le football.

Noah adore les animaux. Il a un chien et une souris. Son chien s'appelle Caspar et sa souris s'appelle Minnie.

a Corrige les phrases.

Exemple: 1 *Camille est française.*

1 Camille est anglaise.

2 Son sport préféré est le basket.

3 Elle aime les sciences.

4 Ses grands-parents habitent à Paris.

5 Son frère s'appelle Caspar.

6 Son anniversaire est le quinze août.

7 Sa souris s'appelle Napoléon.

8 Ses passe-temps préférés sont la musique et le rugby.

b Écris quatre phrases ou plus pour faire une description d'un(e) ami(e).

Dossier-langue **Grammaire 4.1**

son, sa, ses (his, her, its)

These words are possessive adjectives. They follow the same pattern as **mon**, **ma**, **mes** and **ton**, **ta**, **tes** (see page 22).

The word you need depends on the noun which follows, not the owner.

masculine (un/le)	feminine (une/la)	before a vowel (un/une/l')	plural (des/les)
son livre	sa maison	son anniversaire	ses parents
his book	his house	his birthday	his parents
her book	her house	her birthday	her parents
its book	its house	its birthday	its parents

Mangetout cherche son dîner.

6 Comment ça se dit en français?

Exemple: 1 *son anniversaire*

1 his birthday 2 her birthday 3 his sister

4 her sister 5 her cat 6 its dinner 7 his dog

8 its friend

7 Jeu d'identité

Écris une petite description d'un(e) camarade ou d'une personne célèbre. En classe ou en groupe, lisez chaque description et devinez l'identité de la personne.

Son sport préféré est ...
Sa matière préférée est ...
Ses passe-temps préférés sont ...
Son anniversaire est le ...

8F Notre collège

1 Au collège

🔊 Nos jeunes reporters, Robert et Cécile, visitent un collège et parlent à deux élèves, Marc et Anne.

Écoute et lis le texte. Trouve (dans la case) les mots qui manquent dans le texte.

Exemple: **1** Jules Verne

Robert:	Bonjour, Anne et Marc, comment s'appelle votre collège?
Anne:	Notre collège s'appelle le collège (**1**) ___.
Cécile:	Et vous êtes en quelle classe?
Anne:	Nous sommes en classe Sixième B.
Cécile:	Il y a combien d'élèves dans votre classe?
Anne:	Il y a (**2**) ___ élèves. C'est beaucoup.
Robert:	Oui, c'est vrai. Quelles sont vos matières préférées?
Marc:	Moi, j'aime beaucoup (**3**) ___. Notre prof est très sympa.
Anne:	Moi, je préfère (**4**) ___. Notre prof de dessin est très amusant.
Robert:	En général, est-ce que vos profs sont gentils?
Marc:	Oui, en général, ils sont assez gentils. Notre prof de (**5**) ___, par exemple, est super. Il organise bien ses cours et il explique tout très bien.
Anne:	Oui, mais notre prof de (**6**) ___ est un peu sévère.
Cécile:	Vos cours commencent à quelle heure, le matin?
Marc:	À (**7**) ___, mais on n'a pas cours le (**8**) ___, et le (**9**) ___, on finit à midi.

> samedi
> la biologie
> le dessin
> technologie
> trente-huit
> mercredi
> maths
> huit heures et demie
> Jules Verne

Dossier-langue   Grammaire 4.1

'our' and 'your'

There are just two words for 'our' and two similar words for 'your' (with **vous**).

	singular masc./fem.	plural
our	notre	nos
your	votre	vos

3 Vos affaires d'école

Complète les phrases avec **votre** ou **vos**.

Exemple: **1** *votre clé USB*

2 Notre voyage scolaire

Complète les phrases avec **notre** ou **nos**.

Exemple: **1** *notre classe*

> Aujourd'hui, (1) ___ classe fait un voyage scolaire.
> (2) ___ prof d'informatique organise une visite au Centre de Technologie. Alors, nous avons tous
> (3) ___ sac avec (4) ___ cahiers, (5) ___ calculatrice,
> (6) ___ crayons et (7) ___ sandwichs, bien sûr.
> Et voilà, (8) ___ car arrive.

Achetez vos affaires d'école ici!

Pour ...

... allez au magasin Saint-Pierre.

4 Notre collège

a Complète les phrases pour décrire ton collège.

Notre collège ...

Dans notre classe, il y a ... élèves.

Nos cours commencent à …

Notre uniforme est …

 b Écris un paragraphe sur ton collège. Utilise des mots comme: **mais, et, aussi, parce que**.

5 Le blog de Julien

Julien habite au Canada, mais il passe une semaine chez des amis en France.

Bonjour de La Rochelle, en France. Je passe une semaine chez Lucie et Théo. Ils vont au collège aujourd'hui, alors je vais aussi au collège. Leur collège est assez loin, alors nous quittons la maison à 7h30.

À 8h15, nous arrivons au collège. Nous retrouvons leurs amis dans la cour et nous discutons un peu. D'abord ils on + un cours d'anglais. C'est assez intéressant. Leur prof d'anglais est très sympa.

Elle parle de la vie scolaire en Angleterre. Ensuite, on a des cours de sciences et de géographie. Leur livre de géographie est intéressant. On étudie l'Afrique. À midi, on mange à la cantine. Puis l'après-midi, on a technologie et EPS. C'est bien, j'adore le sport.

Lis le blog de Julien et corrige les phrases.

Exemple: 1 *Lucie et Théo vont au collège aujourd'hui.*

1 Lucie et Théo vont au parc aujourd'hui.

2 Leur collège est tout près.

3 D'abord ils ont un cours de géographie.

4 C'est très ennuyeux.

5 Leur prof d'anglais est très sévère.

6 Ils ont des cours de maths et d'histoire.

7 À midi, ils mangent à la gare.

8 L'après-midi, ils ont dessin et EPS.

9 Julien déteste le sport.

Dossier-langue **Grammaire 4.1**

'their'

There are just two words for 'their'.

	singular masc./fem.	plural
their	*leur*	*leurs*

Find some examples in Julien's blog and the sentences with it.

Stratégies

Translating from French to English (2)

Remember that you cannot always translate word for word. You have to think about what sounds sensible in English. Word order is important here. You have already learnt that the French often put adjectives after the noun, which is different from English, so you would translate *un livre intéressant* as 'an interesting book' (not 'a book interesting').

Look at Julien's blog and find out how to say the following in French.

1 their English teacher

2 science and geography lessons

3 their geography book

Now work out how you would say the following in French:

4 the maths teacher

5 a French lesson

6 their history book

---

6 Une interview

Travaillez à deux. Une personne est l'interviewer; l'autre répond aux questions.

Posez deux questions, puis changez de rôle.

Pour vous aider, relisez l'interview «Au collège» (page 104).

1 Notre pays – le Sénégal

🔊)) Écoute et lis.

Jabu et Pirane habitent au Sénégal, en Afrique. Elles parlent de leur pays.

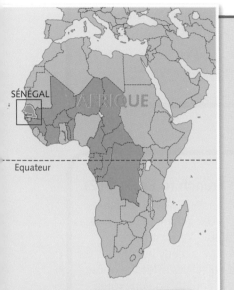

Notre pays se trouve en Afrique de l'ouest.

La capitale s'appelle Dakar. C'est une grande ville au bord de la mer.

De juin à octobre, il fait très chaud (30°C) et il pleut souvent. C'est la saison des pluies.

De novembre à mai, il fait moins chaud (17 à 27°C) et il pleut moins. C'est la saison sèche.

À Dakar il fait un peu moins chaud parce que la ville est sur la côte.

Nous allons à l'école à Dakar. À l'école, on parle français (c'est la langue officielle), mais à la maison on parle wolof.

Ma matière préférée est les sciences parce que c'est très intéressant. En plus, notre prof de sciences est très sympa.

Et moi, j'aime beaucoup la musique.

Comme sports, nous faisons du basket et du hand. Le football est un sport très populaire au Sénégal.

Voici une photo de mardi gras à Dakar.

Sur la photo, il y a une mosquée. Nous sommes catholiques, mais beaucoup de personnes sont musulmanes.

Voici le marché de Sandaga dans le centre-ville. Moi, j'adore faire du shopping ici.

Qulequefois, il y a des touristes au Sénégal. Ils vont à la plage et ils visitent des parcs et des réserves. Ils aiment voir les hippopotames, les crocodiles et les dauphins.

À la campagne, il y a des serpents, comme des pythons, des cobras et des mambas, mais ils sont assez rares.

2 Tu comprends?

a Find five cognates or near cognates.

Exemple: Afrique

b Decide whether each of these words is a verb, a noun or an adjective.

1 se trouve **2** musulmanes **3** sèche **4** la langue **5** la côte

c Find a phrase with each of these high frequency words and say what it means in English.

1 moins **2** parce que **3** en plus **4** mais

3 Une journée à Dakar

Complète le résumé avec les mots de la case.

Jabu et Pirane vont au (1) ____ à Dakar. C'est assez loin de leur maison.

Les (2) ____ commencent à huit heures. Au collège, on (3) ____ français. À dix heures cinq, il y a la (4) ____ .

À midi et demi, elles mangent à la (5) ____ .

L'après-midi, elles ont cours jusqu'à (6) ____ .

Puis elles (7) ____ à la maison.

Pirane aide sa mère à préparer le (8) ____ , et à sept heures et quart, on (9) ____ .

> récréation   collège   parle   cours   mange
> dîner   cantine   quatre heures   rentrent

4 Que sais-tu du Sénégal?

a Réponds aux questions.

1 Où est le Sénégal?

2 Comment s'appelle la capitale?

3 Quel temps fait-il en juillet?

4 Quelle est la langue officielle?

5 Qu'est-ce qu'il y a comme animaux dans les réserves?

Phonétique

☞ **The letter 'r'**
The letter 'r' is stronger in French than in English. Try to exaggerate it.

repas   **terrible**   **revoir**

rat

b Écris un paragraphe sur le Sénégal.

Exemple: Le Sénégal se trouve en Afrique de l'Ouest.

5 Faites des recherches

En groupe ou à deux, trouvez le nom de deux autres pays d'Afrique où la langue officielle est le français. Où se trouve chaque pays? Quelle est la capitale?

1 Le collège Missy

🔊 Écoute et lis cette présentation sur un collège de La Rochelle.

Le collège Missy

1  Le collège Missy est un collège mixte pour les élèves de onze à quinze ans.

2  Voici le logo du collège. C'est un arbre aux feuilles colorées. C'est une élève du collège qui a dessiné le logo.

3  Le collège est dans la rue Missy à La Rochelle en France. Il y a environ 500 élèves.

4  Les élèves de onze ans sont en classe de sixième. Je suis en 6ème B.

5  Comme matières, nous faisons histoire-géo, maths, français, SVT, technologie et, arts plastiques.

6  Comme langues, on fait anglais ou espagnol. Les élèves de 4ème, qui ont treize ou quatorze ans, font aussi latin ou grec.

7  En EPS, on fait de l'athlétisme, du hand, du basket et du badminton. On fait aussi de la natation.

8  Les élèves de 6ème font un stage de voile. Ça dure une semaine. On va à l'Île de Ré. C'est vraiment bien.

9  Il y a des ordinateurs qui sont reliés au réseau du collège et à Internet. Chaque personne a un code d'accès personnel.

10  Voici la cantine. On mange ici le lundi, le mardi, le jeudi et le vendredi.

11  La journée scolaire commence à huit heures vingt et finit à cinq heures de l'après-midi.

2 Une présentation

Prépare une présentation sur ton collège ou ta classe.

a Écris une phrase pour chaque point.

➕ **b** Ajoute d'autres détails, par exemple sur les sports. Donne ton opinion sur les matières.
- Introduction (mixte/filles/garçons; âge)
- Combien d'élèves
- Les matières
- La journée scolaire

Stratégies

Preparing a presentation
- Have a brainstorming session and note down points to cover, perhaps in a spider diagram.
- Organise the information under logical headings.
- Work out how much information to give on each slide – avoid too much text.
- Find some photos or artwork to make each slide interesting to look at.

Now I can ...

■ **ask what time it is**

Quelle heure est-il?   What's the time?

■ **understand and tell the time in French**

... moins cinq   ... cinq
... moins dix   ... dix
... moins le quart   ... et quart
... moins vingt   ... vingt
... moins vingt-cinq   ... vingt-cinq
                ... et demie

12:00   **12:30**

Il est midi.   Il est midi et demi.
Il est minuit.   Il est minuit et demi.

■ **talk about the time of day**

le matin	in the morning
l'après-midi	in the afternoon
le soir	in the evening
la nuit	at night

■ **talk about a typical day**

une journée typique	a typical day
Le matin, je prends mon petit déjeuner à ...	In the morning, I have breakfast at ...
J'arrive au collège à ...	I arrive at school at ...
Les cours commencent à ...	Lessons start at ...
À midi, ...	At midday, ...
je mange à la cantine.	I eat in the canteen.
je mange des sandwichs.	I eat sandwiches.
Je rentre à la maison à ...	I get home at ...
Je commence mes devoirs à ...	I start my homework at ...
Le soir, on mange à ...	In the evening, we eat at ...
Je vais au lit à ... / Je me couche à ...	I go to bed at ...

■ **talk about mealtimes**

un repas	a meal
le petit déjeuner	breakfast
le déjeuner	lunch
le goûter	afternoon snack
le dîner	dinner (evening meal)

■ **give a reason**

pourquoi	why
parce que	because

■ **recognise some reflexive verbs**

Je me lève ...	I get up ('I get myself up') ...
Je me couche ...	I go to bed ('I lay myself down') ...
Je m'appelle ...	I'm called ('I call myself') ...

■ **talk about school subjects**

l'allemand (m)	German
l'anglais	English
le dessin	art
l'EPS (éducation physique et sportive) (f)	PE
l'éducation civique (f)	citizenship
l'espagnol (m)	Spanish
le français	French
la géographie	geography
l'histoire (f)	history
l'informatique (f)	ICT
les maths (f pl)	maths
la musique	music
les sciences (f pl)	science
les SVT (Sciences de la Vie et de la Terre)	natural sciences
le sport	sport
la technologie	technology

■ **say which subjects you like and why**

C'est ...	It's ...
amusant	fun
difficile	difficult
ennuyeux	boring
facile	easy
génial	brilliant
intéressant	interesting
nul	useless, rubbish
super	great
sympa	nice, good
utile	useful

■ **use qualifiers**

très	very
assez	quite
un peu	a bit
vraiment	really

■ **use the verb *faire* (see page 100)**

■ **use *quel* in questions (see page 120)**

■ **use possessive adjectives**

son, sa, ses	his, her, its (see page 103)
notre, nos	our (see page 104)
votre, vos	your (see page 104)
leur, leurs	their (see page 105)
son anniversaire	his/her/its birthday
sa matière préférée	his/her favourite subject
ses affaires	his/her/its things

Tout est bien qui finit bien!

a Comment ça se dit en français?

1 late

2 after

3 during

4 very sorry

5 sad

6 without paying

b Vrai ou faux?

1 Sandrine aime beaucoup l'informatique.

2 Son père ne travaille pas à présent.

3 Il y a un grand festival de l'informatique à Londres.

4 D'abord, Sandrine pense qu'elle ne va pas aller au festival.

5 Le groupe de Sandrine gagne un concours.

6 Maintenant, Sandrine va au festival avec son groupe.

Trouve le texte qui correspond à chaque image.

Infos France

A

Le drapeau tricolore

Le drapeau tricolore (bleu, blanc, rouge) date de la Révolution française. Le blanc représente le roi et le bleu et le rouge représentent la ville de Paris. Aujourd'hui, le drapeau tricolore flotte sur tous les bâtiments publics comme par exemple les hôtels de ville, les écoles etc. Le 14 juillet, des personnalités portent le drapeau tricolore aux défilés dans les rues.

B

La tour Eiffel

La tour Eiffel est le symbole de Paris et de la France. Environ 7 millions de visiteurs montent à la tour Eiffel chaque année. On prend l'ascenseur ou les escaliers (704 marches) jusqu'au deuxième étage. Du deuxième étage, on admire tous les monuments importants de Paris, comme par exemple la cathédrale Notre-Dame, le Louvre et sa Pyramide, l'Arc de Triomphe et, au loin, le château de Versailles.

C

Marianne

L'image d'une femme, qui représente la France, date de la Révolution française. Le prénom Marie-Anne était populaire en ce temps-là. L'image de Marianne figure sur les pièces de monnaie et les timbres-postes.

D

L'euro

En France on utilise l'euro comme monnaie, comme dans beaucoup d'autres pays de l'Union européenne (EU). Les pièces ont deux faces: une face est identique dans tous les pays qui utilisent l'euro, l'autre face est différente pour chaque pays. Les euros produits en France ont les initiales R F (la République française) et la devise nationale Liberté, Égalité, Fraternité.

E

L'Hexagone

On appelle souvent la France l'Hexagone, à cause de sa forme. La France a des frontières avec six pays: l'Allemagne, la Belgique, le Luxembourg, la Suisse, l'Italie, l'Espagne et elle est au bord de la mer Méditerranée et de l'océan Atlantique.

Jeu-test

a Complète les phrases avec les mots de la case.

après	as	au	écoutes	fais	mais
on	pas	premier	tu		

b Fais le jeu-test et lis les résultats.

Jeu-test

Es-tu un(e) élève modèle?

au dernier rang   *in the back row*

1 Tu préfères les cours où ...
- ✪ tu t'amuses avec tes copains, mais tu n'apprends (1) ___ beaucoup.
- ♣ c'est très facile. Tu (2) ___ toujours 10 sur 10 pour ton travail.
- ◆ le sujet est très intéressant, (3) ___ il faut travailler attentivement.

2 Tu n'aimes pas ...
- ♣ la récréation.
- ✪ les cours pratiques.
- ◆ les cours où (4) ___ écrit tout le temps..

3 En classe, tu préfères une place ...
- ◆ au centre de la salle de classe.
- ✪ (5) ___ dernier rang.
- ♣ au (6) ___ rang.

4 Si le cours n'est pas intéressant, ...
- ◆ tu dessines, mais tu écoutes la leçon.
- ♣ tu (7) ___ attentivement comme toujours.
- ✪ (8) ___ regardes par la fenêtre.

5 Il y a un grand match à la télé ce soir.
- ♣ Tu (9) ___ tes devoirs avant le match.
- ✪ Tu ne fais pas de devoirs ce soir.
- ◆ Tu fais les devoirs pendant la mi-temps et (10) ___ le match.

Résultats

Si tu as une majorité de ✪ ...
... je regrette, tu n'es pas un(e) élève modèle. Mais il est possible de prendre de bonnes résolutions. Bonne idée, non?

Si tu as une majorité de ♣ ...
... tu es probablement un(e) élève modèle.

Si tu as une majorité de ◆ ...
... tu n'es pas toujours un(e) élève modèle, mais tu es un(e) élève normal(e)!

unité 9 C'est bon, ça!

9A Les repas en France

- *find out about meals in France*
- *learn the words for things to eat and drink*
- *use the words for 'some'*

1 Un repas typique

a Regarde les images et lis le texte.

Beaucoup de familles françaises prennent trois ou quatre repas par jour.

Le matin, on prend le petit déjeuner et à midi, on déjeune. L'après-midi, après l'école, il y a le goûter, surtout pour les enfants. Ils prennent une boisson et ils mangent un sandwich, des fruits ou peut-être un petit gâteau ou du chocolat.

Le soir, on dîne. Normalement, c'est le plus grand repas de la journée. Voici des possibilités pour un dîner typique.

On commence par **un hors-d'œuvre**, par exemple:

du melon

du pâté

du jambon

Puis il y a **un plat principal**, par exemple:

du poulet

de la viande

du poisson

de l'omelette

Il y a aussi **des légumes**, par exemple:

des pommes de terre

des frites

des carottes

des petits pois

Il y a aussi:

de la salade

du fromage

des yaourts

des fruits

Quelquefois, à la fin du repas, on prend **un dessert**, par exemple:

un gâteau

une tarte aux pommes

Comme **boissons**, il y a, par exemple:

du vin

de l'eau

de la limonade

b Trouve les paires.

Exemple: 1b

1 un repas
2 un hors-d'œuvre
3 le plat principal
4 des légumes
5 un dessert
6 une boisson

a the main course
b a meal
c a drink
d vegetables
e a starter
f a dessert/pudding

Phonétique

 The circumflex accent

fenêtre   dîner   bientôt   août

gâteau

2 Trois familles

🔊 Trois familles décrivent un repas. Écoute, regarde les photos et note les bons numéros.

Exemple:

les Dubois	les Martin	les Lacan
2		

3 Mon repas idéal

🔊 **a** Écoute et lis le blog de Luc.
Écris les mots qui manquent.

Exemple: 1 pâté

Stratégies

Tackling a gap-fill text

You need to use both listening and reading skills to complete a gapped text based on a recording. Think about the words that might be said (in this case, items of food and drink). Work out how they will be pronounced and say the words aloud to get used to the sound.

Then think about the type of word (noun, adjective, verb, connective, etc.) that would fit in each gap. Clues such as the article (*le, la, les, du, de la, des,* etc.) may indicate whether the missing word is masculine, feminine, singular or plural.

Mon repas idéal, c'est un repas de trois plats. Comme hors-d'œuvre, il y a du (**1**) ___ – mmm, j'adore ça avec du pain croustillant et de la (**2**) ___ . Délicieux! Puis comme plat (**3**) ___ , on mange du (**4**) ___ rôti et comme (**5**) ___ il y a des carottes et des (**6**) ___ . Ensuite, comme dessert, il y a une tarte aux (**7**) ___ . Et comme (**8**) ___ , il y a tout simplement de l'eau. Ça, c'est idéal!

b Lis le texte et trouve le français.

1 a three-course meal
2 crusty bread
3 delicious
4 roast
5 next (2 possibilities)
6 quite simply

4 Une présentation

Fais une présentation sur un repas de trois plats. Choisis des plats de l'exercice 1. Trouve une photo pour chaque plat, si possible, et enregistre ta description.

a Écris une phrase pour chaque plat et une phrase pour la boisson.

Exemple: *Comme hors-d'œuvre, il y a …*

Comme boisson, …

➕ **b** Décris deux repas différents: un repas avec de la viande et un repas végétarien.

9B Qu'est-ce que tu prends?

- understand more about meals in France
- use the words for 'some' (*du, de la, de l', des*)
- use the verbs *manger* and *prendre*

1 Le petit déjeuner

🔊 **a** Écris 1–18. Écoute, répète et note la bonne lettre.

Exemple: 1c

a	du café	**l**	de la confiture
b	du beurre	**m**	de la confiture d'oranges
c	du jus de fruit	**n**	des céréales
d	du lait	**o**	des croissants
e	du Nutella®	**p**	des fruits
f	du pain	**q**	des toasts
g	du sucre	**r**	des tartines
h	du thé		
i	un chocolat chaud		
j	un œuf à la coque		
k	un yaourt		

b Regarde les images et trouve les paires.

Exemple: 1n (*des céréales*)

2 Qu'est-ce qu'ils prennent?

🔊 **a** Écoute et note les lettres (voir l'exercice 1a).

Exemple: Nicole – f, …

> Nicole Marc Claire Luc des touristes

Stratégies

Recognising false friends

You have learnt to look for cognates and near-cognates to help work out meaning. However, you need to watch out for *faux amis* (false friends). These are words which look like English words but have a different meaning.

- *le pain* does not hurt, it's bread
- *un plat* is not a plate, it's a course of a meal
- *le poisson* might look like poison, but it really just means fish

Make a list of *faux amis* as you find them.

Dossier-langue Grammaire 11.5

The verb *manger* (to eat)

manger is a regular **-er** verb, except for this one part: **nous mangeons**. Can you work out how and why this is different? Clue: remember this rhyme: Soft is 'c' before 'i' and 'e' and so is 'g'.

The two verbs **ranger** (to tidy up) and **partager** (to share) are similar to **manger**. Can you work out what the **nous** part of these would be?

Dossier-langue Grammaire 1.4

'some' (*du, de la, de l', des*)

First – a reminder:

In French, there are four ways of saying 'the':

singular			plural
masculine	feminine	before a vowel	all forms
le	la	l'	les

On pages 112 and 113 you saw examples of the words for 'some'. This is called the partitive article. Did you work out the pattern?

du	de la	de l'	des

3 On mange

Complète les phrases.

Exemple: 1 du

Il mange (1) ____ fromage et (2) ____ pain.

Elle mange (3) ____ viande et comme boisson, elle prend (4) ____ limonade.

Il prend (5) ____ eau.

Ils mangent (6) ____ fruits.

Les Français dînent ...

a entre midi et deux heures.

b entre quatre heures et cinq heures du soir.

c entre sept heures et huit heures du soir.

Pour offrir des boissons aux visiteurs adultes, on dit ...

a Qu'est-ce que tu prends?

b Qu'est-ce que vous prenez?

c Qu'est-ce que je prends?

3 Au petit déjeuner en France, on prend ...

a des œufs, du bacon et des tomates.

b une tarte aux pommes et du fromage.

c des croissants ou du pain.

4 On t'offre de la viande, mais tu es végétarien(ne). Pour répondre poliment, tu dis ...

a Merci, mais je ne prends pas de viande, je suis végétarien(ne).

b Beurk! Je ne mange pas ça.

c Non, merci. Il n'y a pas autre chose?

5 Beaucoup d'enfants en France prennent un goûter ...

a le matin, avant l'école.

b pendant l'heure du déjeuner.

c l'après-midi, après l'école.

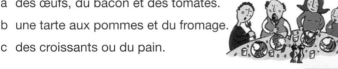

4 Un quiz: les repas en France

Choisis la bonne réponse **a**, **b** ou **c**.

Exemple: 1c

5 Questions et réponses

a Complète les phrases et trouve les paires.

Exemple: 1 *prenez*, f *prenons*

1 Est-ce que vous ___ un grand repas au déjeuner?

2 On ___ le goûter à quelle heure chez toi?

3 À quelle heure est-ce qu'on ___ le petit déjeuner ici?

4 Qu'est-ce que tu ___ comme dessert?

5 Est-ce que les Anglais ___ des œufs au bacon au petit déjeuner?

6 Tu ___ du lait ou du chocolat chaud?

a Je ___ un yaourt, s'il te plaît.

b Quelquefois, mais normalement ils ___ des céréales.

c Moi, je ___ du lait, s'il te plaît.

d Normalement, on ___ le goûter à cinq heures.

e Nous ___ le petit déjeuner à 7h30.

f Non, nous ___ un sandwich à midi.

b À deux, inventez une conversation. Modifiez des questions de l'exercice 5a.

Exemple:

A Est-ce que vous prenez un sandwich au déjeuner?

B Non, nous prenons un grand repas. Et chez toi?

Dossier-langue   Grammaire 11.13

The verb *prendre* (to take)

If French-speaking people ask you what you will have to drink or eat, they will probably say:

Qu'est-ce que tu prends?

Here is the irregular verb **prendre** in full:

	Singular	Plural
1	je prends	nous prenons
2	tu prends	vous prenez
3	il/elle/on prend	ils/elles prennent

Au petit déjeuner	je prends ma sœur prend	du	lait/thé. pain grillé. (*toast*)
Au déjeuner Au goûter Au dîner	mes frères prennent nous prenons	de l'	eau minérale. omelette.
Le matin/Le soir À ... heures	je mange ma famille mange mes parents	de la	confiture. viande.
Quelquefois Comme boisson	mangent nous mangeons	des	céréales. légumes.

9C On mange sainement

- *use words for fruit and vegetables*
- *discuss healthy eating*
- *say what you have eaten*

1 Les fruits et les légumes

🔊 Écris deux listes. Écoute et vérifie.

Les fruits	Les légumes
un ananas	

un ananas	un chou-fleur	du melon	une poire
une banane	une courgette	un oignon	une pomme
des brocolis	des fraises	une orange	des pommes de terre
une carotte	des framboises	une pêche	des radis
un chou	des haricots verts	des petits pois	des raisins

2 L'alimentation

Pour être en bonne santé, attention à l'alimentation!

Tout le monde sait ça! Voici un extrait d'un guide national pour les ados.

Lis d'abord l'article, puis fais les activités (en bas).

> en bonne santé   *in good health*
> les ados = les adolescents

Phonétique

⬚ **The letters 'gn'**

ma**gn**ifique   Espa**gn**e   ga**gn**er   oi**gn**on

•••J'aime le sport, j'aime manger – guide nutrition pour les jeunes•••

L'ALIMENTATION DES ADOS

Manger, vous faites ça tous les jours, c'est évident!
C'est nécessaire!
Mais, attention! Pour être en forme, pour bien grandir, faites les bons choix, faites de l'exercice tous les jours et mangez sainement.
L'important, c'est de manger équilibré. Voici quelques conseils:

- Mangez de tout, quelquefois un peu, quelquefois beaucoup, ça dépend – un peu de variété, c'est bien!
- Faites le plein de fruits et de légumes, et mangez aussi des yaourts, du lait, du riz et du pain – mais pas trop!
- Ne mangez pas trop de sel ni de sucre – supprimez quelquefois les sucreries, comme les pains au chocolat ...

> manger équilibré   *to eat a balanced diet*

You can probably work out the main message of this article, even if you don't know every word. Look back to page 47 for some hints on coping with new words.

1 This article tells you to …

   a eat more ___   **b** eat less ___   **c** do more ___

2 What do you think these words and expressions mean?

   a C'est évident!   **b** C'est nécessaire!
   c être en forme   **d** des sucreries

3 From the article, find the French expressions for:

   a to keep fit   **b** do exercise every day
   c the important thing   **d** a bit of variety
   e but not too much

4 Choose a good way to end these sentences.

   a Ne mangez pas trop de ____ .
   b Mangez beaucoup de ____ .

Stratégies

Developing your written work

If you are asked to write a text, look at other texts on the same topic and find words and phrases you can adapt to what you want to write. Here are some examples from activity 2 – you can change …

- nouns (**des yaourts** ⟶ **du chocolat**)
- adjectives (**les bons choix** ⟶ **les mauvais choix**)
- time expressions (**quelquefois** ⟶ **souvent**)

3 Ils mangent sainement?

🔊 Écoute Karine, Noah, Nicolas et Valérie. Écris **oui** ou **non** ou **pas mal**.

Exemple: 1 Karine – oui

4 Lou Leroux et la bonne alimentation

🔊 **a** Écoute et lis le texte.

> Alors, Sophie, qu'est-ce que tu manges au goûter?

> Et toi, Thierry, qu'est-ce que tu prends normalement au déjeuner?

> Alors, les enfants, ce n'est pas très bien. Pour être en forme, prenez cinq portions de fruits et légumes par jour. Manger des chips et des gâteaux, ce n'est pas bon pour la santé.

> Au goûter, je mange une banane ou une poire, et quelquefois du chocolat aussi.

> Au déjeuner, je mange un sandwich au fromage ou au jambon, avec beaucoup de chips et une tomate, puis un gâteau au chocolat.

> Monsieur! Hier j'ai mangé cinq portions de fruits et légumes.

> Votre fils a mangé cinq portions de fruits et légumes hier, c'est excellent!

> Voilà ce qu'il a mangé:

> Excellent, Sébastien! Qu'est-ce que tu as mangé?

> une pomme d'amour …

> un hamburger aux oignons et des frites …

> Au goûter, j'ai mangé une pomme, et le soir, au dîner, j'ai mangé des pommes de terre et des oignons. Puis comme dessert, j'ai mangé des fraises et des pêches.

> Fantastique!

> Zut alors, Sébastien! La bonne alimentation, ce n'est pas ça!

> et des fraises et des pêches avec beaucoup de crème.

b Réponds aux questions.

1 Qu'est-ce que Sophie mange comme fruits?

2 Qui mange du gâteau au déjeuner?

3 Manger des chips et des gâteaux, c'est bon pour la santé?

4 Est-ce que Sébastien mange sainement?

Dossier-langue **Grammaire 11.9**

The perfect tense (*manger*)

j'ai mangé	*I have eaten/I ate*
Qu'est-ce que tu as mangé?	*What have you eaten?/What did you eat?*
il a mangé	*he has eaten/he ate*

These verbs are in a past tense known as the perfect tense. You will learn more about this later in the course.

---

5 C'est bon pour la santé?

💬 **a** À deux, posez des questions et répondez.

A Au petit déjeuner, qu'est-ce que tu manges/prends, normalement?

B Au petit déjeuner, je mange/prends …

➕ **b** Qu'est-ce que tu manges pendant quatre jours? Mentionne deux fruits ou deux légumes différents pour chaque jour. Donne aussi une opinion.

Exemple: Lundi, je mange une pomme et du melon. J'aime bien les fruits. Mardi, nous mangeons des carottes et des petits pois. C'est bon pour la santé …

- *discuss what you like to eat and drink*
- *use phrases when dining with French people*
- *use the negative and say 'not any'*

1 Tu aimes ça?

a Lis le forum et trouve les quatre phrases qui sont vraies.

Exemple: 1, …

1 Chez poissondavril, on ne mange pas de viande.

2 nourris-moi-99 est végétarienne.

3 fou-de-fraises n'aime pas les brocolis.

4 fou-de-fraises aime les fraises.

5 mmmathilde_24 n'aime pas le poulet.

6 mmmathilde_24 déteste les légumes.

7 hamster-heureux ne mange pas d'œufs.

8 ananas77 aime tous les fruits.

➕ b Corrige les phrases qui sont fausses.

Forum des jeunes
Quels sont tes plats favoris?

poissondavril

Chez nous, nous mangeons beaucoup de poisson et de légumes, parce que mon père ne mange pas de viande – il est végétarien.

nourris-moi-99

Je ne suis pas végétarienne. En effet, j'adore la viande, surtout le bœuf – mon plat favori, c'est du bœuf avec des brocolis et des pommes de terre.

fou-de-fraises

Les brocolis! Beurk!! Je déteste ça! Et le poisson, je n'aime pas ça non plus. Mon plat favori, c'est le dessert – j'aime tous les desserts, mais je préfère la tarte aux fraises avec beaucoup de crème. Mmm, c'est délicieux!

mmmathilde_24

Moi, je ne mange pas beaucoup de viande rouge. Je n'aime pas beaucoup la salade et je déteste le chou-fleur, mais je mange d'autres légumes comme des carottes et des petits pois. Mon plat préféré: du poulet rôti avec des frites.

hamster-heureux

Je n'ai pas de plats favoris, mais j'aime le poisson et le poulet et aussi les omelettes.

ananas77

Il n'y a pas de fruits que je n'aime pas; j'adore tous les fruits, surtout l'ananas et les clémentines! Je ne prends pas beaucoup de sucreries, mais j'aime le yaourt et les glaces. Alors, mon dessert favori, c'est une simple salade de fruits avec de la glace à la vanille.

Dossier-langue   Grammaire 7

The negative

In the **forum des jeunes** there are a lot of verbs in the negative, e.g.

Il *ne mange pas* …

Je n'aime pas …

How many can you spot?

Remember, to make something negative, put **ne** and **pas** around the verb. If the verb begins with a vowel or 'h', shorten **ne** to **n'**.

If you say you like or dislike something, you need the French word for 'the'.

Je n'aime pas la salade. I don't like lettuce.

2 Je n'aime pas ça!

Écris:

3 phrases sur les choses que tu n'aimes pas manger.

Exemple: *Je n'aime pas le poisson.*

2 phrases sur les boissons que tu n'aimes pas.

1 phrase sur une activité que tu n'aimes pas.

Je n'aime pas …
le chou-fleur/le fromage
la viande/le poisson
le vin/le thé
le rugby/le hockey
le shopping/les devoirs

Mangetout est triste. Ça ne va pas – il n'y a pas de viande, il n'y a pas de poisson, il n'y a pas de lait et il n'y a pas d'eau.

Ah bon! Maintenant, il est content!

Phonétique

 The letters 'c', 'k', 'qu'

content   **k**ilo   **qu**e

carotte

3 Une recette

Regarde l'image et complète les phrases.

Exemple: 1 *de*

1 Il n'y a pas ___ sucre!

2 Il n'y a pas ___ f___ .

3 Il n'y a pas ___ ___ et il n'y a pas d'___ .

4 Je vais acheter un gâteau en ville!

la farine   *flour*

Dossier-langue **Grammaire 7**

pas de (not any)

The forum also contains these two common negative expressions:

Il n'y a pas de ...	*There isn't/aren't any ...*
Je n'ai pas de ...	*I haven't any ...*

In a negative sentence like this, **de** or **d'** is used instead of **du**, **de la**, **de l'** or **des**, e.g.

Il n'y a pas de fraises.	*There aren't any strawberries.*
Je n'ai pas d'argent.	*I haven't any money.*

To say you don't eat or drink something, you need to put **de** (or **d'**) before the noun.

Je ne mange pas de viande, parce que je suis végétarien.
I don't eat meat because I'm vegetarian.

Je ne bois pas de coca, parce que j'ai une allergie.
I don't drink cola because I have an allergy.

---

4 À table

🔊 **a** Écoute et lis le texte.

Alex dîne chez une famille française.

– Assieds-toi là, Alex, à côté de Laurent.

– Oui, madame.

– Qu'est-ce que tu prends comme boisson?
Il y a de l'eau minéral et de la limonade.

– De l'eau, s'il vous plaît.

– Pour commencer, il y a du potage aux légumes.

– Bon appétit, tout le monde!

– Mmm! C'est bon, ça.

– Tu veux encore du potage?

– Oui, je veux bien.

– Voilà. Maintenant, il y a du poisson. Et comme légumes, il y a des pommes de terre et du chou-fleur.

– C'est délicieux, madame.

– Tu veux encore du poisson?

– Non, merci, j'ai assez mangé.

– Tu prends de la salade?

– Non, merci, je n'aime pas beaucoup ça.

– Comme dessert, il y a des fruits. Qu'est-ce que tu prends?

– Je voudrais une banane s'il vous plaît. Merci.

💬 **b** Lisez la conversation à deux.
Puis inventez d'autres conversations.

des boissons	**des légumes**
de l'eau minérale	des pommes de terre
du jus de fruit	des haricots verts
du vin (etc.)	des petits pois (etc.)

des hors-d'œuvre	**des fruits**
du pâté	une poire
du melon (etc.)	de l'ananas
	des fraises (etc.)

des plats	**de la salade**
du poisson	
de la viande	**du fromage**
de l'omelette (etc.)	

Regardez aussi le *Sommaire* (page 123).

French manners

There are two different ways of saying 'please':

1 s'il te plaît to someone you call **tu**

2 s'il vous plaît to someone you call **vous.**

Merci can mean 'No, thank you' as well as 'Thank you'. It depends how you say it! Make sure you don't refuse something by mistake:

✗

Non, merci if you don't want something

✓

Oui, je veux bien or **Je veux bien, merci** or **Oui, s'il te/vous plaît** if you do.

9E Des projets

- **plan some meals and some picnics**
- **discuss what you are going to do (using** *aller* **+ infinitive)**

1 Réseau Tricolore

Chloé, tu as un message.
Cette semaine, c'est l'anniversaire de ton ami **Dominique**.

Dominique, c'est ton anniversaire le weekend prochain! Qu'est-ce que tu vas faire? Tu vas faire une fête?

Oui, c'est vrai, c'est mon anniversaire dimanche et on va déjeuner chez ma grand-mère.

Vous allez manger un gâteau d'anniversaire?

Oui, elle va faire un gâteau pour mon anniversaire, comme toujours! Et nous allons manger de la salade de tomates, puis du poulet avec des pommes de terre rôties, et après ça, on va manger de la salade verte … comme toujours! Le repas de dimanche, c'est mon repas favori, mais chaque année, c'est la même chose! ;-)

MDR :-D Pour changer un peu, pendant les grandes vacances, on va organiser des pique-niques à la campagne. Tu vas venir?

Bien sûr, je vais venir. Ça va être très cool!

 Léa, Hugo, Noah et trois autres amis aiment ce message.

> MDR (mort de rire)   *LOL*
> venir   *to come*

Lis la conversation sur «Réseau Tricolore». Vrai ou faux?

Exemple: 1 faux

1 Dominique déteste le déjeuner du dimanche.
2 Chloé va organiser des pique-niques.
3 Chez sa grand-mère, Dominique va manger de la viande et des légumes.
4 Sa grand-mère va faire un gâteau pour son anniversaire.
5 Chloé ne va pas aller à la campagne cet été.
6 Dominique va passer son anniversaire chez sa tante.

Dossier-langue   Grammaire 11.8

The future – *aller* + infinitive

You already know the verb **aller** (to go).

See how many different parts of it you can find in the messages and questions on this page.

Then look at the words which immediately follow, e.g.

tu vas manger

on va organiser

They are always the same kind of word.

What is this part of the verb called?

Why is **aller** used with another verb like this? Clue: When talking about the future, you often say what you are **going** to do.

2 Un pique-nique un peu spécial!

🔊 Lis le texte, puis écoute les conversations.

C'est l'été. Chloé décide d'organiser un pique-nique pour samedi prochain.

Mais quel désastre! À la météo, on annonce un temps abominable pour le weekend. Il va pleuvoir tout le temps, des orages vont arriver le samedi après-midi et le mauvais temps va durer pendant tout le dimanche.

Pauvre Chloé! Qu'est-ce qu'elle va faire?

Mais soudain, elle a une idée. Elle va organiser un pique-nique «pizza» chez elle.

Chloé téléphone à tous ses amis. Tout le monde va apporter des choses pour mettre sur les pizzas.

> durer   *to last*

Qui va apporter quoi?

 Léa   Dominique   Chloé

 Vivienne   Hugo   Noah

 ①   ②   ③   ④

 ⑤   ⑥   ⑦   ⑧

3 Le concours «c'est bon pour la santé»

C'est «La semaine de la Bonne Alimentation»! Participez à notre concours et gagnez un prix pour toute la famille: un super repas dans notre nouveau restaurant à La Rochelle! Qu'est-ce que vous allez faire pour gagner ce prix? C'est simple! Vous allez organiser un repas idéal (et bon pour la santé, bien sûr) pour un(e) ami(e), un membre de la famille, un personnage célèbre – à vous de choisir!

Voici le repas de Julien:

Un dîner pour ma sœur, Marine.

Pour commencer, elle va manger du potage aux légumes. Elle va aimer ça, parce qu'elle aime beaucoup les carottes et les oignons.
Comme plat principal, je vais préparer une grosse omelette avec du jambon et des petits pois. Malheureusement, avec ça, Marine va probablement manger des frites. En effet, nous allons manger ensemble et mes frères ne vont pas manger d'omelette sans frites!
Puis on va manger un peu de fromage et comme dessert, Marine va manger du yaourt aux fraises, mais mes frères vont sans doute manger du gâteau!

a Lis les idées de Julien et réponds.

1 Qu'est-ce que Marine va manger comme hors-d'œuvre?

2 Qu'est-ce qu'elle va prendre comme légumes?

3 Qu'est-ce que Julien va préparer comme plat principal?

4 Et ses frères, qu'est-ce qu'ils vont manger avec l'omelette?

5 Ils vont manger du fromage après ou avant le dessert?

6 Qui va probablement manger du gâteau?

7 Est-ce que Marine va manger sainement?

8 Et ses frères aussi, ils vont manger sainement?

b Écoute l'interview de Clémentine. Puis complète les phrases.

1 Comme hors-d'œuvre, Max va manger ___.

2 Comme plat principal, Max et sa sœur vont manger ___ .

3 Comme fruits, ils vont prendre ___ .

4 Ils ne vont pas manger de ___ et ils ne vont pas manger de ___ .

5 Max et sa sœur sont ___ .

Voici le repas qui gagne le Concours. Il est très bon pour la santé, non? Clémentine présente ...

Un repas pour Max et sa sœur

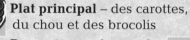
Hors-d'œuvre – de la salade à la Clémentine

Plat principal – des carottes, du chou et des brocolis

Dessert – un plateau de fruits arrangés en forme particulière

4 Faites des projets

 a À deux, organisez un repas idéal pour cette personne.

A Comme hors-d'œuvre, on va préparer ...

B Et comme plat principal, il/elle va manger ...

Il/Elle fait beaucoup de sport. Il faut organiser un repas qui va donner de l'énergie, mais qui ne va pas faire grossir. (Par exemple, de la viande, du poisson, des légumes, des fruits …)

 b À deux, organisez les repas pour la famille ou des amis pour le weekend, puis écrivez la carte.

Exemple:

A Qu'est-ce qu'on va manger samedi au petit déjeuner?

B On va prendre du jus d'orange et ... Et au déjeuner?

Samedi
petit déjeuner: jus d'orange, ...
déjeuner: ...

■ practise reading longer passages
■ learn more about festival foods

1 On parle des fêtes

Lis les textes et consulte les Stratégies.

Magali Bouamrani habite au Maroc. Le Maroc est un pays musulman. Magali parle du Ramadan et de l'Aïd el-Fitr.

«Nous sommes au mois de Ramadan, le neuvième mois de l'année musulmane. Pendant trente jours, les adultes et les adolescents, et quelquefois les enfants aussi, ne mangent pas pendant la journée, mais la nuit, on mange et on boit. À la fin du Ramadan, il y a une fête: l'Aïd el-Fitr. Pour la fête, nous allons porter de nouveaux vêtements et nous allons offrir des cadeaux aux amis. Puis on va manger un repas magnifique avec du riz spécial, du curry d'agneau, des légumes et un dessert qui s'appelle le 'halva'.»

Thomas Friedman habite aux États-Unis. Il parle du Thanksgiving.

«Ma mère est française, mais mon père est américain. Nous passons une année ici en Louisiane. On parle français ici, alors je parle les deux langues – anglais et français. C'est utile, ça!

Le dernier jeudi de novembre, c'est le Thanksgiving. Ce n'est pas une fête religieuse, c'est une fête qui marque la première récolte des Pilgrim Fathers en 1621.

Nous n'allons pas travailler ce jour-là. Nous allons rester à la maison et on va manger un grand repas avec de la dinde, des légumes et, comme dessert, de la tarte à la citrouille.»

Lalita Kahn est hindoue. Elle habite sur l'île de la Réunion, au milieu de l'Océan Indien. Elle parle de Diwali.

«Diwali, c'est la fête des Lumières. À la maison, nous allumons des lampes qui s'appellent 'divas'. Nous invitons des amis à la maison et nous préparons un grand repas.

Moi, j'aime beaucoup un dessert qui s'appelle 'Kheer'. C'est fait avec du riz, du lait, du sucre, des amandes, des pistaches et des raisins secs.

Nous avons une danse qui s'appelle 'dandia raas'. Nous dansons avec des bâtons et la musique va de plus en plus vite. C'est très amusant.»

Stratégies

Reading for gist and detail

Read fairly quickly through the whole article for gist, then look more closely at each section for detail.

- Work in pairs and, for each section, jot down the name of the festival, when it is and the religion (if relevant). You don't need to understand every word to do this.
- List two ways in which each festival is celebrated. One could be something people do and the other something to do with food or drink.

Stratégies

Using clues to work out meaning (5)

By now you will be understanding most of what you read, but you might still need to use cognates and context as clues. To practise, guess what these words mean, then look them up in the *Glossaire* or a dictionary to check. Write them in your vocabulary list, with the meaning and the gender (m or f).

Exemple: *agneau (m) = lamb*

amandes	lumière
bâton	pistaches
dinde	récolte

a Réponds en anglais.

1 What will Magali wear for Eid?
2 How long is Thomas spending in Louisiana?
3 What is he not going to do on Thanksgiving Day?
4 What is in 'Kheer'?
5 Why does Lalita find the dance fun?

b Trouve le français.

1 for 30 days	6 with turkey
2 during the day	7 pumpkin pie
3 at the end	8 in the middle of
4 lamb curry	9 made with rice
5 the first harvest	10 faster and faster

Now I can ...

■ *talk about food for a main meal*

un repas	a meal
un hors-d'œuvre	starter
le plat principal	main course
du fromage	cheese
du jambon	ham
de l'omelette (f)	omelette
du pâté	pâté
de la pizza	pizza
du poisson	fish
du potage	soup
du poulet	chicken
du riz	rice
de la viande	meat
des légumes (m pl)	**vegetables**
des brocolis (m pl)	broccoli
des carottes (f pl)	carrots
un chou	a cabbage
un chou-fleur	a cauliflower
des frites (f pl)	chips
des chips (m pl)	crisps
des haricots verts (m pl)	French beans
un oignon	an onion
des petits pois (m pl)	peas
des pommes de terre (f pl)	potatoes
de la salade	lettuce/salad
une tomate	tomato
des fruits (m pl)	**fruit**
un ananas	pineapple
une banane	banana
une fraise	strawberry
une framboise	raspberry
un melon	melon
une orange	orange
une pêche	peach
une poire	pear
une pomme	apple
des raisins (m pl)	grapes
des desserts (m pl)	**desserts/sweets**
un gâteau	cake
une glace	ice cream
une tarte aux pommes	apple tart
un yaourt	yoghurt

■ *accept or refuse food and drink politely*

Oui, s'il vous plaît.	Yes, please.
Oui, je veux bien.	Yes, I would like some.
Non, merci.	No, thank you.
C'est (très) bon/délicieux.	It's (very) nice/delicious.
Encore du/de la/de l'/des ... ?	Some more ... ?
Merci, j'ai assez mangé.	No thank you, I've had enough.

■ *talk about drinks*

des boissons froides (f pl)	**cold drinks**
du coca	cola
de l'eau (minérale) (f)	(mineral) water
de la limonade	lemonade
du jus de fruit	fruit juice
du lait	milk
du vin rouge/blanc	red/white wine
des boissons chaudes (f pl)	**hot drinks**
du café	coffee
du thé	tea
un chocolat chaud	hot chocolate

■ *talk about breakfast*

des croissants (m pl)	croissants
du beurre	butter
des céréales (f pl)	cereal
de la confiture	jam
de la confiture d'oranges	marmalade
un œuf (à la coque)	(boiled) egg
des œufs au bacon (m pl)	bacon and egg
du pain	bread
du sucre	sugar
des tartines (f pl)	bread and butter
des toasts (m pl)	toast
du pain grillé	toast
croustillant	crusty

■ *say what food and drink you like and dislike*

J'aime (beaucoup) le/la/les ...	I (really) like ...
Désolé(e), mais je n'aime pas beaucoup ça.	I'm sorry but I don't like that much.

■ *talk about (healthy) eating*

bon pour la santé	good for your health
des bonbons (m pl)	sweets
le sel	salt
des sucreries (f pl)	sweet things
surtout	especially
un peu	a little
pas trop	not too much

■ *use the words for 'some'* (see page 114)

■ *use the present tense of manger* (see page 114)

■ *use the verb prendre* (see page 115)

■ *use the perfect tense of manger* (see page 117)

■ *use the negative* (see page 118)

■ *use pas de* (see page 119)

■ *use aller + infinitive to describe the future* (see page 120)

1 Où sont les voyelles (vowels)?

Complète les mots et écris la traduction en anglais. *Write the French words and their English translations.*

Exemple: 1 juillet – July

Les mois de l'année

1 j _ _ ll _ t
2 n _ v _ m b r _
3 s _ p t _ m b r _
4 _ v r _ l
5 m _ _

Les matières

6 l' _ n g l _ _ s
7 l' h _ st _ _ r _
8 l _   g _ _ g r _ p h _ _
9 l _   m _ s _ q _ _
10 l _   t _ c h n _ l _ g _ _

Les couleurs

11 v _ r t
12 r _ _ g _
13 j _ _ n _
14 n _ _ r
15 b l _ n c

Les vêtements

16 l _   j _ g g _ n g
17 l _   c h _ m _ s _
18 l _   p _ n t _ l _ n
19 l _ s   c h _ _ s s _ t t _ s
20 l _   c r _ v _ t _

2 Des listes

Trouve les mots qui manquent.
Find the missing words.

Exemple: 1 mercredi

1 lundi, mardi, ____ , jeudi

2 le matin, l'après-midi, ____ , la nuit

3 il est une heure, ____ , il est une heure et demie, il est deux heures moins le quart

4 première, deuxième, ____ , quatrième

5 le printemps, l'été, l'automne, ____

6 le petit déjeuner, ____ , le goûter, le dîner

3 Masculin, féminin

Écris deux listes. *Write two lists.*

Exemple:

masculin	féminin
	une carotte

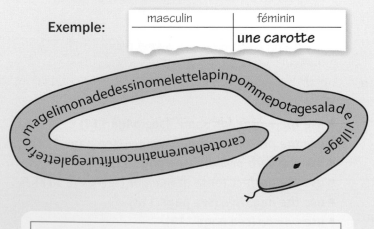

These endings are usually masculine: **-in, -age**
These endings are usually feminine: **-ade, -ure, -tte**

4 C'est quel verbe?

Complète les conversations avec les expressions de la case. *Complete the dialogues with the phrases from the box.*

Exemple: 1 J'ai

1 – Quel âge as-tu?
  – ____ douze ans.

2 – Tu aimes les bananes?
  – Oui, ____ tous les fruits.

3 – Où vas-tu ce soir?
  – ____ au festival de musique.

4 – Tu prends du sucre dans ton café?
  – Oui, ____ un peu de sucre dans le café, mais pas dans le thé.

5 – Tu es content de tes cadeaux?
  – Oui, oui. ____ très content. Ils sont fantastiques!

6 – Je déteste le football, et toi?
  – Ah non. Moi, ____ beaucoup ça. Le week-end, ____ souvent au match de foot au Stade Colombe.

7 – Moi, ____ le poulet avec des frites. Et toi?
  – Non, je ne prends pas de viande, ____ végétarien.

8 – Est-ce que tu as un lecteur MP3 dans ta chambre?
  – Non, mais ____ une radio.

> j'aime   j'ai   je suis   je vais   je prends

5 Un e-mail

Complète le message.
Fill in the gaps in the message.

Exemple: 1 mon

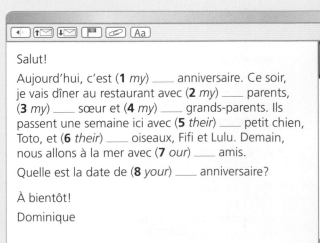

Salut!

Aujourd'hui, c'est (**1** *my*) ____ anniversaire. Ce soir, je vais dîner au restaurant avec (**2** *my*) ____ parents, (**3** *my*) ____ sœur et (**4** *my*) ____ grands-parents. Ils passent une semaine ici avec (**5** *their*) ____ petit chien, Toto, et (**6** *their*) ____ oiseaux, Fifi et Lulu. Demain, nous allons à la mer avec (**7** *our*) ____ amis.

Quelle est la date de (**8** *your*) ____ anniversaire?

À bientôt!

Dominique

6 Un repas en morceaux

Trouve les deux parties du mot dans la case pour compléter les phrases.

Join the correct parts of the words in the box and complete the sentences.

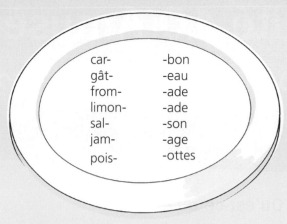

car-	-bon
gât-	-eau
from-	-ade
limon-	-ade
sal-	-son
jam-	-age
pois-	-ottes

Exemple: 1 jambon

1 Comme hors-d'œuvre, il y a du ___ .

2 Comme plat principal, on mange du ___ .

3 Comme légumes, il y a des ___ .

4 Ensuite, on mange de la ___ .

5 Puis il y a du ___ .

6 Et comme dessert, il y a un ___ .

7 Comme boisson, il y a de la ___ .

7 La journée de Mangetout

Mangetout est un gros chat. Il adore deux choses: dormir et manger.

a Complète les phrases. *Complete the sentences.*

Exemple: a À midi, il *entre dans la cuisine.*

b Trouve la bonne phrase pour chaque image. *Find the right sentence for each picture.*

Exemple: 1b

a À midi, il ___ dans la cuisine. (entrer)

b Le matin, Mangetout ___ dans son panier. (rester)

c Il ___ à manger. Mmm, c'est délicieux! (commencer)

d Enfin, c'est l'heure du dîner. Il ___ tout très vite. (manger)

e Puis il ___ à son panier et il rêve. (retourner)

f Il ___ son déjeuner. (chercher)

g Mais il ___ au prochain repas. (penser)

h Puis il va dans le jardin. Il ___ les oiseaux. (chasser)

> prochain *next*

8 Questions et réponses

Trouve les paires. *Find the pairs.*

Exemple: 1c

1 Quelle est ta saison préférée?

2 Que fais-tu pendant les vacances?

3 Qu'est-ce que tu vas faire ce week-end?

4 Qu'est-ce que tu prends comme boisson?

5 Est-ce qu'il y a des matières que tu n'aimes pas?

6 Qu'est-ce que vous allez manger?

7 Quelle heure est-il?

8 Quel jour sommes-nous aujourd'hui?

9 Qui fait le jardinage chez toi?

10 Qu'est-ce que tu prends pour le petit déjeuner?

a Je n'aime pas la géographie.

b Une limonade, s'il te plaît.

c Ma saison préférée est l'automne.

d Il est deux heures et demie.

e Je vais voir mes cousins et on va organiser un pique-nique.

f Nous sommes mardi.

g J'aime faire du camping ou aller voir mon correspondant en Angleterre.

h C'est ma mère. Mon père n'aime pas ça; il préfère faire la cuisine.

i Je prends des céréales, un toast et une tasse de café au lait.

j Nous allons manger du poisson, des légumes et, comme dessert, des glaces.

9 À toi!

Choisis cinq des questions (1–10) dans l'activité 8 et donne une réponse personnelle.
Choose five of the ten questions in activity 8 and give your own answers.

Exemple: 8 Nous sommes vendredi.

10A On fait du sport?

- *talk about different sports*
- *revise the verb faire*

1 Qu'est-ce qu'on fait?

a Écris 1–8. Écoute et écris la lettre qui correspond au sport.

Exemple: 1G

b Choisis une photo et écris trois phrases.

Voici des idées:

Il y a combien de personnes sur la photo?

Qu'est-ce qu'on fait?

Est-ce que tu fais cette activité aussi?

C'est amusant?

Les grandes vacances

En France, les grandes vacances commencent au début du mois de juillet et finissent au début du mois de septembre. Dix semaines de vacances, c'est beaucoup, alors qu'est-ce qu'on fait?
Beaucoup de jeunes font du sport. Quelquefois ils participent à des stages d'activités ou à des colonies de vacances. On part 'en colo' un peu partout en France, surtout à la campagne, à la montagne et au bord de la mer.

A on fait de la natation

B on fait de la voile

C on fait de la planche à voile

D on fait du vélo ou du VTT (vélo tout terrain)

E on fait du patin à roulettes ou du roller

F on fait de l'équitation

G on fait des promenades

H on fait du skate

2 Qu'est-ce qu'ils font?

Trouve les paires.

Exemple: 1c

a Je fais de la gymnastique.
b Tu fais de la natation?
c Elle fait du ski.

d Nous faisons du roller.
e Vous faites une promenade?
f Ils font de la planche à voile.

3 Français/Anglais

Trouve les paires.

1 Que faites-vous comme sports?   a Shall we go for a walk?
2 Ils font de la peinture.   b What kind of sport do you do?
3 Nous faisons les courses.   c I'm taking a photo.
4 Je fais une photo.   d They're doing some painting.
5 On fait une promenade?   e Are you going out on your bike?
6 Tu fais du vélo?   f We do the shopping.

4 On fait de la voile

a Complète la conversation avec la bonne forme du verbe **faire**.

Exemple: 1 **tu fais**

b À trois, lisez la conversation.

Hassan: Bonjour, Thomas. Qu'est-ce que (1) tu ___ aujourd'hui?

Thomas: Bonjour, Hassan. (2) Je ___ des courses pour maman.

Hassan: Moi aussi. Mais (3) il ___ beau. (4) Mes amis ___ de la voile aujourd'hui.

Thomas: De la voile! Chic! Ma sœur aime ça. Mais aujourd'hui, (5) elle ___ ses devoirs.

Hassan: Il n'y a pas assez de place pour trois dans le bateau.

Thomas: Alors, (6) on ___ de la voile, nous deux?

Hassan: D'accord, et (7) nous ___ les courses plus tard, non?

Marine, la sœur de Thomas arrive.

Marine: Salut, Hassan. Salut, Thomas. Qu'est-ce que (8) vous ___ ?

Thomas: Nous allons au lac. (9) Nous ___ de la voile.

Marine: Bon, j'arrive. J'aime ça.

Thomas: Mais, (10) tu ___ tes devoirs, n'est-ce pas?

Marine: Et vous, (11) vous ___ les courses, non?

Stratégies

Translating from French to English (4)

As you know, it's not always possible to translate word for word when you're translating from one language to another. This is particularly important for the verb *faire* because its meaning depends on the context. The two main meanings are 'to make' and 'to do' but there are others. Look at how these examples are translated:

Qu'est-ce qu'on fait?
What shall we do?

Ils font les courses.
They are doing the shopping.

Vous faites un gâteau?
Are you making a cake?

Je fais de la danse.
I go dancing.

Tu fais une photo?
Are you taking a photo?

Il fait chaud.
It is hot. (weather)

c Comment ça se dit en français?

Exemple: **1 Qu'est-ce que tu fais aujourd'hui?**

1 What are you doing today?
2 I'm doing the shopping.
3 The weather is fine.
4 My friends are going sailing.
5 She's doing her homework.
6 We're going sailing.

- **talk about music**
- **use** *jouer de* + **instrument**

1 Les instruments de musique

Trouve les paires.

Exemple: 1D

1 le clavier
2 le piano
3 le trombone
4 le saxophone
5 le violon
6 le violoncelle

7 la batterie
8 la clarinette
9 la flûte
10 la flûte à bec
11 la guitare
12 la trompette

2 La musique, c'est ma passion

a Écris 1–8. Écoute et regarde les instruments. Note la bonne lettre.

Exemple: 1F

b Voici des extraits du texte. Complète les phrases avec **du** ou **de la** et le bon instrument.

Exemple: 1 *du violon*

1 Je joue ___ dans l'orchestre du collège.
2 Je joue ___ dans un groupe.
3 J'adore la musique et je joue ___.
4 Mon ami joue ___.
5 Je joue ___ .
6 Je joue ___ , c'est mon instrument préféré.
7 Je joue ___ .
8 Je vais aussi apprendre à jouer ___ un jour.

+ c Change l'instrument pour faire d'autres phrases.

Dossier-langue   Grammaire 11.9

jouer de + **musical instrument**

> Tu joues d'un instrument de musique?

Je joue Tu joues Il joue Elle joue Nous jouons Vous jouez Ils jouent Elles jouent	du	clavier. piano. trombone. saxophone. violon. violoncelle.
	de la	batterie. clarinette. flûte (à bec). guitare. trompette.

| Je ne joue pas d'un instrument. | | |

The rules!
Complete the rules:

1 Use **du** with a ___ noun.
2 Use **de la** with a ___ noun.
3 Use **de (d')** after ___.

3 Les jeunes musiciens

Complète le texte.

Exemple: 1 *de la flûte à bec*

En France, beaucoup de jeunes jouent d'un instrument de musique, par exemple, Théo joue (1) ___ et sa sœur, Camille, joue (2) ___ .

Voici Natalie qui joue (3) ___ . Elle joue dans l'orchestre du collège.

Voici Hugo et Luc. Ils jouent (4) ___ au club des jeunes.

Et voici leur ami, David, qui joue (5) ___ .

Sophie ne joue pas (6) ___ , mais elle chante dans une chorale au collège.

4 Fête de la musique (Faites de la musique)

La fête de la musique a lieu (*takes place*) chaque année le 21 juin, jour du solstice d'été (la journée la plus longue dans l'hémisphère nord). C'est une très grande manifestation culturelle. On fait de la musique partout: dans les rues, dans les parcs et les jardins publics, sur les places, dans les cafés et les théâtres, dans les écoles et les églises, même dans les prisons et les hôpitaux.

Il y a de la musique de toutes sortes: du rock, du jazz, du rap, de la techno, de la chanson et de la musique traditionnelle.

L'idée d'une grande fête de la musique commence à s'exporter et maintenant, on organise des fêtes dans plus de cent pays au monde: en Europe, en Amérique du Sud et en Afrique. Dans beaucoup de pays d'Afrique, c'est presque une fête nationale.

Un principe important: tous les concerts sont gratuits pour le public. C'est de la musique par le peuple et pour le peuple.

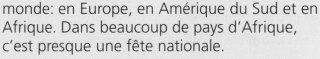

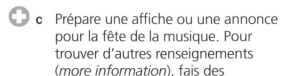

Fête de la MUSIQUE
21 JUIN

a Trouve le français.

1 the longest day

2 a very large cultural event

3 people make music everywhere

4 all the concerts are free

b Tu comprends?

1 On what date is the *fête de la musique* held and what's significant about this date?

2 Mention two outdoor places and two indoor places where music-making takes place.

3 About how many countries organise a similar *fête*?

4 What is an important principle of the *fête*?

c Prépare une affiche ou une annonce pour la fête de la musique. Pour trouver d'autres renseignements (*more information*), fais des recherches en ligne.

10C Mes passe-temps

- **talk about leisure activities**
- **use** *jouer à* **+ sport/games**
- **read and write messages about leisure**

1 On s'amuse

Tu ne fais pas de sport et tu ne joues pas d'un instrument. Ce n'est pas grave! Il y a beaucoup d'autres choses à faire.

Trouve les paires.

Exemple: 1D

1 Ils font de la peinture ou du dessin.
2 Il joue à des jeux vidéo.
3 Ils jouent aux cartes.
4 Elle aime lire.
5 Elles font de la danse.
6 Ils jouent aux échecs.

Dossier-langue   Grammaire 11.9

jouer de … /jouer à … /faire de …

		singular		plural
		masculine	**feminine**	
musical instruments	**jouer**	du violon	de la trompette	
sports/activities	**jouer**	au badminton	à la pétanque	aux échecs
sports/activities	**faire**	du ski/dessin	de la lecture	des photos

2 C'est quelle activité?

Écris le texte.

Exemple: 1*Il joue de la trompette.*

masculine	feminine	plural
football	batterie	échecs
	flûte	
	guitare	
	trompette	

Phonétique

🔎 **The letters 'un', 'um'**
When 'u' is followed by 'n' or 'm' it often makes a **nasal vowel**.

lundi   brun   un

parfum

3 Des interviews

🔊 a Écris 1–5. Lis les questions et écoute bien. Dans chaque conversation, on pose une question seulement. Note la lettre et la réponse.

Exemple: 1*e* du sport – football, natation

a Qu'est-ce que tu fais le weekend?
b Qu'est-ce que tu fais comme sport?
c Est-ce que tu joues d'un instrument de musique?
d Est-ce que tu fais d'autres activités?
e Tu as des passe-temps?

b Choisis trois questions et écris tes réponses.

c À deux, faites des interviews. Inventez au moins trois questions et réponses.

Qu'est-ce que tu fais le weekend? Tu as des passe-temps? Tu écoutes de la musique, tu joues d'un instrument? Tu fais beaucoup de sport? Tu aimes les jeux?

Rienafaire:	Moi, j'habite dans un petit village, alors il n'y a pas grand-chose à faire. Le weekend, je fais du vélo et je fais des promenades avec mon chien, Moustache. S'il pleut, je joue sur l'ordi.
FanadeBD:	J'aime aussi lire, surtout les BD. J'aime beaucoup les aventures d'Astérix. C'est très rigolo. Quelquefois je joue aux échecs. C'est intéressant mais il faut se concentrer. Je joue avec mon grand-père, mais il gagne presque toujours.
Mélomane_99:	Je ne suis pas super sportif, mais j'adore regarder les matchs de foot à la télé. Mon équipe favorite est Paris Saint-Germain. Je ne joue pas d'un instrument de musique, mais j'écoute souvent de la musique.
Sportif+++:	Moi, j'adore le sport. Je fais un peu de tout: de la gymnastique, de la natation, du badminton et du tennis. Le tennis, c'est mon sport préféré. Le soir, en hiver, je joue quelquefois aux cartes avec mon frère.
Clavier:	Moi, j'adore la musique, de toutes sortes. Comme instruments, je joue du piano et de la batterie. Mon groupe favori est Toutes directions. Ils sont vraiment cool.

4 Forum des jeunes

a Qui ...

1 ... adore le sport?

2 ... fait du vélo?

3 ... joue de deux instruments?

4 ... aime la lecture?

5 ... joue aux échecs?

6 ... ne joue pas d'un instrument?

b Note des phrases utiles. Regarde les surnoms (*nicknames*) et trouve des équivalents en anglais.

➕ **c** Invente un message pour ce forum pour une personne qui aime le sport et la musique. Invente un surnom aussi.

5 Un message

Écris un message à un(e) ami(e) français(e). Commence par une salutation et une question.

Exemple: *Salut! Comment ça va? Qu'est-ce que tu fais le weekend?*

- Parle de tes passe-temps.

Exemple: *Le weekend, je fais de la natation et je joue quelquefois au badminton.*

- Donne une opinion.

Exemple: *La natation, c'est super.*

- Parle d'une autre personne.

Exemple: *Ma copine, Léa, joue de la batterie.*

- Pose une question.

Exemple: *Tu aimes le sport?*

Phrases utiles pour écrire un message

Cher ... Dear ... (for a boy or man)
Chère ... Dear ... (for a girl or woman)

Opening phrases:

Comment ça va?	How are you?
Merci pour ton message/email/texto.	
Thank you for your message/email/text.	

Ending the message:

À bientôt	See you soon
@+	textspeak for *à plus tard/à bientôt*
Amitiés	Best wishes
Amicalement,	Best wishes/Kind regards
Bisous/Bises	Love

Stratégies

Adding interest to your writing (4)

When talking about activities, add extra details such as where you go, who with and when, and finally add your opinion.

Practise this by starting with a simple sentence and adding interest by answering the questions below.

Je fais du judo.

- (where?)

Je fais du judo au centre sportif.

- (who with?)

Je fais du judo au centre sportif avec mon ami.

- (when?)

Le mercredi soir, je fais du judo au centre sportif avec mon ami.

- (what is it like?)

C'est vraiment bien.

1 Samedi dernier

🔊 Écris 1–10. Écoute et note la lettre de l'activité.

Exemple: 1C

> Qu'est-ce que tu as fait samedi dernier?

> J'ai joué au badminton. Et toi?

> Moi, j'ai fait de la natation.

Dossier-langue | Grammaire 2.3

Nouns and adjectives

la semaine dernière	*last week*
samedi dernier	*last Saturday*

Which word is the noun and which is the adjective?

Is the word order different in French?

Do you remember the rule about the position of adjectives?

Why are there two different forms: **dernier** and **dernière**? (They have similar endings to **cher** and **chère**.)

Use the pattern of **samedi dernier** to say the French for:

last Friday   last Wednesday   last Monday

When you hear **dernier** or **dernière**, it may be a clue that the conversation is about the past.

2 Présent ou passé?

Mets les phrases dans deux groupes.

Exemple:

présent	passé
1	3

1 Je joue de la batterie.
2 Aujourd'hui, je fais mes devoirs.
3 Lundi dernier, j'ai fait une promenade.
4 Et mardi dernier, j'ai joué du piano.
5 Ensuite, j'ai joué à des jeux vidéo.
6 Ce matin, je fais du roller.
7 Jeudi dernier, j'ai fait de la gymnastique.
8 Et aujourd'hui, je joue aux échecs.

Dossier-langue | Grammaire 11.9

Recognising the perfect tense (1)

	French	English
present	**je joue**	*I play, I'm playing*
past	**j'ai joué**	*I played, I have played*
present	**je fais**	*I do, I am doing*
perfect	**j'ai fait**	*I did, I have done*

How many words are used for the perfect tense in French, apart from **je** (**j'**)? Which verb is used for the first part? Is this similar to English?

3 Des journées actives

a Lundi dernier, tu as fait beaucoup de sport. Fais trois phrases.

Exemple: *J'ai fait du vélo, …*

b Mardi dernier, tu as fait beaucoup de musique. Fais trois phrases.

Exemple: *J'ai joué de la batterie, …*

 c Mercredi matin, tu as fait du sport.
L'après-midi tu as fait de la musique.
Le soir, tu as fait une autre activité.
Écris un paragraphe pour décrire mercredi dernier.

Exemple: *Mercredi dernier, j'ai fait beaucoup de choses. Le matin, j'ai joué au badminton avec mes amis au centre sportif.*

4 Le weekend dernier

À deux, inventez une petite conversation.

Exemple:

A Qu'est-ce que tu as fait samedi dernier?

B J'ai joué … et j'ai fait … Et toi?

A Moi, j'ai fait … et j'ai joué …

5 La semaine dernière

Écris 1–8. Écoute et note les détails.

Exemple:

	quand	quoi	avec qui	où
1	sam	danse	sœur	club des jeunes
2				

6 Fais des phrases

Écris quatre nombres ou jette un dé quatre fois. Puis fais la phrase qui correspond.

Exemple: ⟶ *Vendredi dernier, j'ai joué au badminton avec mes amis sur la plage.*

quand		quoi	avec qui		où	
1 lundi	**1**	🏸	**1**	mon copain	**1**	au parc
2 mardi	**2**	⚽	**2**	ma copine	**2**	au club des jeunes
3 mercredi	**3**		**3**	mes amis	**3**	au centre sportif
4 jeudi	**4**	🃏	**4**	mon frère	**4**	au collège
5 vendredi	**5**	♞	**5**	ma sœur	**5**	dans le jardin
6 samedi	**6**		**6**	mes cousins	**6**	sur la plage

7 Dossier personnel

Écris ton journal pour la semaine dernière dans ton **Dossier personnel**.

Exemple: *Lundi dernier, j'ai fait … J'ai joué …*

- *find out about Astérix and the Parc Astérix*
- *use the 24-hour clock*

Astérix

Astérix est un personnage de bande dessinée créé par René Goscinny (scénario) et Albert Uderzo (dessin). Astérix est très populaire en France et dans beaucoup d'autres pays. Les 35 livres d'Astérix sont traduits dans plus de 100 langues.

Les aventures d'Astérix se passent en Gaule en l'année 50 avant Jésus-Christ. Tout le pays est oc-cupé par les Romains ... Tout? Mais non, un village résiste encore à l'invasion. C'est le village d'Astérix et de ses amis. Il y a son ami Obélix et son chien Idéfix. Il y a aussi Panoramix, le druide, qui prépare des potions magiques pour aider les Gaulois à défendre leur village contre les Romains.

www.asterix.com © 2014 LES ÉDITIONS ALBERT RENÉ

Le Parc Astérix

25 ANS parc Astérix PARIS

Le Parc Astérix est situé près de Paris dans le nord de la France.

C'est un parc d'attractions consacré à l'univers d'Astérix.

Avec presque deux millions de visiteurs par an, c'est le deuxième parc d'attractions le plus fréquenté de France, après Disneyland Paris.

Les attractions

Copyright – S. Cambon 2009

Copyr

1 Astérix

Corrige les phrases.

1 Astérix habite dans une ville.

2 Obélix est l'ennemi d'Astérix.

3 Obélix a un chat qui s'appelle Idéfix.

4 Panoramix fait des baguettes magiques.

5 Astérix et ses amis résistent aux invasions des Anglais.

Phonétique

> ↖ The letter 'x'
>
> 'gs'
>
> exemple   examiner   examen
>
> 'ks'
>
> excusez-moi   Astérix   extra
>
> 's'
>
> dix   soixante   six

2 Le Parc Astérix

a Regarde les photos et trouve le bon texte.

A Le grand huit: une attraction très intense où on a sept fois la tête en bas. Pour les courageux!

B Les dauphins du Parc Astérix sont de «grands dauphins» ou «dauphins souffleurs». On trouve ces dauphins sur la côte Atlantique, dans la Manche et la mer Méditerranée. Les dauphins remontent régulièrement à la surface pour respirer, mais ils peuvent rester jusqu'à 15 minutes sous l'eau. Ce sont des animaux très sociables.

C On fait une promenade en bateau sur l'eau, avec des effets aquatiques. À la fin, ça descend très rapidement dans un grand SPLATCH. C'est très amusant.

D Dans le village d'Astérix, on voit les personnages des bandes dessinées, comme Obélix. C'est bien pour prendre des photos.

E Asseyez-vous sur l'une des 48 chaises volantes et accrochez-vous bien. Le manège commence à tourner, vous décollez, on s'accélère et voilà, vous volez.

> la tête en bas   *upside down (literally: head below)*

Copyright – H. Cussot 2012

ight – H. Cussot 2012

ellurget 2011

Copyright – S. Cambon 2009

Jours d'ouverture*

Ouvert avril – septembre 10h – 18h00 (août: 09h30 – 19h00)
Ouvert le week-end en septembre et octobre
Fermé de novembre à mars

Tarifs d'entrée*

	Gaulois Adulte	Petit Gaulois
	(à partir de 12 ans)	de 3 à 11 ans inclus)
Plein tarif	46 €	37 €
Pass saison	94 €	84 €
Carte familles nombreuses	42 €	33 €
Personnes à mobilité réduite	36 €	30 €
Parking (par voiture)	10 €/jour	

Entrée gratuite pour les moins de 3 ans.
* Consulter le Parc/site web pour des détails plus précis

i

The 24-hour clock is used widely in France for opening times, events, films, matches, etc.

Example: **19h15** (7.15 pm), **23h30** (11.30 pm)

b Consulte les informations pour répondre aux questions.

Exemple: 1 *Le parc ferme à 18 heures.*

1 Le Parc ferme à quelle heure en mai?
2 Ça ferme à quelle heure en août?
3 Le Parc est ouvert quand en octobre?
4 Est-ce que le Parc est ouvert à Noël?
5 Où est le Parc? C'est près de quelle ville?
6 L'entrée coûte combien pour un adulte?
7 Et c'est combien pour un enfant de onze ans?

➕ **c** Fais des recherches. Consulte le site web pour vérifier les tarifs d'entrée.

3 24 heures

🔊 Écris 1–10. Écoute et écris l'heure.

Exemple: 1 15h00

4 Attention, c'est l'heure!

Quelle heure est-il? Trouve les paires.

Exemple: 1B

1 Il est dix-sept heures cinq.
2 Il est douze heures cinquante-neuf.
3 Il est une heure quinze.
4 Il est vingt-deux heures douze.
5 Il est vingt-trois heures cinquante-sept.
6 Il est dix-huit heures vingt-huit.

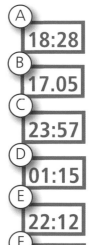

A **18:28**
B **17.05**
C **23:57**
D **01:15**
E **22:12**
F **12:59**

1 Une journée idéale

Ma journée idéale se passe au parc Astérix, un mardi au mois de mai. Il fait beau mais il ne fait pas trop chaud. J'arrive au parc à dix heures avec une bande de copains. Il n'y a pas la queue et nous entrons directement au parc.

Le matin nous faisons des attractions à sensations comme le Grand Huit et le Grand Splatch. J'adore ça. On prend beaucoup de photos. C'est super cool.

À midi, nous mangeons à la pizzeria. Mmm, c'est bon! J'adore les pizzas. Comme boisson, je prends une limonade, et comme dessert, je mange une (grande) glace à la vanille.

Puis l'après-midi, on regarde d'abord les dauphins au delphinarium. Ils sont amusants. Ensuite, on continue à faire des attractions. C'est idéal parce qu'on ne fait pas de queue.

À quatre heures, on prend le goûter: un chocolat chaud et du gâteau – délicieux. Puis on regarde un spectacle et plus tard on va à la boutique pour acheter des souvenirs. J'aime bien faire du shopping et j'achète de petits modèles d'Astérix, d'Obélix et d'Idéefix. J'adore ces personnages de BD. Quelle journée fantastique!

a Lucie a décidé de participer au concours. Lis la description, puis corrige les erreurs dans ces phrases.

Exemple: **1** *Lucie va au parc Astérix.*

1 Pour sa journée idéale, Lucie va au bord de la mer.

2 C'est au mois de juillet.

3 Lucie et ses amis font un pique-nique à midi.

4 Elle déteste les pizzas.

5 Comme boisson, elle prend un jus d'orange.

6 L'après-midi, elle regarde les pingouins au parc.

7 À cinq heures on prend le goûter.

8 Lucie n'aime pas faire du shopping.

b Comment ça se dit en français?

1 a group of friends

2 there's no queue

3 we take a lot of photos

4 first of all

5 we watch a show

6 later

2 Dossier personnel

a Écris la description d'une journée (quatre phrases ou plus). Choisis une journée idéale ou une journée catastrophique.

➕ **b** Relis ta description et ajoute d'autres détails intéressants (huit phrases ou plus).

C'est à quel mois de l'année?

Quel temps fait-il?

Qu'est-ce que tu fais le matin?

Qu'est-ce que tu manges à midi?

Tu aimes ça?

Stratégies

Planning your writing

Plan what you are going to put in each paragraph before you start writing. For a description of a day, you could plan your work using the times of day, e.g. introduction, *le matin, l'après-midi, le soir, impressions de la journée*. Write notes under each heading.

Use time expressions such as *d'abord* (first of all), *puis* or *ensuite* (next), *plus tard* (later), *enfin* (finally). Look at Lucie's text again and pick out the time phrases she uses.

Une journée idéale

Exemple:

Ma journée idéale est en août.

Il fait chaud.

Le matin, je … C'est très amusant!

À midi, je mange … J'adore ça.

Une journée catastrophique

Exemple:

Aujourd'hui, ça ne va pas.

D'abord, il pleut et il fait froid.

Puis mon petit frère est très méchant.

Et l'ordinateur ne marche pas.

C'est vraiment nul.

C'est un désastre!

3 Bravo Lucie

Lucie parle à son cousin, Daniel.

L Salut, Daniel. Ça va?

D Salut, Lucie. Oui, ça va bien. Tu as passé un bon weekend?

L Oui, super. La semaine dernière, j'ai participé au grand concours pour gagner des billets d'entrée au Parc Astérix.

D Oui, et alors, tu as gagné?

L Je n'ai pas gagné le premier prix mais j'ai gagné deux billets.

D Bravo, Lucie! C'est fantastique!

L Alors, dimanche dernier, je suis allée au parc avec ma copine, Sophie. Et toi, tu es déjà allé au Parc?

D Oui, je suis allé au Parc Astérix une fois, pour mon anniversaire. C'est génial, non?

L Oui, moi, j'adore.

a Travaillez à deux. Lisez la conversation.

b Réponds aux questions.

1 Qu'est-ce que Lucie a gagné?
2 Lucie a visité quel parc à thème récemment?
3 Quel jour est-elle allée au parc?
4 Daniel, quand est-il allé au même parc?
5 Que pense-t-il du parc?
6 Et Lucie?

Dossier-langue	Grammaire 11.9

Recognising the perfect tense (2)

	French	English
present	je vais	I go, I'm going
past	je suis allé(e)*	I went

* add an 'e' for a girl or a woman

Some verbs form the perfect tense with **être**.

Just practise **je suis allé(e)** as a phrase. You will learn more about the perfect tense in Stage 2.

---

4 Tu as passé un bon weekend?

Écris 1–10. Écoute et note la destination.

Exemple: 1 à la plage

au	à la	à l'	aux
bowling	bibliothèque	aquarium	magasins
centre sportif	patinoire	église	
château	piscine		
cinéma	plage		
parc			

5 Je suis allé(e) en ville

Fais des phrases.

Exemple: 1 Je suis allé(e) à la bibliothèque.

6 Une journée à Paris

Écoute et note la lettre du mot qui manque.

a cinéma	e l'après-midi
b excellent	f le matin
c impressionnant	g musée
d intéressant	h un pique-nique

A Tu as passé un bon weekend?

B Ah oui, j'ai passé un (1) ___ week-end. Je suis allé à Paris.

A Paris, c'est bien?

B Ah oui, il y a beaucoup de choses à faire. D'abord, (2) ___, je suis allé à la tour Eiffel. C'est vraiment (3) ___. Puis à midi, on a fait (4) ___ près de la Seine.

A Et l'après-midi?

B Ensuite, (5) ___ , je suis allé à la Cité des sciences. C'est un grand (6) ___ avec beaucoup d'activités scientifiques et il y a aussi un planétarium et un grand (7) ___ IMAX. C'est très (8) ___ .

1 Un jeu-test

a Complète les phrases avec les mots de la case.

Exemple: 1c

- **a** amis
- **b** beau
- **c** cartes
- **d** chaussures
- **e** copains
- **f** glace
- **g** jeu
- **h** orchestre
- **i** promenade
- **j** stade

b Fais le jeu-test et lis les résultats.

➕ c Prépare des questions avec oui/non comme réponses pour un questionnaire sur les loisirs. Choisis un de ces thèmes.

■ La musique.

Exemple: *Est-ce que tu joues du piano?*

■ Le sport

Exemple: *Est-ce que tu fais du judo?*

■ Les loisirs en général

Exemple: *Est-ce que tu fais de la peinture?*

Comment passes-tu tes loisirs?

1 Pour toi, une soirée amusante, c'est ...
- a regarder un film à la maison.
- b aller au club des jeunes, jouer aux (1) ___ et discuter avec des amis.
- c faire une (2) ___ avec des amis, puis aller prendre quelque chose dans un café.

2 Un samedi en été, toute la bande va au parc.
- a Tu décides de rester dans ton jardin.
- b Tu achètes une (3) ___ au kiosque.
- c Tu joues au tennis ou tu fais une promenade avec tes (4) ___ .

3 C'est un samedi après-midi en hiver, mais il fait (5) ___ .
- a Tu regardes le match de football à la télé et tu manges des bonbons ou des gâteaux.
- b Avec tes amis, tu vas voir le match au (6) ___ en ville.
- c Tu joues au foot ou au volley avec des copains.

4 Pour Noël, tu voudrais ...
- a une BD, un (7) ___ vidéo ou un MP3.
- b un appareil photo, une chaîne hi-fi ou un portable.
- c un VTT, des (8) ___ de football ou des baskets.

5 Tu aimes bien la musique. Est-ce que tu préfères ...
- a écouter de la musique sur ton portable?
- b écouter de la musique avec des (9) ___ ?
- c jouer dans un (10) ___ ou chanter dans une chorale?

Alors, qui es-tu?

4 ou 5 x c Tu profites bien de tes loisirs. Tu es énergique et sociable.

4 ou 5 x b Tu es très sociable, mais c'est bien de faire un peu d'exercice pour rester bien en forme!

4 ou 5 x a S'amuser tout(e) seul(e) quelquefois, ça va, mais c'est bien aussi de passer son temps libre avec d'autres jeunes.

Stratégies

Learning and revising vocabulary

It's important to keep practising a language, so you don't forget all you've learnt. Make a list of all the ways you can think of to learn and revise vocabulary. (See page 41.) Discuss with a friend which techniques work best for you.

During the holidays, choose one of these topics each week and try to practise some of the words each day.
Numbers (p19, p29 and p59)   Places in town (p91)
Family and house (p29)   School subjects (p109)
Animals (p41)   Food and drink (p123)
Colours (p41)   Sport and music (p139)
Clothes (p59)
Weather (p75)

Phonétique

⬉ **The letters '-sion', '-tion'**

excur**sion**   attrac**tion**   nata**tion**
solu**tion**

Now I can ...

▪ talk about sport

Est-ce que tu aimes le sport? Do you like sport?

Je fais ...	I ...
du cyclisme/du vélo.	go cycling.
du roller.	go roller blading.
du skate.	go skate-boarding.
du ski.	go skiing.
du VTT.	go mountain-biking.
de la danse	go dancing.
de la gymnastique.	do gymnastics.
de la natation.	go swimming.
de la planche à voile.	go wind-surfing.
de la voile.	go sailing.
de l'équitation.	go horse-riding.
des promenades.	go walking.
Je joue ...	I play ...
au basket.	basketball.
au volley.	volleyball.

▪ talk about music

Est-ce que tu aimes la musique? Do you like music?

Je joue ...	I play ...
du clavier.	the keyboard.
du piano.	the piano.
du violon.	the violin.
de la batterie.	the drums.
de la flûte.	the flute.
de la guitare.	the guitar.

See page 128 for other instruments.

J'aime la musique, mais je ne joue pas d'un instrument. I like music, but I don't play an instrument.

▪ talk about other activities

Est-ce que tu fais autre chose? Do you do anything else?

Je fais ...	I ...
du dessin.	draw.
de la peinture.	paint.
du théâtre.	do drama.
de la photo.	take photos.
Je joue ...	I play ...
sur l'ordinateur.	on the computer.
à des jeux vidéo.	computer games.
aux cartes.	cards.
aux échecs.	chess.
J'aime lire.	I like reading.

▪ recognise some words which indicate the past

samedi dernier	last Saturday
le weekend dernier	last weekend
la semaine dernière	last week

▪ understand the 24-hour clock

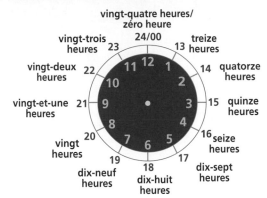

▪ use the verb *faire* in other expressions (see page 126)

▪ use *jouer de* + musical instruments (see page 128)

▪ use *jouer à* + sports and games (see page 130)

▪ talk about a theme park

un parc d'attractions	theme park
C'est situé près de ... (Paris).	It's near ... (Paris).
C'est pour ... (les enfants et les adultes).	It's for ... (children and adults).
C'est ouvert ... (tous les jours en été).	It's open ... (every day in summer).
L'entrée coûte... (35 euros).	It costs ... (35 euros) to go in.
C'est gratuit ...	It's free ...

▪ recognise and use some phrases in the perfect tense

Tu as passé un bon weekend?	Did you have a good weekend?
J'ai fait ... (de la natation).	I did ... (some swimming).
J'ai joué ... (au football).	I played ... (football).
Je suis allé(e) ... (au cinéma).	I went ... (to the cinema).

▪ understand and use time expressions

le matin	in the morning
l'après-midi	in the afternoon
le soir	in the evening
d'abord	first of all
puis	then, next
ensuite	next
plus tard	later

Un bon repas pour Mangetout

1 Mangetout est un gros chat –très gros!
Il aime deux choses dans la vie: dormir et manger.
Il est midi – l'heure du déjeuner. Mangetout cherche quelque chose à manger.

2 Il entre dans la cuisine – quelle chance! La table est couverte de provisions.
D'abord, il mange du poisson. Il adore ça!

3 Il mange un peu de pain aussi, puis de la viande ... mmm, c'est super bon!

4 Puis il mange des carottes et des tomates ... tout est délicieux!

5 Il n'aime pas beaucoup la salade, mais il en mange un peu, quand même!
«Maintenant, un peu de fromage», pense Mangetout, et il mange un gros morceau de fromage.

6 Et comme dessert?
Sur la table, il y a un gâteau magnifique. Mangetout mange du gâteau ... mmm ... délicieux!
Mais ... soudain, il écoute ... c'est Madame qui arrive!

Il décide de s'échapper ... mais ... hélas ... c'est impossible!

7 Il pense à la énorme repas qu'il a mangé – du poisson, du pain, de la viande, des carottes, des tomates, de la salade, du fromage et du gâteau ...

8

---

a Voici des mots importants dans l'histoire de Mangetout. Écris les mots en anglais.

Exemple: 1 *to sleep*

1 dormir
2 quelque chose
3 couverte de ...
4 ... provisions
5 un peu
6 un gros morceau
7 soudain
8 s'échappe

b Trouve, dans l'histoire, trois mots qui commencent par un 'c'.

Exemple: 1 *un chat*

1 un animal ...
2 une pièce (dans la maison) ...
3 un légume ...

c Trouve trois mots qui commencent par un 'd'.

1 un nombre ...
2 un repas ...
3 on mange ça à la fin d'un repas ...

Chantez!

Samedi, on part en vacances.

Que nous avons de la chance,
C'est bientôt les vacances!
Sète, Toulouse et Nice et Cannes,
Nous allons en caravane.
Faire du vélo, faire du ski,
Faire du camping, allons-y!
Pour le soleil, mes lunettes,
Pour le volley, mes baskets.
Oui, c'est vrai, on part demain.
Où est mon maillot de bain?
Nice et Cannes, Toulouse et Sète,
Ma valise est presque faite.
Samedi, on part en vacances.
Samedi, on part en vacances.

Le volley-ball

Le volley, inventé en Amérique, date de 1895. C'est un sport collectif, joué en deux équipes de six joueurs. C'est un sport de toutes les saisons qui est très populaire dans beaucoup de pays. On peut jouer à l'intérieur ou à l'extérieur. On joue souvent au volley sur la plage. Les règles du sport sont assez simples et presque tout le monde peut jouer au volley. En plus, c'est un sport qui ne coûte pas cher – on utilise seulement un filet et un ballon.

Réponds aux questions.

1 Il y a combien de joueurs par équipe?
2 C'est un sport simple ou compliqué?
3 C'est un sport d'hiver, d'été ou de toutes les saisons?

La planche à voile

La planche à voile est un sport qui se pratique avec une planche de deux à cinq mètres et une seule voile. On pratique ce sport en mer et sur des lacs. C'est un sport assez récent, qui date des années 1960. On a fabriqué les premières planches à voile en Californie, aux États-Unis. Dans une école, on peut apprendre les principes du sport en quelques heures. On appelle les personnes qui pratiquent ce sport des véliplanchistes.

Complète les phrases.

1 C'est un sport ... (d'équipe/individuel/d'hiver)
2 On pratique ce sport en mer ou sur ... (un terrain/une montagne/un lac)
3 Comme matériel on utilise une planche avec ... (une voile/un ski/un ballon)

Le judo

Le judo pratiqué aujourd'hui date de 1882, mais le sport d'origine, le ju-jitsu, inventé au Japon, est né en 1882. Le système des ceintures de couleurs différentes date seulement de 1935. Les couleurs représentent le progrès des élèves. Voici les couleurs dans l'ordre du plus clair au plus foncé: le blanc, le jaune, l'orange, le vert, le bleu, le marron, le noir. La ceinture noire indique le meilleur niveau. On peut pratiquer le judo dès l'âge de cinq ans et c'est un sport très populaire en France.

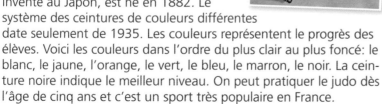

Réponds aux questions.

1 Voici les couleurs des ceintures au judo: a blanc, b marron, c vert, d bleu, e noir, f orange, g jaune. Quel est le bon ordre?
2 Quel est l'âge minimum pour faire du judo?
3 Le judo vient de quel pays: le Japon, la Chine ou la France?

1 C'est quel nombre?

🔊 Écris 1–10. Écoute et note la bonne lettre.
Write 1–10. Listen and write the correct letter.

2 Télé-jeu: 30 secondes

🔊 Écoute. Chloé gagne quatre choses et Max gagne six choses. Écris les numéros dans l'ordre.

Listen. Chloé wins four things, Max wins six things. Write the numbers in order.

Exemple: *Chloé – 1, ...*

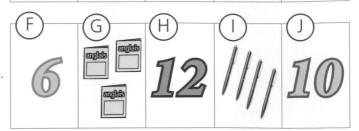

3 C'est quelle image?

Trouve les paires. *Find the pairs.*

Exemple: 1B

1 Salut!

2 Bonjour, madame.

3 Voici des affaires d'école.

4 – Ça va? – Oui, ça va bien, merci.

5 – Quel âge as-tu?

6 – Ça va? – Non, pas très bien.

7 Où sont mes affaires d'école?

8 Comment t'appelles-tu?

4 Trouve la question

Voici des réponses. Trouve les questions.
Here are some answers. Match them up with the questions.

Exemple: 1*c*

Les réponses

1 Je m'appelle Enzo.
2 Ça va bien, merci.
3 J'ai douze ans.
4 C'est un crayon.
5 C'est Coralie.
6 Oui, c'est un livre.

Les questions

a Qu'est-ce que c'est?
b C'est un livre?
c Comment t'appelles-tu?
d Qui est-ce?
e Ça va?
f Quel âge as-tu?

1 C'est où?

Écris des phrases. *Write sentences.*

Exemple: 1 *Glasgow, c'est une ville en Écosse.*

| C'est une ville | en Angleterre.
en Écosse.
en Irlande (du Nord).
en France.
au pays de Galles. |

① Glasgow 〉 ② Manchester 〉 ③ 〈 PARIS ④ 〈 LA ROCHELLE

⑤ BORDEAUX 〉 ⑥ 〈 Dublin ⑦ Leeds 〉

⑧ Belfast 〉 ⑨ 〈 Swansea ⑩ 〈 Aberdeen

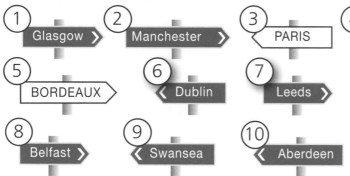

• Aberdeen
• Glasgow
• Belfast
Dublin •
• Leeds
Manchester
• Swansea

2 J'habite ...

Complète les phrases. *Fill in the gaps.*

Exemple: 1 *J'habite dans une maison à Lourdes.*

1 J'habite ___ une maison ___ Lourdes.
2 Tu habites ___ un village ou ___ une ville?
3 Luc habite ___ France, ___ un appartement.
4 J'habite ___ Penarth, ___ de Cardiff, ___ pays de Galles.
5 Caitlin habite ___ Irlande, ___ une ferme ___ de Cork.

| à
au
dans
en
près |

3 Qu'est-ce que c'est?

🔊 **a** Écris 1–8. Écoute et choisis la bonne image.
Write 1–8. Listen and choose the right picture.

Exemple: **1C**

Ⓐ Ⓑ Ⓒ
Ⓓ Ⓔ Ⓕ
Ⓖ Ⓗ

b Écris une phrase pour chaque image.
Write a sentence for each picture.

Exemple: *a Voici des portables.*

| C'est | un
une | portable(s).
boîte(s).
surligneur(s).
enfant(s). |
| Voici | un
une
des | |

4 Jean-Pierre a des problèmes

🔊 Le professeur demande ces choses, mais dans quel ordre?
Écoute et écris les lettres.

The teacher is asking for things, but in what order?
Listen and write the letters.

Exemple: *C, ...*

1 Combien?

Voici tes frères et sœurs (imaginaires).
Combien de frères et sœurs as-tu?

*Here are your (pretend) brothers and sisters.
How many do you have?*

Exemple: 1 *J'ai deux frères et une sœur.*

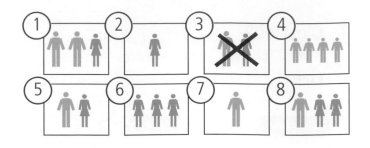

2 Des questions utiles

Tu parles à un jeune visiteur français. Complète ces questions avec **ton**, **ta** ou **tes**.
*You're talking to a young French visitor. Fill in the gaps with **ton**, **ta** or **tes**.*

Exemple: 1 Ton

1 ___ frère, comment s'appelle-t-il?

2 ___ sœur, comment s'appelle-t-elle?

3 ___ parents sont ici avec toi?

4 ___ collège (*m*), comment s'appelle-t-il?

5 Tu aimes ___ collège?

6 ___ amie, comment s'appelle-t-elle?

7 Où est ___ maison en France?

8 Où sont ___ affaires?

3 La maison de la famille Lambert

◀)) Écoute et complète. *Listen and write the missing words.*

Exemple: 1 maison

Voici la (**1**) ___ et le jardin de la famille Lambert.

Dans la cuisine, il y a trois (**2**) ___ et une (**3**) ___ .

Mme Lambert est dans la (**4**) ___ .

Anne-Marie Lambert est dans le (**5**) ___ . Elle regarde la (**6**) ___ .

Voici la chambre de Christophe Lambert. Dans sa chambre,
il y a (**7**) ___ lit et aussi ses (**8**) ___ .

Voici (**9**) ___ salle (**10**) ___ bains.

4 Jeu de mémoire

Regarde chaque image pour faire le jeu de mémoire. Qu'est-ce que c'est? C'est à qui?
Look at each picture and play a memory game. What is it? Whose is it?

Exemple: 1 *C'est la radio de la famille Laurent.*

C'est	le	lit télé portable stylo radio chat lecteur MP3 sac	de	la famille Laurent. Thomas. Louise. Daniel.
	la			

5 Samedi

🔊 **a** Écoute et lis. *Listen and read.*

b Complète les phrases. *Fill in the gaps.*

Exemple: 1 *est*

(1) C'___ samedi chez la famille Laurent. Où sont les enfants?

Où est Louise? Je pense qu'elle (2) ___ dans sa chambre ... Louise, tu (3) ___ dans ta chambre?

Oui, Maman. Je (4) ___ ici. J'écoute de la musique.

Et Thomas? Il est dans sa chambre aussi? Thomas, tu (5) ___ dans ta chambre?

Non, Maman. Je (6) ___ dans le salon. Je regarde la télé.

Très bien. Mais où (7) ___ Daniel? Daniel, tu (8) ___ dans ta chambre?

Tu ranges tes affaires?!

Mais oui, Maman! Dimanche, c'(10) ___ le concert rock en ville, non? Et moi, j'adore la musique!

Thomas et Daniel

Oui, Maman, je (9) ___ dans ma chambre. Je range mes affaires.

6 Ma famille

Écris quelques phrases sur ta famille pour ton **Dossier personnel**.
ou
Dessine une affiche (avec des photos ou des dessins).

Write a few sentences about your family for your personal file.
or
Make a poster about your family (with photos or pictures).

Ma famille	
Moi	
Je suis fils/fille unique.	
Mes parents	
J'habite avec	mon père (mon beau-père).
	ma mère (ma belle-mère).
	mon/mes frère(s) (mon demi-frère).
	et ma/mes sœur(s) (ma demi-sœur).
Il s'appelle ...	
Elle s'appelle ...	

1 Combien d'animaux?

Il y a combien d'animaux sur le dessin?
How many animals are there in the picture?

Exemple: 1 Il y a trois hamsters.

1 Il y a combien de hamsters?

2 Il y a combien de chiens?

3 Il y a combien d'oiseaux?

4 Il y a combien de chats?

5 Il y a combien de souris?

6 Il y a combien de poissons?

7 Il y a combien de lapins?

2 Chat perdu

Voici une photo du chat que Mme Robert a trouvé.
Mais, il est à qui? Écoute les conversations au
téléphone et décide.

*Here's a photo of the cat Mme Robert has found.
But whose is it? Listen to the phone calls and decide.*

Le chat est à …

1 Mme Duval?

2 Claire Martin?

3 François Léon?

Chat trouvé en ville
(le 12 novembre)
Téléphonez à Mme Robert:
48 24 14 91

3 Des animaux

Voici les animaux de la famille Corpuscule. Écris une description de ces animaux.
Here are some of the Corpuscule family's pets. Write a description of these animals.

Exemple:　1 C'est un chien. Il est vert et noir. Il est gros. Il est méchant.

4 Des questions

Invente six questions avec
Est-ce que …

Make up six questions using
Est-ce que …

Exemple:　Est-ce que tu as un ordinateur?

Est-ce que	tu	as	un animal?
	ta sœur	a	beaucoup d'amis?
	ton frère		(etc.)
	tu	habites	dans une maison?
	ta famille	habite	(etc.)
	ta maison	est	en ville?
			près d'ici? (etc.)

5 Chasse à l'intrus

Trouve le mot qui ne va pas avec les autres.
Find the odd word out.

Exemple: 1 vingt

1 lundi, mardi, mercredi, vingt

2 six, sept, oui, neuf

3 un chien, une maison, une souris, un lapin

4 un crayon, un garçon, une règle, une boîte

5 gris, jaune, noir, gros

6 la cuisine, la sœur, le frère, le père

7 un magasin, une maison, un appartement, un cheval

8 Angleterre, Paris, France, Écosse

9 cinquante, soixante, treize, quarante

10 blanche, brun, méchante, mignonne

11 a, as, à, ai

12 petit, très, énorme, gros

6 Un échange

Lis l'histoire de Frédéric. Vrai **ou** faux?
*Read Frédéric's story. True **or** false?*

Exemple: 1 vrai

1 Frédéric aime beaucoup les animaux.

2 Frédéric n'aime pas les chiens.

3 Frédéric déteste les chats.

4 Sophie adore les petits garçons.

5 Frédéric aime beaucoup les lapins et les souris.

6 Sophie adore son petit frère.

7 Frédéric n'aime pas les cochons d'Inde.

8 Sophie n'aime pas les chiens.

1   Les mois de l'année

Écris le mois. *Write the name of the month.*

Exemple: 1 mars

1 janvier, février, ___

2 ___ , mai, juin

3 juillet, ___ , septembre

4 octobre, ___ , décembre

5 le premier mois

6 le dernier mois

7 un mois avec trois lettres

8 un mois avec neuf lettres

2   Une année en désordre

Déchiffre les mots et trouve les paires.
Unjumble the words and find the pairs.

Exemple: 1 bonne année – c

1 benon nénea

2 al teêf sed siro

3 sonospi d'rilva

4 al tefê sed sreèm

5 la eêft aneolatin

6 youexj oNlë

a le quatorze juillet

b le premier avril

c le premier janvier

d le vingt-cinq décembre

e au mois de mai

f le six janvier

3   Des annonces

Weekend de Pâques à La Rochelle

Départ en car: **le samedi à 9h,**
67 avenue de la Cathédrale,
devant le café Saint-Jacques
Retour: **le mardi vers 6h**

Pâques sur les routes

Bison Futé vous annonce:
Trois jours difficiles –
vendredi, samedi et lundi
Faites attention sur les routes!

BISON-FUTÉ
sur tous vos trajets, du départ à l'arrivée

www.bison-fute.gouv.fr

14 juillet

17h: Blanc Batou (percussions) dans la ville
21h: Bal, place de l'Hôtel de Ville
22h: Grand feu d'artifice

Noël à Paris

Chants de Noël de nos provinces.
À la cathédrale Notre-Dame de Paris le 17, 18 et 19 décembre à 21h.

250 choristes, musiciens, danseurs et comédiens en costumes régionaux interprètent des chants de Noël.

Lis les phrases et consulte les annonces. Vrai **ou** faux? Corrige les phrases fausses.
Read the sentences and look at the advertisements. True or false? Correct the false sentences.

Exemple: 1 faux. C'est à Pâques.

1 Le voyage à La Rochelle est à Noël.

2 Le voyage à La Rochelle est du samedi au mardi.

3 Vendredi, samedi et dimanche sont des jours difficiles sur les routes.

4 Le quatorze juin, il y a un feu d'artifice.

5 Le quatorze juillet il y a un bal, place de l'Hôtel de Ville.

6 À la cathédrale, il y a un concert de chants de Noël.

7 Le concert est le dix-sept, le dix-huit et le vingt-neuf décembre.

4 Notre famille

Complète la description avec la bonne forme du verbe **être**.
*Complete the description with the correct part of **être**.*

Exemple: 1 est

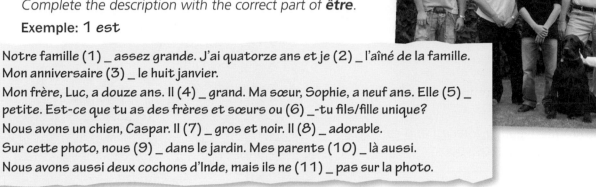

Notre famille (1) _ assez grande. J'ai quatorze ans et je (2) _ l'aîné de la famille.
Mon anniversaire (3) _ le huit janvier.

Mon frère, Luc, a douze ans. Il (4) _ grand. Ma sœur, Sophie, a neuf ans. Elle (5) _
petite. Est-ce que tu as des frères et sœurs ou (6) _-tu fils/fille unique?

Nous avons un chien, Caspar. Il (7) _ gros et noir. Il (8) _ adorable.

Sur cette photo, nous (9) _ dans le jardin. Mes parents (10) _ là aussi.

Nous avons aussi deux cochons d'Inde, mais ils ne (11) _ pas sur la photo.

5 Les chaussettes de Jacques

Le quinze décembre, c'est l'anniversaire de Jacques. Complète les bulles avec les mots de la case.

15 December is Jacques' birthday. Complete the speech bubbles with the words from the box.

Exemple: 1 Bon

> chaussettes   rien   aime
> Bon   merci   cadeau
> anniversaire   rouge   beaucoup
> gentil   petit

6 Une lettre illustrée

a Écris le cadeau en français pour chaque dessin.

Write the French name for the present shown in each picture.

Exemple: 1 les lunettes de soleil rouges

b C'est ton anniversaire. Tu as reçu quatre cadeaux. Écris une lettre à un(e) ami(e) français(e) – avec des dessins, si tu veux.

It's your birthday. You've received four presents. Write a letter to a French friend – with pictures, if you like.

Chère Suzanne,

Merci beaucoup pour (1) 👓 . Elles sont idéales pour le ski. Pour Noël, j'ai reçu beaucoup de cadeaux, par exemple (2) 👕 , (3) 🩳 , (4) 🧢 et (5) 🏸 .

J'ai reçu (6) 🧦 de mon frère et (7) 🎾 de ma sœur. J'ai même reçu un cadeau de mon chat, Mimi – (8) 🐭 ! Elle est très mignonne.

Et toi? Qu'est-ce que tu as reçu?

À bientôt,

Dominique

1   Quel temps fait-il?

Quel temps fait-il à Brighton? Et dans les autres villes?
What's the weather like in Brighton? And in the other towns?

Exemple: 1 À Brighton, il fait mauvais.

2   La météo

🔊 Écoute la météo et complète la grille dans ton cahier.

Listen to the weather forecast and complete the grid in your exercise book.

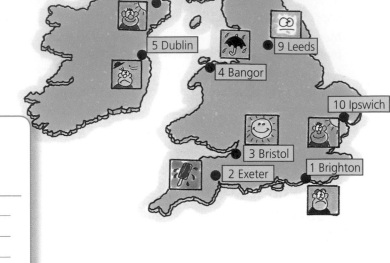

ville	temps	température	match de …
1 Cardiff	(a) Il fait froid.	(b) ___	(c) ___
2 Birmingham	(d) ___	(e) ___	(f) ___
3 Édimbourg	(g) ___	(h) ___	(i) ___

3   Devant la télé

Tout le monde regarde la télé. Complète les phrases avec la bonne forme du verbe **regarder**.
*Everyone is watching TV. Complete the sentences with the correct part of the verb **regarder** (to watch).*

Exemple: Tu regardes la télé?

1 Tu ___ la télé?
2 Je ___ la télé.
3 Ils ___ la télé.
4 Vous ___ la télé?
5 Elles ___ la télé.
6 Nous ___ la télé.
7 On ___ la télé.
8 Les enfants ___ la télé.
9 Papa ___ la télé.
10 Tous les adultes ___ la télé.
11 Le chat s'appelle Mangetout. Il ___ la télé aussi.

4   Des phrases au choix

Écris quatre nombres ou jette un dé quatre fois. Puis fais la phrase qui correspond.
Write four numbers or throw a dice four times. Work out the sentence that fits the numbers.

Exemple: 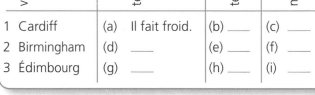 **Nous attrapons le dinosaure dans la salle de bains.**

1 Je/J'	1 chercher	1 la tarentule	1 dans la cuisine.
2 Tu	2 attraper	2 la girafe	2 dans la salle de classe.
3 Il/Elle/On	3 chasser	3 le lion	3 dans la salle de bains.
4 Nous	4 dessiner	4 l'éléphant	4 dans le supermarché.
5 Vous	5 trouver	5 le dinosaure	5 dans la rue.
6 Ils/Elles	6 regarder	6 le dragon	6 dans le jardin.

5 Une petite sœur difficile

a Lis le message, puis lis les phrases. Vrai ou faux?

Read the message, then read the sentences. True or false?

Exemple: 1 vrai

1 Julie a des problèmes de famille.

2 Julie est fille unique.

3 Julie a une petite sœur.

4 Sophie a dix-sept ans.

5 Sophie et Julie partagent une chambre.

6 Julie porte les vêtements de Sophie.

7 Julie n'est pas contente de la situation.

> Cher Alain,
>
> Tu n'es pas le seul. Moi aussi, j'ai des problèmes de famille. Mon problème, c'est ma petite sœur, Sophie. Elle a sept ans et elle partage ma chambre. Elle porte mes vêtements – elle adore mes pulls et mes chaussures! Elle joue avec mes affaires. Elle dessine sur mes cahiers.
>
> Quand j'écoute de la musique, elle chante et elle danse. Quand je travaille, elle parle tout le temps. Quand je reste dans ma chambre, elle reste là aussi. Quand je ne suis pas là, elle arrive avec beaucoup d'amies et elles jouent, toutes, dans la chambre. Quel désastre!
>
> Julie, Dieppe

b Complète le résumé. *Complete the summary.*

Exemple: 1 Julie a une petite sœur.

1 Julie a une petite ___ .

2 ___ s'appelle Sophie.

3 Julie et Sophie partagent une ___ à la maison.

4 Sophie porte les ___ et les ___ de Julie.

5 Quand Julie ___ de la musique, Sophie chante et elle ___ .

6 Quand Julie ___ , Sophie parle beaucoup.

7 Quelquefois, Sophie arrive avec des amies et elles ___ dans la chambre.

c Dani a une petite sœur difficile. Complète les phrases.
Dani has a difficult little sister. Fill in the gaps.

Exemple: 1 Quand je travaille, ...

1 Quand je ___ , elle ___ mes bonbons.

2 Elle ___ dans ma chambre.

3 Elle ___ sur mon cahier.

4 Elle ___ la télé. C'est impossible!

6 Ça dépend du temps

Complète les phrases. *Complete the sentences.*

Exemple: 1 Quand il fait froid, je porte un pull.

1 Quand il fait froid, je ...

2 Quand il y a du soleil, je ...

3 Quand il neige, je ...

4 Quand il fait chaud, mes amis ...

5 Quand il pleut, nous ...

6 Quand il fait beau, nous ...

7 Mon blog des vacances

Pendant tes vacances (imaginaires), le temps est très variable. Choisis deux jours différents et décris le temps et une activité.

During your (imaginary) holidays, the weather is very variable. Describe the weather and a different activity for each of two days.

Exemple: Lundi, il fait mauvais. Je reste à la maison et je range ma chambre.

unité 7 Au choix

1 La Rochelle – ville touristique

Complète les phrases avec les mots de la case.
Complete the sentences with the words from the box.

Exemple: 1 *ville*

> aquarium   restaurants   musées
> magasins   port   tours   vélo   ville

2 Attention aux accents!

Complète les mots avec des voyelles et les accents.
Complete the words with vowels and accents.

Exemple: 1 *une cathédrale*

1 une c_th_dr_l_
2 un b_t_m_nt
3 un ch_t_ _ _
4 une _gl_s_

5 un h_p_t_l
6 un m_s_ _
7 un s_p_rm_rch_
8 un th_ _tr_

3 Quelle est la destination?

Complète les phrases et trouve le bon symbole.
Complete the sentences and find the correct symbol.

Exemple: 1 *Ils vont au terrain de football.* **B**

1 Laure et Nicolas adorent jouer au football. Ils vont ...
2 Clément aime jouer au badminton. Il va ...
3 Julie et Chloé adorent le shopping. Elles vont ...
4 Camille aime les poissons et les animaux. Elle va ...
5 La famille Delarue va à Paris en train. Ils vont ...
6 Il y a un accident. L'ambulance va ...
7 Les touristes arrivent en ville. Pour des renseignements, ils vont ...
8 Thomas et Théo sont en vacances et cherchent un logement. Ils vont ...

4 Des endroits en ville

Trouve les mots. *Find the words.*

Exemple: la cathédrale, ...

3 mots qui commencent par un 'c'
3 mots qui commencent par un 'm'
3 mots qui commencent par des lettres différentes

3 mots qui commencent par un 'h'
3 mots qui commencent par un 'p'

Visitez la jolie (1) ___ de La Rochelle, avec son vieux (2) ___ et ses trois (3) ___ .
Si vous aimez le shopping, il y a beaucoup de (4) ___ dans le centre-ville. Si vous aimez manger du poisson, allez dans un des (5) ___ près du port. Prenez un (6) ___ pour circuler sans problème.
Visitez les (7) ___ intéressants et allez à l'(8) ___ pour voir des poissons extraordinaires.
La vie est belle à La Rochelle!

Salut,

Comment ça va? Pour moi, ça va bien. C'est bientôt les vacances de printemps.

Pendant les vacances, je vais souvent chez mes grands-parents à Saint-Malo. C'est un port dans le nord de la France. J'aime bien la ville.

Le centre-ville est historique avec de vieux bâtiments et des rues étroites. Il y a un château, un fort et des remparts. Il y a aussi des musées.

Saint-Malo, c'est super pour le sport, parce qu'il y a un grand centre sportif et une piscine olympique avec un toboggan géant. Comme c'est au bord de la mer, nous allons aussi à la plage.

Ma sœur Élodie adore le shopping. C'est bien pour elle parce qu'il y a beaucoup de magasins en ville.

En été il y a beaucoup de touristes à Saint-Malo. Le centre-ville est illuminé la nuit et c'est très joli.

Hugo

5 Un message

a Corrige les erreurs. *Correct the mistakes.*

Exemple: 1 *C'est bientôt les vacances de printemps.*

1 C'est bientôt les vacances de Noël.
2 Hugo et Élodie vont souvent à La Rochelle pendant les vacances.
3 Hugo trouve que c'est nul à Saint-Malo.
4 La sœur d'Hugo s'appelle Sophie.
5 Élodie n'aime pas le shopping.
6 En hiver il y a beaucoup de touristes à Saint Malo.

b Réponds aux questions. *Answer the questions.*

Exemple: 1 *Il va à Saint-Malo.*

1 Où va Hugo pendant les vacances?
2 Qu'est-ce qu'il pense de la ville?
3 Qu'est-ce qu'il y a pour les jeunes qui aiment le sport?
4 Élodie aime la ville, pourquoi?
5 Qu'est-ce qu'il y a pour les touristes?

c Écris un message à Hugo. Décris une ville que tu aimes bien.
Write a message to Hugo. Describe a town you like.

6 Des renseignements touristiques

A

La tour de la Lanterne

Autrefois, un phare et une prison.
Sur les murs, des graffiti réalisés par des prisonniers.
Gratuit pour les moins de 18 ans.

B

Musée Maritime

Bienvenue au musée flottant – le musée Maritime de La Rochelle.

France 1 (le navire de la météo)

Embarquez à bord de nos navires pour découvrir l'identité maritime de la ville.

C

Les vélos jaunes

Toute l'année : place de Verdun
Fermé les dimanches et jours fériés

D

Le bus de mer

Une ligne régulière entre le vieux port et les Minimes (traversée de 15 à 20 min)
Embarquement:
Vieux-Port côté tour de la Chaîne ou port des Minimes

Réponds en anglais. *Answer in English.*

1 The **tour de la Lanterne** has served as a lighthouse and what else?
2 What can you see on the walls?
3 Entry is free for which group?
4 Where could you hire a yellow bike?
5 Is it open on Sundays?
6 Where would you go to catch the 'sea bus'?
7 How long is the journey?
8 Why is the Maritime Museum called **un musée flottant**?

1 Mlle Dupont

Mlle Dupont travaille pour la poste. Elle distribue des lettres. Complète la description de sa journée.

Miss Dupont works for the postal service. She delivers letters. Complete the description of her day.

Exemple: 1 À six heures, elle va à la poste ...

2 Notre journée au collège

Mets les phrases dans le bon ordre. *Put the sentences in the correct order.*

Exemple: d Je me lève à sept heures ...

Le matin

a Nous arrivons au collège à huit heures vingt.

b Nous prenons le petit déjeuner à sept heures et quart.

c À midi, nous mangeons des sandwichs.

d Je me lève à sept heures.

e Les cours commencent à huit heures et demie.

f Ma sœur et moi, nous quittons la maison à huit heures.

L'après-midi et le soir

g À quatre heures, nous rentrons à la maison.

h Normalement, je commence mes devoirs à cinq heures.

i Entre quatre heures et cinq heures, je joue sur l'ordinateur ou je regarde la télé.

j Les cours se terminent à quatre heures moins vingt.

k Le soir, nous mangeons à six heures.

l Je me couche à neuf heures moins le quart.

3 Luc et Louise

Luc fait vite ses devoirs, puis il aime faire autre chose.

Luc quickly does his homework, then he does other things.

a Complète les phrases avec **son**, **sa** ou **ses**.
*Complete the sentences with **son**, **sa** or **ses**.*

1 L fait ___ devoirs dans ___ chambre (f).

2 ___ livres, et ___ règle (f) sont sur la table.

3 L cherche ___ cahier (m) et ___ livres de géographie dans ___ sac (m).

4 L ferme ___ cahier (m) et range ___ affaires.

Louise passe toute la soirée à faire ses devoirs.

Louise spends all evening doing her homework.

b Quelles phrases décrivent Louise?
Which sentences describe Louise?

1 L cherche ___ stylo (m) et ___ crayons.

2 L met ___ jogging (m), ___ tee-shirt (m) et ___ chaussures de football.

3 L met ___ ballon (m) de football dans ___ sac (m) de sports.

4 L commence ___ devoirs, mais où sont ___ gomme (f) et ___ taille-crayon (m)?

4 As-tu une bonne mémoire?

Lis ces phrases sur Karim et corrige les erreurs.

Read these sentences about Karim and correct the mistakes.

Exemple: 1 Non, son sport préféré est le basket.

1 Son sport préféré est le rugby.

2 Ses passe-temps préférés sont le sport et la musique.

3 Sa matière préférée, c'est la technologie.

4 Son anniversaire est le huit janvier.

5 Une conversation

Choisis le bon mot. *Choose the correct word.*

Exemple: 1 nos grands-parents

A Où allez-vous ce weekend?

B Nous allons chez (1 notre/nos/vos) grands-parents. C'est l'anniversaire de (2 notre/votre/leur) grand-mère.

A Est-ce que (3 votre/vos/leur) cousins y vont aussi?

B Oui, (4 notre/leur/nos) grands-parents ont une ferme à la campagne. (5 Leur/Leurs/Vos) maison est très grande.

A Est-ce qu'ils ont des animaux?

B Oui, ils ont deux chiens et un cheval. (6 Notre/Votre/Leurs) chiens s'appellent Noiraud et Blancot et (7 nos/vos/leur) cheval s'appelle Esprit.

6 Une belle journée

a Mangetout aime deux choses: manger et dormir. Regarde les images et réponds aux questions.
Mangetout likes two things: eating and sleeping. Look at the pictures and answer the questions.

b Raconte la journée de Rangetout, le rat. Il aime ranger toutes les affaires.
Tell the story of Rangetout the rat, who likes to keep everything tidy.

Exemple: 1 Mangetout est dans la cuisine.

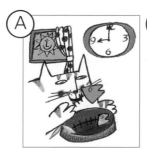 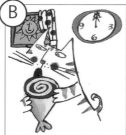  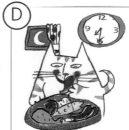 

A Mangetout est dans le jardin ou dans la cuisine?

Qu'est-ce qu'il fait?

B Quelle heure est-il?

Mangetout prend quel repas?

C C'est le matin ou l'après-midi?

Est-ce que Mangetout mange ou dort?

D C'est le matin ou le soir?

Quelle heure est-il?

Le chat, qu'est-ce qu'il fait?

E Quelle heure est-il?

Mangetout dort ou mange?

dormir *to sleep*

1   Qu'est-ce que c'est?

Écris ces mots avec les voyelles. *Write these words adding the vowels.*

Exemple: 1 *de la viande*

1 de la v_ _nd_
2 de l'_m_l_tt_
3 du p_ _l_t
4 des p_t_ts p_ _s
5 des p_mm_s d_ t_rr_

6 une b_n_n_
7 un y_ _ _rt
8 de l'_ _ _
9 du m_l_n

2   Un mélange

Trouve deux choses de chaque catégorie dans le bol. Écris aussi **du**, **de la**, **de l'** ou **des**.

*Find two items for each category in the bowl. Write **du**, **de la**, **de l'** or **des** as well.*

Exemple: 1 *du jambon, ...*

1 des hors-d'œuvre
2 des plats principaux
3 des légumes
4 des desserts
5 des boissons
6 des fruits

3   Le plat favori

Complète les phrases avec le plat favori de chaque animal.
Complete the sentences with each animal's favourite dish.

Exemple: 1 La *souris mange du fromage.*

1 La souris mange ...
2 L'oiseau mange ...
3 Le cheval mange ...
4 Le chien mange ...
5 Le perroquet mange ...
6 Le cochon d'Inde mange ...
7 Le chat mange ...
8 Le lapin mange ...

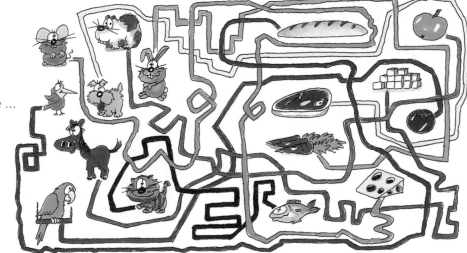

4   Le jeu de la carotte

Pour chaque réponse, il y a deux dessins qui représentent deux mots possibles. Regarde les dessins, puis lis les phrases (1–7). Choisis la bonne réponse.

For each line of the grid there are pictures for two words that could fit. Read the sentences and choose the correct words.

Exemple: 1 *sucre*

1 Ce n'est pas une chose qu'on mange avec du pain.
2 On ne mange pas ça comme entrée, on le mange après le plat principal.
3 On ne fait pas ça avec des fruits, on le fait avec du lait.
4 Ce n'est pas un fruit.
5 On ne mange pas ces choses pour le petit déjeuner, on les mange, quelquefois, après un repas. Mmm! Ils sont délicieux!
6 Ce n'est pas un plat principal, mais on la mange, quelquefois, avec le plat principal.
7 On ne la boit pas, on la mange.

5 Mes repas

a Pour chaque repas (le petit déjeuner, le déjeuner et le dîner), écris quatre choses que tu prends – trois choses à manger et une à boire.

Write four things that you have for each meal (breakfast, lunch, dinner) – three to eat and one to drink.

Exemple: **Au petit déjeuner, je prends du lait, un croissant, du beurre et de la confiture.**

 b Pose des questions pour découvrir un repas de ton/ta partenaire.

Ask questions to find out one of your partner's meals.

Exemple:

A Au petit déjeuner, tu prends du café?

B Non.

A Tu prends un jus de fruit alors?

B Oui, je prends un jus de fruit. (etc.)

7 On déjeune au collège Missy

a Look at these menus for lunch at the Collège Missy. *Write down what you notice:*

1 the number of courses

2 the order of courses

3 the number of menus containing potatoes

4 the number of menus containing salad and/or vegetables

5 the day that has no menu (why is that?)

b Complète les phrases. *Complete the sentences.*

Exemple: **1 une salade composée**

1 Lundi, pour commencer, on va manger ...

2 Lundi, on va manger des ... comme légumes.

3 Mardi, on va prendre du ... comme plat principal, avec des ...

4 Comme dessert, il y a du yaourt. C'est quel jour? C'est ...

5 Vendredi, on va manger une entrée chaude. C'est du ...

6 Aujourd'hui, il n'y a pas de fromage. Alors, c'est ...

7 Après le fromage, on prend souvent des ...

8 Mardi, comme entrée, on va prendre du ...

6 Les chiens et les chats

Met les mots dans le bon ordre.
Put the words in the right order.

Exemple: a 1 Les chats ne jouent pas avec les enfants.

a Des personnes qui préfèrent les chiens critiquent les chats:

1 ne pas chats les jouent les avec enfants

2 ne pas chats sont les intelligents

3 ne pas chats mangent bien les

4 ne pas chats restent les à maison la

5 n' pas chats les aiment enfants les

b Des personnes qui préfèrent les chats critiquent les chiens:

1 ne pas chiens sont les indépendants

2 ne pas chiens intelligents les sont

3 ne pas chiens bien mangent les

4 ne pas chiens les respectent jardins les

5 n' pas chiens les aiment animaux les autres

LUNDI	MARDI
Salade composée	Jambon
Poulet rôti Haricots au beurre	Filet de poisson Lentilles
Fromage	Salade
Tarte aux pommes	Yaourt

JEUDI	VENDREDI
Charcuterie	Potage aux légumes
Kebab d'agneau Petits pois	Steak haché Pommes de terre
Fromage	Fromage blanc
Mousse au chocolat	Fruits

> charcuterie   *mixed cold meats*

🔊 **c** Écoute. C'est quel jour? *Which day is it?*

Exemple: **1 C'est jeudi.**

d Invente un menu pour le déjeuner au collège pour deux jours.

Make up a school lunch menu for two days.

> **Lundi**
> Melon
>
> Poisson
> Haricots verts

1 Qu'est-ce qu'on fait?

Trouve la bonne réponse (a–h) à chaque question (1–8).
Find the correct reply (a–h) to each question (1–8).

Exemple: 1b

1 Qu'est-ce que tu fais quand il fait beau?
2 Ta sœur, qu'est-ce qu'elle fait comme sport?
3 Les filles, qu'est-ce qu'elles font tous les weekends?
4 Qu'est-ce qu'ils font, les garçons?
5 Qu'est-ce que je fais tous les samedis? Devine!
6 Clément, qu'est-ce qu'il fait?
7 Qu'est-ce que vous faites, le soir?
8 Quel temps fait-il?

a Ce n'est pas difficile. Tu fais du sport!
b Quand il fait beau, je fais de la voile.
c Elles font des courses en ville.
d Il fait beau, mais il fait un peu froid.
e Il fait une promenade en VTT avec ses amis.
f Ils jouent au football ou ils font du skate.
g Elle fait de la natation.
h Nous faisons nos devoirs, mais pas le weekend!

2 Mes loisirs

a Complète le message avec les mots de la case.
Complete the message with the words from the box.

Exemple: 1 ville

> fais   flûte   surtout   livres
> natation   piscine   super
> surfe   ville   football

b Copie le texte et change six détails ou plus.
Copy the text and change six or more details.

Exemple: J'habite dans une ~~petite~~ grande ville.

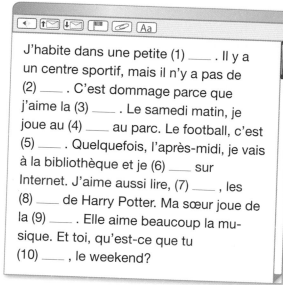

J'habite dans une petite (1) ____ . Il y a un centre sportif, mais il n'y a pas de (2) ____ . C'est dommage parce que j'aime la (3) ____ . Le samedi matin, je joue au (4) ____ au parc. Le football, c'est (5) ____ . Quelquefois, l'après-midi, je vais à la bibliothèque et je (6) ____ sur Internet. J'aime aussi lire, (7) ____ , les (8) ____ de Harry Potter. Ma sœur joue de la (9) ____ . Elle aime beaucoup la musique. Et toi, qu'est-ce que tu (10) ____ , le weekend?

> c'est dommage   *it's a shame/it's a pity*

3 Dans le bon ordre

Copie les mots dans le bon ordre. *Copy the words in the correct order.*

Exemple: 1 Mercredi dernier, j'ai joué aux cartes avec mes amis.

1 avec mes amis   j'ai joué   Mercredi dernier,   aux cartes
2 de la danse   j'ai fait   au club des jeunes   Samedi dernier,
3 j'ai fait   Dimanche dernier,   avec mon chien   une promenade
4 Mercredi après-midi,   avec ma grand-mère   aux échecs   j'ai joué
5 au centre sportif   j'ai fait   Jeudi soir,   du judo
6 au parc   Mardi matin,   du vélo   j'ai fait
7 j'ai joué   dans un concert   du violon   Vendredi dernier,
8 au tennis   j'ai joué   dans un match   Lundi dernier,

4 C'est quand?

🔊 Écoute et choisis la bonne heure. *Listen and choose the correct time.*

Exemple: 1b

1 Le film commence à …
    a 20h05   **b** 20h15   **c** 21h15

2 Le match commence à …
    a 04h30   **b** 14h20   **c** 14h30

3 Le spectacle finit à …
    a 21h30   **b** 22h00   **c** 22h30

4 Le concert commence à …
    a 20h45   **b** 24h05   **c** 20h30

5 La patinoire ferme à …
    a 20h30   **b** 21h00   **c** 22h00

6 La piscine ouvre à …
    a 14h00   **b** 04h00   **c** 14h15

5 Qu'est-ce que tu as fait?

a Inventez des conversations à deux.
In pairs, make up conversations.

Exemple:

A Lundi, je suis allé(e) au parc. Et toi?

B Moi, je suis allé(e) au cinéma.

A Mardi, …

b Complète les phrases.
Complete the sentences.

Le matin, je suis allé(e) …

Puis l'après-midi, je suis allé(e) …

Et le soir, …

6 Un bon weekend

a Tu comprends? *Do you understand?*

1
J'ai passé un très bon weekend. Je suis allé à La Rochelle avec mon club de sport. Samedi, j'ai fait de la voile. Dimanche, je suis allé à l'Aquarium. J'adore les poissons.

Thomas

2
Pour mon anniversaire, je suis allée au Parc Astérix avec mon frère et ma mère. J'ai fait beaucoup de tours et j'ai regardé un spectacle très amusant avec Astérix et Obélix. Vraiment cool!
Amitiés,

Léa

Exemple: 1 La Rochelle

1 Which town did Thomas go to?

2 What did he do there?

3 What did Léa do for her birthday?

4 What was her impression?

5 Mention three things that Hugo did last weekend.

6 What did Sophie do at lunchtime?

3
Le weekend dernier, je suis allé à la ferme de mes cousins. Samedi matin, j'ai fait de l'équitation, j'adore ça.
L'après-midi, je suis allé au village et le soir, j'ai regardé un film à la maison. Dimanche, j'ai joué au football avec mes cousins.
Hugo

b Trouve le français. *Find the French.*

Exemple: 1 le weekend dernier

1 last weekend

2 Saturday morning

3 in the afternoon

4 on Sunday

5 I went to the village.

6 I played football.

4
Je suis allée à la plage avec mes amis. Le matin, j'ai fait de la planche à voile. À midi, j'ai fait un pique-nique, puis j'ai mangé une énorme glace au chocolat – mmm – un repas délicieux!
Sophie

Grammaire

1 Nouns and articles

A noun is the name of someone or something or the word for a thing, e.g. Camille, Mr James, a book, a pen, work.

In French, the article (word for 'the', 'a', 'an', 'some') indicates whether the noun is masculine (*le*, *un*), feminine (*la*, *une*) or plural (*les*, *des*). Articles are often missed out in English, but not in French.

1.1 Masculine and feminine

All nouns in French are either masculine or feminine.

masculine singular	feminine singular
le garçon **un** village	**la** fille **une** ville
before a vowel	
l'appartement	**l'**île

Nouns which refer to people often have a special feminine form, which usually ends in *–e*.

masculine	feminine
un ami un Français un client	une ami**e** une Français**e** une client**e**

But sometimes there is no special feminine form.

un touriste un élève un enfant	une touriste une élève une enfant

1.2 Is it masculine or feminine?

Sometimes the ending of a word can give you a clue as to whether it's masculine or feminine. Here are some guidelines:

endings normally masculine	exceptions	endings normally feminine	exceptions
–age	une image	–ade	
–aire		–ance	
–é		–ation	
–eau	l'eau (f)	–ée	un lycée
–eur		–ère	
–ier		–erie	
–in	la fin	–ette	
–ing		–que	le plastique
–isme			un moustique
–ment			un kiosque
–o	la météo	–rice	
		–sse	
		–ure	

1.3 Singular and plural

Nouns can be singular (referring to just one thing or person) or plural (referring to more than one thing or person):

un chien a dog   ***des** chiens* dogs

Most nouns form the plural by adding an *–s*. This is not usually sounded, so singular and plural may sound the same.

The words *le*, *la* and *l'* become *les* in the plural and this does sound different. The words *un* and *une* become *des*.

singular	plural
le chat	**les** chats
la maison	**les** maisons
l'ami	**les** amis
un livre	**des** livres
une table	**des** tables

However, a few words have a plural ending in *–x*. This is not sounded either.

singular	plural
un cadeau	**des** cadeaux
un jeu	**des** jeux
un chou	**des** choux

Nouns which already end in *–s*, *–x* or *–z*.

singular	plural
un repas	**des** repas
le prix	**les** prix

1.4 *le*, *la*, *les* (definite article)

The definite article is the word for 'the' which appears before a noun. It is often left out in English, but it must not be left out in French (except in a few cases).

singular			plural
masculine	feminine	before a vowel	(all forms)
le village	la ville	l'école	les touristes

It is used:
- to refer to a particular thing or person, in the same way as we use 'the' in English:
  Voici le terrain de sport   There's the sports ground
  où nous jouons au foot.   where we play football.
- to make general statements about likes and dislikes:
  J'adore le dessin, j'aime la géo et l'histoire, mais je déteste les maths.
- with titles:
  le Président de la France   President of France
  la Reine Elizabeth   Queen Elizabeth
- with days of the week to give the idea of 'every':
  Je joue au tennis le   I play tennis on Saturday
  samedi matin.   mornings.
- with different times of the day to mean 'in' or 'during':
  Le matin, j'ai cours de   In the morning, I have lessons
  9 heures jusqu'à midi   from 9 o'clock until
  et demi.   half past 12.
- with prices, to refer to a specific quantity:
  C'est 2 euros la pièce.   They're 2 euros each.

1.5 *un*, *une*, *des* (indefinite article)

These are the words for 'a', 'an' or 'some' in French.

singular		plural
masculine	feminine	(all forms)
un appartement	une maison	des appartements des maisons

Note: if there is an adjective before the noun, *des* changes to *de*.

Il y a de beaux châteaux au   There are some fine castles
pays de Galles.   in Wales.

1.6 Some or any (the partitive article)

The word for 'some' or 'any' depends on the noun.

singular			plural
masculine	**feminine**	**before a vowel**	**(all forms)**
du pain	de la viande	de l'eau	des poires

To say 'isn't a, isn't any' and 'not a, not any' use *ne … pas de (d')*.

Il n'y a pas de piscine.	There isn't a swimming pool.
Je n'ai pas de frères.	I haven't any brothers.
Il n'y a pas d'eau.	There's no water.
Je n'ai pas d'argent.	I haven't any money.

2 Adjectives

An adjective is a word which tells you more about a noun.

In French, adjectives agree with the noun: they are masculine, feminine, singular or plural to match the noun.

2.1 Regular adjectives

singular		plural	
masculine	**feminine**	**masculine**	**feminine**

Many adjectives follow this pattern.

grand	grande	grands	grandes
intelligent	intelligente	intelligents	intelligentes
petit	petite	petits	petites

Adjectives which end in *-u*, *-i* or *-é* follow this pattern, but although the spelling changes, they don't sound any different when you say them:

bleu	bleue	bleus	bleues
joli	jolie	jolis	jolies

Adjectives which already end in *-e* (with no accent) have no different feminine form:

jaune	jaune	jaunes	jaunes
mince	mince	minces	minces

Adjectives which already end in *-s* have no different masculine plural form:

français	française	français	françaises

Adjectives which end in *-er* follow this pattern:

cher	chère	chers	chères

Adjectives which end in *-eux* follow this pattern:

délicieux	délicieuse	délicieux	délicieuses

Some adjectives double the last letter before adding an *-e* for the feminine form:

mignon	mignonne	mignons	mignonnes
gros	grosse	gros	grosses
bon	bonne	bons	bonnes

2.2 Irregular adjectives

Many common adjectives are irregular, and you need to learn each one separately. Here are two common ones:

blanc	blanche	blancs	blanches
long	longue	longs	longues

A few adjectives are invariable and do not change at all:

marron	marron	marron	marron

Adjectives like *bleu foncé* (dark blue) and *bleu clair* (light blue) are also invariable.

2.3 Word order

In most cases adjectives and words which describe nouns follow the noun. This is different from English.

un film très intéressant	a very interesting film
un sport dangereux	a dangerous sport

All colours and nationalities go after the noun.

un pantalon gris	grey trousers
mon copain français	my French friend

However, some common adjectives, like *grand, petit, bon, beau* (*belle*) do come in front of the noun.

un grand bâtiment	a large building
un petit chat	a little cat
un bon repas	a good meal
une belle ville	a beautiful city

3 Pronouns

3.1 Subject pronouns

Subject pronouns are words like 'I' and 'you', before a verb.

In French, the subject pronouns are:

je	I
tu	you (to a young person, close friend, relative, animal)
il	he, it
elle	she, it
on	one, you, we, they, people in general
nous	we
vous	you (plural; to one adult you don't know well)
ils	they (masculine or mixed group)
elles	they (feminine group)

Claire n'est pas à la maison. **Elle** est au cinéma.	Claire isn't at home. **She**'s at the cinema.
Son père est anglais, mais **il** travaille en France.	Her father is English but **he** works in France.

3.2 *moi* (me), *toi* (you)

These words are used to add emphasis and after prepositions.

Moi, je préfère le badminton au tennis.	**Me,** I prefer badminton to tennis.
Et **toi**, qu'est-ce que tu aimes comme sport?	And what sports do **you** like?
Ma sœur et moi, nous aimons jouer au tennis au parc.	My sister and I like playing tennis in the park.
Tu as ta raquette avec toi?	Do you have your racket with you?
Je passe chez toi samedi matin.	I'll come to your house on Saturday morning.

Grammaire

4 Possession

4.1 Possessive adjectives

Possessive adjectives are words like 'my', 'your', 'his', 'her', 'its', 'our', 'their'. They show who something belongs to. In French, the possessive adjective agrees with the noun that follows (the possession) and not with the owner. Be careful when using *son*, *sa* and *ses*.

Sa mère can mean his mother, her mother or its mother.

	singular			plural
	masculine	feminine	before a vowel	(all forms)
my	*mon*	*ma*	*mon*	*mes*
your	*ton*	*ta*	*ton*	*tes*
his/her/its	*son*	*sa*	*son*	*ses*
our	*notre*	*notre*	*notre*	*nos*
your	*votre*	*votre*	*votre*	*vos*
their	*leur*	*leur*	*leur*	*leurs*

Son, sa, ses can mean 'his', 'her' or 'its'. The meaning is usually clear from the context.

Paul mange son déjeuner.	Paul is eating his lunch.
Marie mange son déjeuner.	Marie is eating her lunch.
Le chien mange son déjeuner.	The dog is eating its lunch.

Before a feminine noun beginning with a vowel, you use *mon*, *ton* or *son*:

Mon amie s'appelle Nicole.	My (girl)friend is called Nicole.
Où habite ton amie Anne?	Where does your friend Anne live?
Son école est fermée aujourd'hui.	His/Her school is closed today.

4.2 *de* + noun

There is no use of apostrophe 's' in French, so to say Lucie's bag or Marc's book, you have to use *de* + the name of the owner.

C'est le sac de Lucie.	It's Lucie's bag.
C'est le cahier de Marc.	It's Marc's exercise book.

If you don't use a person's name, you have to use the correct form of *de*.

C'est le livre du professeur.	It's the teacher's book.
C'est la voiture de la famille française.	It's the French family's car.
Il est dans la salle des profs.	He is in the staffroom.

4.3 *à* + name

Another way of saying who something belongs to is to use *à* + the name of the owner or an emphatic pronoun (*moi*, *toi*, etc.).

C'est à qui, ce livre?	Whose book is this?
C'est à toi?	Is it yours?
Non, c'est à Jean-Pierre.	No, it's Jean-Pierre's.
Ah oui, c'est à moi.	Oh yes, it's mine.

5 Prepositions

A preposition is a word like 'to', 'at' or 'from'. It often tells you where a person or thing is located.

5.1 *à* (to, at)

The word *à* can mean 'to' or 'at'. When it is used with *le*, *la*, *l'* and *les* to mean 'to the ...' or 'at the ...', it takes the following forms:

singular			plural
masculine	feminine	before a vowel	(all forms)
au parc	*à la piscine*	*à l'épicerie* *à l'hôtel*	*aux magasins*

On va au parc?	Shall we go to the park?
Luc va à la piscine.	Luc is going to the pool.
Ma mère va à l'hôtel.	My mother's going to the hotel.
Moi, je vais aux magasins.	I'm going to the shops.

The word *à* can be used on its own with nouns which do not have an article (*le*, *la*, *les*):

Il va à Paris.	He is going to Paris.

5.2 *de* (of, from)

The word *de* can mean 'of' or 'from'. When it is used with *le*, *la*, *l'* and *les* to mean 'of the ...' or 'from the ...', it takes the same forms as when it means 'some' or 'any' (see section 1.6):

singular			plural
masculine	feminine	before a vowel	(all forms)
du parc	*de la piscine*	*de l'épicerie* *de l'hôtel*	*des magasins*

The word *de* is often used together with other words, e.g. *en face de* (opposite), *à côté de* (next to), *près de* (near).

La poste est en face des magasins.	The post office is opposite the shops.
La banque est à côté de l'hôtel.	The bank is next to the hotel.
La piscine est près du camping.	The swimming pool is near the campsite.

The word *de* can be used on its own with nouns which do not have an article (*le*, *la*, *les*):

Il arrive de Paris aujourd'hui.	He is arriving from Paris today.

5.3 *en* (by, in, to, made of)

En is used with most means of transport:

en bus	by bus
en car	by coach
en voiture	by car

You use *en* with dates, months and seasons (except *le printemps*):

en 1900	in 1900
en janvier	in January
en hiver	in winter (but *au printemps* – in spring)

En is used to say what something is made of:

des bracelets en métal   metal bracelets

5.4 *chez* (to, at the house of)

Rendez-vous chez moi à six heures.	Let's meet at 6.00 at my house.
On va chez mes grands-parents pendant les vacances.	We go to my grandparents' during the holidays.
Elle est chez Sophie.	She's at Sophie's house.

5.5 *pour* (for, in order to)

Pour mon anniversaire, j'ai reçu beaucoup de cadeaux.	For my birthday, I received lots of presents.
Il va au parc pour jouer au foot.	He's going to the park (in order) to play football.

5.6 *pendant* (during)

Qu'est-ce que tu fais pendant les vacances?	What do you do during the holidays?

5.7 *avec* (with); *sans* (without)

Je joue au tennis avec mes amis.	I play tennis with my friends.
Je vais prendre du poisson, mais sans sauce.	I'll have the fish but without the sauce.

5.8 Other prepositions

à côté de	beside	*entre*	between
dans	in	*loin de*	far from
derrière	behind	*près de*	near to
devant	in front of	*sur*	on
en face de	opposite	*sous*	underneath, below

La poste est à côté de la banque.	The post office is next to the bank.
La piscine est en face du parc.	The pool is opposite the park.
L'auberge de jeunesse est assez loin de la gare.	The youth hostel is quite a long way from the station.
Mon village est près de Dieppe.	My village is near Dieppe.

6 Time, numbers and dates

6.1 Time

Il est une heure/deux heures/trois heures ...

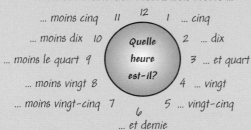

12:00	*Il est midi.* *Il est minuit.*	12:30	*Il est midi et demi.* *Il est minuit et demi.*

6.2 24-hour clock

The 24-hour clock is used widely in France for times of events, bus and train timetables, etc.

Le train part à treize heures quinze.	The train leaves at 13.15. (1.15pm)
Le concert commence à vingt heures trente.	The concert begins at 20.30. (8.30pm)

6.3 Numbers

0	*zéro*		30	*trente*
1	*un*		31	*trente-et-un*
2	*deux*		40	*quarante*
3	*trois*		41	*quarante-et-un*
4	*quatre*		50	*cinquante*
5	*cinq*		51	*cinquante-et-un*
6	*six*		60	*soixante*
7	*sept*		61	*soixante-et-un*
8	*huit*		70	*soixante-dix*
9	*neuf*		71	*soixante-et-onze*
10	*dix*		72	*soixante-douze*
11	*onze*		80	*quatre-vingts*
12	*douze*		81	*quatre-vingt-un*
13	*treize*		82	*quatre-vingt-deux*
14	*quatorze*		90	*quatre-vingt-dix*
15	*quinze*		91	*quatre-vingt-onze*
16	*seize*		100	*cent*
17	*dix-sept*		200	*deux-cents*
18	*dix-huit*		720	*sept-cent-vingt*
19	*dix-neuf*		1000	*mille*
20	*vingt*		2015	*deux-mille-quinze*
21	*vingt-et-un*		*premier (première)*	first
22	*vingt-deux*		*deuxième*	second
23	*vingt-trois*		*troisième*	third

6.4 Days of the week

lundi	Monday	*vendredi*	Friday
mardi	Tuesday	*samedi*	Saturday
mercredi	Wednesday	*dimanche*	Sunday
jeudi	Thursday		

6.5 Months of the year

janvier	January	*juillet*	July
février	February	*août*	August
mars	March	*septembre*	September
avril	April	*octobre*	October
mai	May	*novembre*	November
juin	June	*décembre*	December

6.6 The date

Le premier mai, c'est une fête en France.	1st May is a holiday in France.
Mon anniversaire est le 2 septembre.	My birthday is on 2nd September.

6.7 in, on, at + days/time of day

There is no word for 'in' or 'on' or 'at' in the following expressions:

Le lundi, je vais à la piscine.	On Mondays I go to the swimming pool.
Qu'est-ce que tu fais le soir?	What do you do in the evenings?
Le week-end, je fais beaucoup de sport.	At the weekend I do a lot of sport.

7 The negative

To say what is **not** happening or **doesn't** happen (in other words to make a sentence negative), you put *ne* (*n'* before a vowel) and *pas* round the verb.

Il n'y a pas de cinéma.	There is no cinema.
Je ne joue pas au badminton.	I don't play badminton.
N'oublie pas ton argent.	Don't forget your money.
Il n'aime pas le football.	He doesn't like football.
Elle ne mange pas de viande.	She doesn't eat meat.

Remember to use *de* after the negative instead of *du, de la, des, un*, or *une*, (except with the verb *être*):

– *Avez-vous du lait?*	Have you any milk?
– *Non, il n'y a pas de lait.*	No, there isn't any milk.

8 Questions

8.1 Question words

Qui est-ce?	Who is it?
Quand arrivez-vous?	When are you arriving?
Comment est-il?	What is it/he like?
Comment ça va?	How are you?
Il y a combien d'élèves dans votre classe?	How many pupils are there in your class?
Qu'est-ce que c'est?	What is it?
C'est à quelle heure, le concert?	What time is the concert?
Où est le chat?	Where's the cat?
Qu'est-ce qu'il y a à la télé?	What's on TV?
De quelle couleur est ton sac?	What colour is your bag?
Quel temps fait-il?	What's the weather like?
Pourquoi?	Why?

Grammaire

8.2 Asking questions

There are several ways of asking a question in French.

- You can just raise your voice in a questioning way:

Tu as des frères et sœurs?	Do you have brothers and sisters?

- You can add *Est-ce que …* to the beginning of the sentence:

Est-ce que tu as un animal?	Do you have a pet?

- You can turn the verb around:

Avez-vous des idées?	Do you have any ideas?
Jouez-vous au badminton?	Do you play badminton?

- You can use *Qu'est-ce que (qu') … ?* meaning 'What … ?'.

Qu'est-ce qu'il fait?	What is he doing?
Qu'est-ce que tu prends au petit déjeuner?	What do you have for breakfast?
Qu'est-ce que tu aimes comme musique?	What kind of music do you like?

- You can use a question word, e.g.

Combien (de)?	How much? How many?
Comment?	How?
Où?	Where?
Pourquoi?	Why?
Quand?	When?
Qui?	Who?

- The word *quel* (which …, what …) changes its form, like an adjective:

Quel temps fait-il?	What's the weather like?
Quelle heure est-il?	What time is it?
Quels sont tes sports préférés?	What are your favourite sports?
Quelles matières préférez-vous?	Which school subjects do you prefer?

8.3 *Pourquoi? Parce que …*

The question *Pourquoi?* (Why?) is often answered by the phrase *parce que (qu') …* (because).

Tu n'aimes pas l'anglais. Pourquoi?	You don't like English. Why?
Parce que c'est ennuyeux.	Because it's boring.
Parce que le prof est très sévère.	Because the teacher is very strict.
Ton frère ne va pas au match. Pourquoi?	Your brother isn't going to the match. Why?
Parce qu'il a beaucoup de travail.	Because he has a lot of work.

9 Connectives

Connectives (or conjunctives) link ideas together and enable you to write more complex sentences.

et	and	*où*	where
mais	but	*quand*	when
ou	or	*comme*	as
parce que (qu')	because		

Moi, je mange bien et je bois du lait.	I eat well and I drink milk.
Mon frère ne mange pas de légumes, mais il adore le chocolat et les gâteaux.	My brother doesn't eat vegetables, but he loves chocolate and cakes.
Qu'est-ce que tu fais comme sports?	What sports do you do?
Le magasin où mon père travaille est près d'ici.	The shop, where my father works, is near here.

10 Adverbs

Adverbs are words which add more meaning to verbs. They usually tell you how, when, how often or where something happened or how much something is done.

There are different kinds of adverbs:

Adverbs of time:

aujourd'hui	today	*ensuite*	then, next
ce matin	this morning	*après*	after(wards)
bientôt	soon	*plus tard*	later
maintenant	now	*finalement*	finally
d'abord	first of all	*demain*	tomorrow
puis	next	*enfin*	at last

Adverbs of frequency:

de temps en temps	from time to time
normalement	normally
quelquefois	sometimes
souvent	often

Adverbs of place:

ici	here	*à gauche (de)*	to the left (of)
là-bas	over there	*à droite (de)*	to the right (of)
loin	far	*en face (de)*	opposite
près (de)	near (to)	*tout près*	nearby

Adverbs of manner:

bien	well	*mal*	badly
lentement	slowly	*vite*	quickly

Qualifiers, intensifiers or adverbs of degree:

These tell you more about another adverb.

assez	quite	*plus*	more
beaucoup	a lot, much	*très*	very

*Je joue **assez** souvent au tennis.*	I play tennis **quite** often.
*Parlez **plus** lentement, s'il vous plaît.*	Speak **more** slowly, please.
*Il fait **très** froid ici en hiver.*	It's **very** cold here in winter.

11 Verbs

Most verbs describe what people or things are doing or what is happening.

Je regarde un film.	I am watching a film.
Je passe le weekend chez ma grand-mère.	I'm spending the weekend at my grandma's.

11.1 Infinitive

This is the form of the verb which you would find in a dictionary. It means 'to …', e.g. *parler* – to speak. The infinitive never changes its form. From the infinitive, you have to choose the correct part of the verb to go with the subject (*je, tu, Hugo, les élèves*, etc.).

Verbs are often set out in a special way (known as a **paradigm**) in verb tables and grammar books (see page 165).

11.2 Tense

The **tense** of the verb tells you when something happens, is happening, is going to happen or has happened. In Stage 1, you have mainly used the present tense, but you have also used some examples of the future (*aller* + infinitive) and the perfect tense (*j'ai joué, j'ai fait*). You will learn more about different tenses in Stage 2.

11.3 The present tense

The present tense describes what is happening now, at the present time or what happens regularly.

There is only one present tense in French. It is used to translate 'I speak', 'I'm speaking' and 'I do speak'.

Je travaille ce matin.	I am working this morning.
Elle joue au tennis le samedi.	She plays tennis on Saturdays.
Il parle anglais.	He does speak English.

11.4 Some regular *-er* verbs

All regular *-er* verbs, including the verbs listed below, follow the same pattern as *parler*.

adorer	to love, adore
aimer	to like, love
arriver	to arrive
chercher	to look for
cliquer	to click
détester	to hate
écouter	to listen to
entrer	to enter
habiter	to live in
jouer	to play
penser	to think
regarder	to watch, look at
rentrer	to come back
rester	to stay
surfer	to surf
taper	to type
téléphoner	to phone
travailler	to work

11.5 Slightly irregular *-er* verbs

Some verbs are only slightly different.

The second accent on *préférer* changes to a grave accent in the singular and in the 3rd person plural.

préférer	*je*	*préfère*	*nous*	*préférons*
(to prefer)	*tu*	*préfères*	*vous*	*préférez*
	il/elle/on	*préfère*	*ils/elles*	*préfèrent*

Verbs like *manger*, *ranger* and *partager* have an extra *-e-* in the *nous* form. This is to make the 'g' sound soft, as in *géographie*.

manger	*je*	*mange*	*nous*	*mangeons*
(to eat)	*tu*	*manges*	*vous*	*mangez*
	il/elle/on	*mange*	*ils/elles*	*mangent*

In *commencer*, the *nous* form has a *ç* ('c' cedilla) to make the 'c' sound 'soft' (as in *centre*) rather than 'hard' (as in *combien*).

commencer	*je*	*commence*	*nous*	*commençons*
(to begin)	*tu*	*commences*	*vous*	*commencez*
	il/elle/on	*commence*	*ils/elles*	*commencent*

Another verb that follows this pattern is *lancer* – to throw.

This rhyme might help you remember the rule:

> Soft is c
>
> before i and e
>
> and so is g

11.6 Reflexive verbs

Reflexive verbs are used with a reflexive pronoun (myself, yourself, himself, herself) and often have the meaning of doing something to oneself, e.g. *je m'appelle* (I call myself). They are listed in a dictionary with the reflexive pronoun *se* in front of the infinitive, e.g. *se lever* – to get up. You will learn more about reflexive verbs later in the course.

Here are some examples, which occur in this book.

Je me lève.	I get (myself) up.
Je me couche.	I go to bed. (lit. I lay myself down.)
Comment tu t'appelles?/	What's your name? (lit. What
Comment t'appelles-tu?	do you call yourself?)
Lève-toi!	Stand up!
Il s'appelle Marc.	He's called Marc.
Elle s'appelle Sophie.	She's called Sophie.

11.7 Imperative

To tell someone to do something, you use the imperative or command form of the verb. This form is used for instructions in the Students' Book and for classroom instructions. Here are some examples.

The *tu* form is used when the instruction is for an individual student. With *-er* verbs, the pronoun *tu* and the final *-s* on the verb are omitted.

Écoute la conversation.	Listen to the conversation.
Complète les phrases.	Complete the sentences.
Copie la liste.	Copy the list.

A regular *-er* verb

The part of the verb which stays the same is called the **stem** – in this case *parl-*.

Each pronoun (*je*, *tu*, *il*, etc. – the person of the verb) has its own matching ending, e.g. *nous parlons*, *ils parlent*.

Most of the endings of *-er* verbs sound the same or are silent, although they are not spelt the same. Only these two *sound* different.

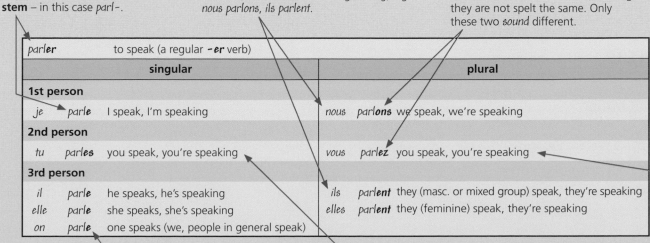

parler		to speak (a regular *-er* verb)			
		singular			**plural**
1st person					
je	*parle*	I speak, I'm speaking	*nous*	*parlons*	we speak, we're speaking
2nd person					
tu	*parles*	you speak, you're speaking	*vous*	*parlez*	you speak, you're speaking
3rd person					
il	*parle*	he speaks, he's speaking	*ils*	*parlent*	they (masc. or mixed group) speak, they're speaking
elle	*parle*	she speaks, she's speaking	*elles*	*parlent*	they (feminine) speak, they're speaking
on	*parle*	one speaks (we, people in general speak)			

The bit that changes is called the *ending*, e.g. *-er*, *-e* and all the parts in bold type in this box.

Use *tu* for
- a friend,
- a close relative,
- someone of the same age or younger,
- an animal.

Use *vous* for
- two or more people,
- an older person.

With other verbs, the final *-s* is not dropped.

Écris la bonne lettre.	Write the correct letter.
Lis le texte.	Read the text.

When a teacher talks to two or more students, the *vous* form is used. The pronoun *vous* is omitted, but the verb remains exactly the same.

Travaillez à deux.	Work in pairs.
Rangez vos affaires.	Put your things away.

11.8 *aller* + infinitive

You can use the present tense of the verb *aller* followed by an infinitive to talk about the future and describe what you are going to do.

Qu'est-ce que vous allez faire ce weekend?	What are you going to do this weekend?
Je vais passer le weekend à Paris.	I'm going to spend the weekend in Paris.

11.9 Uses of *jouer*

jouer de	to play (musical instruments)
jouer à	to play (sports, games)
Tu joues d'un instrument de musique?	Do you play a musical instrument?)
Oui, je joue du violon et de la batterie.	Yes, I play the violin and the drums.
Vouz jouez au volley?	Do you play volleyball?
Non, on joue au hockey et au foot.	No, we play hockey and football.
Je joue aux cartes avec mes amis	I play cards with my friends.

11.10 Uses of *avoir*

In French, *avoir* is used for certain expressions where the verb 'to be' is used in English.

J'ai quatorze ans.	I'm fourteen.
Tu as quel âge?	How old are you?

Two common expressions with *avoir* are:

il y a	there is, there are
il n'y a pas	there isn't, there aren't

11.11 Uses of *faire*

The verb *faire* is used with weather phrases.

Il fait beau.	The weather's fine.
Il fait froid.	It's cold.

It is also used to describe some activities and sports.

faire des courses	to go shopping
faire de la voile	to go sailing
faire de l'équitation	to go horse-riding

11.12 Verb + infinitive

Sometimes a verb is used with the infinitive of a second verb.

Est-ce que tu aimes écouter de la musique?	Do you like listening to music?
Oui, mais je préfère faire du sport.	Yes, but I prefer doing sport.
Moi, je déteste jouer au hockey.	Me, I hate playing hockey.
J'adore utiliser l'ordinateur.	I love using the computer.

11.13 Irregular verbs

aller – to go

je vais	nous allons
tu vas	vous allez
il va	ils vont
elle va	elles vont
on va	

avoir – to have

j'ai	nous avons
tu as	vous avez
il a	ils ont
elle a	elles ont
on a	

dire – to say

je dis	nous disons
tu dis	vous dites
il dit	ils disent
elle dit	elles disent
on dit	

écrire – to write

j'écris	nous écrivons
tu écris	vous écrivez
il écrit	ils écrivent
elle écrit	elles écrivent
on écrit	

être – to be

je suis	nous sommes
tu es	vous êtes
il est	ils sont
elle est	elles sont
on est	

faire – to do, make

je fais	nous faisons
tu fais	vous faites
il fait	ils font
elle fait	elles font
on fait	

mettre – to put

je mets	nous mettons
tu mets	vous mettez
il met	ils mettent
elle met	elles mettent
on met	

prendre – to take

je prends	nous prenons
tu prends	vous prenez
il prend	ils prennent
elle prend	elles prennent
on prend	

11.14 The perfect tense

The perfect tense is used to describe what happened in the past (last weekend, last year, etc.). It describes an action which is completed and is not happening now. It is made up of two parts.

	French	English

Most verbs form the perfect tense using part of the verb *avoir*.

past	*j'ai joué*	I played, I have played
	j'ai fait	I did, I have done

Some verbs form the past tense using part of the verb *être*.

	*je suis allé(e)**	I went

* add an *-e* for a girl or a woman

Qu'est-ce que tu as fait samedi dernier?	What did you do last Saturday?
J'ai joué au foot au parc.	I played football in the park.
Tu as passé un bon weekend?	Did you have a good weekend?
Oui, je suis allé(e) au cinéma.	Yes, I went to the cinema.

You will learn more about the perfect tense in Stage 2.

A

il/ elle **a** he/she has (from **avoir** see p.57)
à (au, à la, aux) in, at, to (see p.82)
d' **abord** first, at first
un **abricot** apricot
absent absent, not there
d' **accord** okay, agreed, all right
être d'accord to be in agreement
acheter to buy
une **activité** activity
adorer to adore, love
une **adresse** address
les **affaires (f pl)** things, belongings
une **affiche** poster
l' **agneau (m)** lamb
agréable pleasant
j' **ai** I have (from **avoir** see p.57)
j'ai … ans I am … years old
aider to help
aigre sour, bitter
aimer to like
il/elle a l' **air** he/she seems
ajouter to add
allemand Germany
l' **Allemagne (f)** Germany
aller to go
aller à la pêche to go fishing
allez! come on! (from **aller**)
allumer to light, switch on
alors so, therefore, well
un(e) **ami(e)** friend
amitiés (at end of letter) best wishes
amusant amusing, enjoyable, fun
amuse-toi bien! have a good time!
un **an** year
un **ananas** pineapple
un **âne** donkey
anglais English
l' **Angleterre (f)** England
un **animal (pl des animaux)** animal
une **année** year
un **anniversaire** birthday
bon anniversaire! happy birthday
une **annonce** advert
août August
à l' **appareil** on the phone, speaking
un **appareil électrique** electric appliance
un **appareil-photo** camera
un **appartement** flat
je m' **appelle …** my name is …
il/elle s' **appelle** his/her name is … (from **s'appeler**)
apprendre to learn
apporter to bring
après after(wards)
l' **après-midi (m)** (in the) afternoon(s)
un **aquarium** aquarium
un **arbre** tree
à **arcades** with arcades
l' **argent (m)** money
un **arrêt d'autobus** bus stop
il/elle s' **arrête** (it) stops (from **s'arrêter**)
arriver to arrive
tu **as** you have (from **avoir** see p.57)
l' **ascenseur (m)** lift
asseyez-vous sit down
assez quite, enough
assieds-toi (là)! sit down (there)!
une **assiette** plate
assis seated, sitting
l' **athlétisme (m)** athletics
attendre to wait (for)
attentivement attentively
au in, at, to (see p.82)
une **auberge de jeunesse** youth hostel
au revoir goodbye
aujourd'hui today
aussi also, as well
l' **automne (m)** autumn
en automne in autumn
autre other
avancez go forward (from **avancer**)
avant before
avec with
vous **avez** you have (from **avoir** see p.57)
avez-vous … ? have you … ?
un **avion** plane
par/en avion by plane
avoir to have (see p.57)
avril April

B

le **babyfoot** table football
le **badminton** badminton
une **baguette** long French loaf
un **bal** dance
un **baladeur** personal music player
un **balcon** balcony
une **balle** (small) ball
un **ballon (de football)** (foot)ball
une **banane** banana
une **bande dessinée (BD)** comic strip book
une **banque** bank
une **barbe** beard
le **basket** basketball
les **baskets (f pl)** trainers
un **bateau** boat
un **bâtiment** building
un **bâton** stick
la **batterie** drums, percussion
une **BD (bande dessinée)** comic strip book
beau (f belle, before vowel **bel)** beautiful
il fait beau the weather's fine
un **beau-frère** brother-in-law
un **beau-père** stepfather
beaucoup de a lot, many
pas beaucoup not much
la **Belgique** Belgium
une **belle-sœur** sister-in-law
une **belle-mère** stepmother
un **besoin** need
bête silly
le **beurre** butter
une **bibliothèque** library
un **bic** biro
bien fine, well
c'est très bien it's (that's) fine
ce n'est pas bien that's no good
bien sûr of course
bientôt soon
à bientôt see you soon
une **bille** marble
un **billet** ticket, bank-note
une **biscotte** toast-like biscuit
un **biscuit** biscuit
blanc (f blanche) white
le **blanc d'œuf** egg white
bleu blue
bleu marine navy blue
blond blonde
une **boisson** drink
une **boîte** box, tin, disco/club
une **boîte aux lettres** letter box
un **bol** bowl
bon (f bonne) good
c'est bon! it tastes good!
bon appétit! enjoy your meal!
un **bonbon** sweet
bonjour hello, good morning
Bonne Année Happy New Year
bonne fête best wishes on your Saint's Day
bonne idée good idea
bonne nuit goodnight
au **bord de la mer** at the seaside
des **bottes (f pl)** boots
un **boulanger** baker
une **boulangerie** bakery, baker's shop
une **bouteille** bottle
les **boules (f pl)** bowls
un **bowling** bowling alley
bravo! well done!
les **brocolis (m pl)** broccoli
le **brouillard** fog
il y a du brouillard it's foggy
brun brown
une **bûche de Noël** Christmas log
une **bulle** speech bubble, caption
un **bureau** office
un **bureau de poste** post office

C

ça that
ça fait … that makes …
ça ne fait rien that (it) doesn't matter
ça ne va pas it's no good, things aren't going well
ça va? all right? how are you?
ça va bien, merci fine, thank you
ça y est that's it
cacher to hide
un **cadeau (pl des cadeaux)** present
un **café** café
un **café au lait** a cup of coffee with milk
un **café crème** a cup of coffee with milk
une **cage** cage
un **cahier** exercise book
une **caisse** cash desk, checkout
une **calculatrice** calculator
la **campagne** country, countryside
à la campagne in the country
un **camping** campsite
faire du camping to go camping
une **cantine** dining hall, canteen
un **car** coach
un **carnet** notebook
une **carte cadeau** gift card
une **carotte** carrot
un **cartable** school bag
une **carte** card, map
jouer aux cartes to play cards
une **carte cadeau** gift card
une **carte postale** postcard
une **case** printed box (on form or grid)
un **casque** helmet
une **casquette** (baseball) cap
au **cassis** blackcurrant flavoured
une **cathédrale** cathedral
ce (cet, cette, ces) this, that
une **ceinture** belt
célèbre famous
c'est it is
c'est vrai? really
ce n'est pas it's not
ce sont they are, these are
cela that
Cendrillon Cinderella
cent (one) hundred
le **centre** centre
un **centre commercial** shopping centre
un **centre sportif** sports centre
le **centre-ville** town centre
des **céréales (f pl)** cereal
ces these, those
cet (cette) this, that
une **chaîne hi-fi** stereo system
une **chaise** chair
une **chambre** bedroom
un **chameau** camel
un **champignon** mushroom
chance, avoir de la chance to be lucky
une **chanson** song
le **chant folklorique** folk singing
chanter to sing
un **chanteur (f une chanteuse)** singer
un **chapeau** hat
chaque each, every
à **chaque fois** each time
un **chat (f une chatte)** cat
châtain chestnut brown
j'ai les cheveux châtains I have chestnut brown hair
un **château** castle
il fait **chaud** it's hot
des **chaussettes (f pl)** socks
des **chaussures (f pl)** shoes
des **chaussures de sport (f pl)** trainers
un **chemin** way, path
une **chemise** shirt
un **chemisier** blouse
cher (f chère) dear … (beginning of letter), expensive
chercher to look for
un **cheval (pl des chevaux)** horse
chez at, to (someone's house)
chez moi at home
chez toi to/at your house
chic smart
un **chien** dog
la **Chine** China
les **chips (m pl)** crisps
le **chocolat** chocolate
en chocolat made of chocolate
un **chocolat chaud** hot chocolate drink
un **choix** choice, selection
au choix choice of …
une **chorale** choir

une **chose** thing
  quelque chose something
un **chou** cabbage
  chouette! great!
un **chou-fleur** cauliflower
  chrétien(ne) Christian
le **ciel** sky
un **cinéma** cinema
  cinq five
  cinquante fifty
la **circulation** traffic
  circuler to move around
un **cirque** circus
un **citron** lemon
  au citron lemon flavoured
une **citrouille** pumpkin
  clair light
  bleu clair light blue
une **clarinette** clarinet
une **classe** class
  en classe in class
un **classeur** file, ring binder
un **clavier** keyboard
une **clé USB** USB stick
une **clinique** hospital
  cliquer to click
  classique classical
un **club** club
  un club des jeunes youth club
le **Coca** cola, coke
une **coche** mark, tick
  cocher to tick, mark
un **cochon d'Inde** guinea pig
un **collant** pair of tights
un **collège** school for students aged
    11–16 approx.
un **collier** collar, necklace
une **colonie de vacances, colo** summer
    camp
  colorié coloured
  colorier to colour
  combien (de)? how many? how much?
c'est **combien?** how much is it?
le **combien sommes-nous?** what's the
    date?
  comme as, like
  comme il fait chaud! how hot it is!
  comme ci comme ça so-so, not bad
  commencer to begin
  comment? what? pardon?
  comment ça s'écrit? how do you spell
    that? how's that written?
  **comment dit-on (…) en
    anglais?** what's the English for (…)?
  comment dit-on (…) en français?
    what's the French for (…)?
  comment s'appelle-t-il/elle? what's
    his/her name?
  comment t'appelles-tu? what's your
    name?
en **commun** in common
  compléter to fill in
  comprendre to understand
  compter to count
un **concert** concert
le **concombre** cucumber
un **concours** competition
une **conférence** lecture
  confortable comfortable
la **confiture** jam
  connu well-known
la **conquête** conquest
  content happy
  contre against
un **contrôle** assessment, test
une **console de jeux** games console
un **copain** friend (male)
une **copine** friend (female)
un(e) **correspondant(e)** penfriend
à **côté de** next to
une **côte** coast
le **coton** cotton
je me **couche** I go to bed (from se coucher)
il se **couche** he goes to bed (from se
    coucher)
une **couleur** colour
un **coup de téléphone** telephone call
  couper to cut
la **cour** school grounds
une **couronne** crown

un **cours** class, lesson
  courses, faire des courses to go
    shopping
  court short
un(e) **cousin(e)** cousin
  couvert covered, indoor
une **cravate** tie
un **crayon** pencil
une **crèche** crib
la **crème anglaise** custard
une **crêpe** pancake
une **crêperie** pancake restaurant/stall
le **cricket** cricket
  critiquer to criticise
je ne **crois pas** I don't think so
un **croissant** croissant (crescent-shaped
    roll)
une **cuillerée** spoonful
une **cuisine** kitchen
  curieux (f curieuse) strange, odd
le **cyclisme** cycling

  d'abord at first, first of all
  d'accord okay, all right
  dans in, on
la **danse** dance, dancing
  danser to dance
une **date** date
un **dauphin** dolphin
  de of, from
  débarrasser to clear away
être **debout** to be (standing) up
  décembre December
  décoller to take off
(il) **découvre** (he) discovers (from
    découvrir)
  découvrir to discover
  décrire to describe
un **défilé** procession
  déguisé(e) in fancy dress
le **déjeuner** lunch
  le petit déjeuner breakfast
  délicieux (f délicieuse) delicious
  demain tomorrow
  à demain see you tomorrow
  demi half
un **demi-frère** half brother, stepbrother
une **demi-heure** half an hour
une **demi-sœur** half sister, stepsister
un **dépliant** leaflet
  dernier last
  derrière behind
  des some (see p.112)
des **mots surlignés** highlighted words
  descendre to go down, get off
ils/elles **descendent de l'autobus** they get off
    the bus (from **descendre**)
  désespéré in despair, desperate
vous **désirez?** what would you like? (from
    désirer)
  désolé very sorry
un **dessert** dessert, sweet
le **dessin** sketch, drawing, art
  dessiner to draw
  dessus on (it), above
  détester to hate
  deux two
  deuxième second
  devant in front of
les **devoirs (m pl)** homework
  deviner to guess
la **devise** currency, motto
  difficile difficult
(le) **dimanche** (on) Sunday(s)
une **dinde** turkey
on **dîne** they have dinner (from **dîner**)
un **dîner** dinner
un **dinosaure** dinosaur
  dire to say
une **discothèque** discotheque
  discuter (de) to chat, to talk about
    things
une **distraction** leisure activity
  dix ten
  dix-huit eighteen
  dix-neuf nineteen
  dix-sept seventeen
  dodo sleep
  dominos, jouer aux dominos to play
    dominoes

c'est **dommage** it's a pity
  donc therefore
  donner to give
  donnez-moi … give me …
il **dort** he sleeps/is asleep (from **dormir**)
  Douvres Dover
  douze twelve
un **drapeau** flag (pl des drapeaux)
à **droite** on the right
  drôle funny
  du of the, in the
  du (de la, de l', des) some (see
    p.112)
  durer to last

l' **eau (f)** water
  l'eau bouillante boiling water
  l'eau minérale mineral water
une **écharpe** scarf
  échecs, jouer aux échecs to play
    chess
un **éclair** eclair (type of cake)
une **école** school
  école primaire school for students
    aged 6–11
  écouter to listen to
  tu ne m'écoutes pas! you're not
    listening to me!
  écrire to write
  écris-moi bientôt write soon
l' **Écosse (f)** Scotland
  Édimbourg Edinburgh
l' **éducation civique (f)** citizenship
une **église** church
un **éléphant** elephant
un(e) **élève** pupil, student
  elle she, it, her
  elles they (feminine form)
un **e-mail** email
une **émission** broadcast, programme
un **emploi du temps** timetable
  en in
  encore more, again
  encore du … some more …
un **endroit** place
  en effet in fact
un(e) **enfant** child
un(e) **enfant unique** only child
  enfin finally, at last
  ennuyeux (f ennuyeuse) boring
  énorme huge
une **enquête** enquiry, survey
  enregistrer to record
l' **enseignement (m)** education,
    instruction
  ensemble together
  ensuite next
  entendre to hear
l' **entraînement (m)** training (session)
  entre between
une **entrée** entrance, fee
  entrer to enter
  environ about
  envoyer to send
une **épreuve** test
l' **EPS (éducation physique et
    sportive) (f)** PE
une **épicerie** grocer's shop
une **équipe** team
l' **équitation (f)** horse riding
une **erreur** mistake
tu **es** you are (from **être** see p.49)
l' **escalier (m)** staircase
un **escargot** snail
l' **espace (f)** space
  espagnol Spanish
l' **Espagne (f)** Spain
  essayer to try (on)
  est is (from **être** see p.49)
  est-ce que … ? question form (see
    p.36)
  est-ce qu'il y a … ? is there … ?
  est-ce que je peux … ? can I … ?
    may I … ?
  est-ce que tu aimes … ? do you
    like … ?
  et and
un **étage** floor, storey
(il) **était** (it) was
l' **été (m)** summer

en été in summer
une **étoile** star
étranger foreign
être to be (see p.49)
et ainsi de suite and so on
un **événement** event
une **excursion** excursion
par **exemple** for example
une **exposition** exhibition
un **extrait** extract
extraordinaire extraordinary

F

en **face (de)** opposite
une **face** side (of coin, object)
facile easy
j'ai **faim** I'm hungry
faire to do, make, go
  faire du camping to go camping
  faire des courses to go shopping
  faire mes devoirs to do my homework
  faire de l'équitation to go horse riding
  faire de la gymnastique to do gymnastics
  faire de la planche à voile to go windsurfing
  faire une promenade to go for a walk
  faire du ski to go skiing
  faire la cuisine to do the cooking
  faire le total to add up, to total
  faire un tour à vélo to go for a bike ride
  faire du vélo to go cycling/biking
  faire de la voile to go sailing
il **fait** he is making (from **faire** see p.100)
  il fait beau it's fine weather
  il fait chaud it's hot
  il fait froid it's cold
  il fait mauvais it's bad weather
vous **faites** you do (from **faire** see p.100)
une **famille (nombreuse)** (large) family
fantaisie fancy, fun
fantastique fantastic
fatigant tiring
fatigué(e) tired
il ne **faut pas manquer ça** you mustn't miss that
faux (f fausse) false, wrong
un **favori** favourite
félicitations! congratulations!
une **femme** woman, wife
une **fenêtre** window
jour **férié** public holiday
une **ferme** farm
fermé closed
fermer to close
une **fête** Saint's day, festival
la **fête des Mères** Mothers' Day
la **fête nationale** French national holiday (Bastille day, 14th July)
fêter to celebrate
un **feu** fire
un **feu d'artifice** firework display
un **feutre** felt tip pen
une **feuille (de papier)** piece of paper, leaf
une **fève** lucky charm (in cake)
février February
une **fille** girl, daughter
un **film** film
un **fils** son
la **fin** end
finalement finally
c'est **fini** it's finished
ils/elles **finissent** they finish (from **finir**)
une **flèche** arrow
une **fleur** flower
une **flûte** flute
une **flûte à bec** recorder
une **fois** once
  (à) chaque fois each time
  une fois par mois once a month
  trois fois three times
foncé dark
le plus **foncé** the darker
ils/elles **font** they do, make (from **faire** see p.100)
le **football** football

G

en **forme** fit
formidable terrific
une **fraise** strawberry
une **framboise** raspberry
la **France** France
français French
à la **française** in the French way
un **frère** brother
frisé curly
  les cheveux frisés curly hair
les **frites (f pl)** chips
froid cold
  il fait froid it's cold
le **fromage** cheese
un **fruit** fruit

un(e) **gagnant(e)** winner
gagner to win
une **galette** large, flat cake
  la galette des Rois special cake for Epiphany (6th January)
des **gants (m pl)** gloves
un **garage** garage
un **garçon** boy
garder to keep
une **gare** station
une **gare routière** bus and coach station
un **gâteau (pl des gâteaux)** cake
à **gauche** on the left
un **géant** giant
généralement usually
génial brilliant
une **génie** genie
des **gens (m pl)** people
gentil kind
la **géographie** geography
une **gerbille** gerbil
une **glace** ice cream
le **golf** golf
une **gomme** rubber
le **goûter** afternoon snack
la **grammaire** grammar
une **gramme** gram
grand big, tall
pas **grand-chose** not much
une **grand-mère** grandmother
les **grands-parents (m pl)** grandparents
un **grand-père** grandfather
gratuit free
grave serious
la **grille** grid
gris grey
gros (f grosse) large, fat, big (of animals)
grossir to put on weight
un **groupe** group
une **guitare** guitar
la **gymnastique** gymnastics

H

un **habitant** inhabitant
habiter to live in or at
d' **habitude** usually
une **hâche** axe
un **hamster** hamster
les **haricots verts (m pl)** green beans
la **haute technologie** high tech
hélas! alas!
un **hérisson** hedgehog
une **heure** time, hour
  une demi-heure half an hour
  un quart d'heure a quarter of an hour
  à (trois) heures at (three) o'clock
  quelle heure est-il? what time is it?
une **histoire** story
l' **histoire (f)** history
historique historical
l' **hiver (m)** winter
  en hiver in winter
le **hockey** hockey
un **homme** man
un **hôpital** hospital
un **horaire** timetable
  horaire d'ouverture opening hours
horizontalement across
une **horloge** clock
un **hors-d'œuvre** first course
un **hôtel** hotel

I

un **hôtel de ville** town hall
l' **huile (f)** oil
huit eight

ici here
idéal(e) ideal
une **idée** idea
il he, it
il y a there is, there are
ils they (masculine form)
une **île** island
illustré illustrated
en **images** in pictures
un **imperméable** raincoat
  imper (short for **imperméable**)
impoli impolite, bad mannered
important important
impressionnant impressive
incroyable unbelieveable
l' **Inde (f)** India
une **indice** clue
l' **informatique (f)** ICT, computing, information technology
les **ingrédients (m pl)** ingredients
inquiet (f inquiète) anxious, concerned
un **instrument (de musique)** musical instrument
intéressant interesting
une **interview** interview
l' **Irlande (f) (du Nord)** (Northern) Ireland
l' **Italie (f)** Italy

J

la **jambe** leg
le **jambon** ham
janvier January
le **Japon** Japan
un **jardin** garden
jaune yellow, tan
le **jaune d'œuf** egg yolk
je I
un **jean** pair of jeans
un **jeu (pl jeux)** game
  un jeu de société board game or card game (for two or more players)
  un jeu vidéo electronic/computer game
(le) **jeudi** (on) Thursday(s)
jeune young
un **jogging** jogging trousers, tracksuit
joli pretty
jouer to play
un **jouet** toy
un **joueur** player
un **jour** day, one day
le **jour de l'An** New Year's Day
une **une journée (typique)** a (typical day)
juillet July
juin June
des **jumeaux (f des jumelles)** twins
une **jupe** skirt
un **jus de fruit** fruit juice
le **jus de viande** gravy
jusqu'à until, as far as
juste fair

K

un **kilo** kilogram
  un demi-kilo half a kilogram
un **kilomètre** kilometre

L

là there
là-bas over there
un **laboratoire** laboratory
un **lac** lake
laisser to leave
le **lait** milk
une **langue** language
un **lapin** rabbit
laver to wash
le **(f la, pl les)** the
un **lecteur CD / MP3** CD / MP3 player
la **lecture** reading
une **légende** key (to symbols)
un **légume** vegetable
lentement slowly
une **lettre** letter
leur (pl leurs) their (see p.105)
je me **lève** I get up (from **se lever**)
il se **lève** he gets up

se **lever** to get up
lève-toi! get up
levez-vous! get up!
libre free
libre-service self-service
un **lieu** place
il a lieu it's taking place … (from **avoir lieu**)
la **limonade** lemonade
lire to read
une **liseuse** e-reader
une **liste** list
un **lit** bed
un **livre** book
le **logement** accommodation
loin a long way
les **loisirs (m pl)** leisure
Londres London
long (f longue) long
lui him
une **lumière** light
(le) **lundi** (on) Monday(s)
les **lunettes (f pl)** glasses
un **lycée** school for students aged 15 and over

M

ma my (see p.22)
une **machine (à laver)** (washing) machine
madame (Mme) (pl mesdames) madam (Mrs)
mademoiselle (pl mesdemoiselles) Miss
un **magasin** shop
magnifique magnificent, great
mai May
un **maillot de bain** swimming costume
une **main** hand
maintenant now
mais but
une **maison** house
à la maison at home, home
mal bad
une **maladie** illness
malheureusement unfortunately
maman Mum
Mamie Granny, Grandma
la **Manche** English Channel
manger to eat
un **manège** roundabout
j'en ai assez mangé I've eaten enough
les **manettes (f pl)** game controllers
manquer to miss
le mot qui manque the missing word
un **manteau** coat
une **maquette** model
un **marché** market
une **marche** step
le **marché aux fleurs** flower market
le **marché aux poissons** fish market
marcher to work (of a machine, etc.), to walk
(le) **mardi** (on) Tuesday(s)
mardi gras Shrove Tuesday
un **marin** sailor
marron (doesn't change form) brown
mars March
un **match** match
le **matériel** equipment
les **maths (f pl les mathématiques)** maths
une **matière** school subject
le **matin** (in the) morning
une **matinée** morning
mauvais bad
il fait mauvais the weather is bad
mécanique mechanical
méchant nasty, naughty, fierce
les **méchantes sœurs** ugly sisters (from Cinderella)
meilleur better
mes **meilleur(e)s ami(e)s** my best friends
mélanger to mix
un **melon** melon
même same, even
le **menu du jour** today's menu
la **mer** sea
au bord de la mer at the seaside

merci (beaucoup) thank you (very much)
(le) **mercredi** (on) Wednesday (s)
une **mère** mother
mes my (see p.22)
un **message électronique** email
mettre to put, to put on
un **meuble** piece of furniture
midi midday
le **miel** honey
mignon sweet
le **milieu** middle
minuit midnight
une **minute** minute
la **mi-temps** half-time
moche horrible, awful
la **mode** fashion
à la mode in fashion
un **modèle réduit** scale model
moi me
moins less
un **mois** month
au **mois de …** in the month of …
moment, pour le moment for the moment
mon my (see p.22)
le **monde** world
la **monnaie** small change
Monsieur (M.) (pl messieurs) sir (Mr)
un **monsieur** gentleman
une **montagne** mountain
à la montagne in the mountains
monter to climb up, get on, go up
une **montre** watch
on **montre** they show (from **montrer**)
un **morceau** piece
une **mosquée** mosque
le mot qui manque the missing word
un **mot** word
en moto by motorbike
les **mots croisés (m pl)** crossword
(des) **mots mêlés (m pl)** wordsearch
la **moutarde** mustard
moyen medium, means
au **mur** on the wall
un **musée** museum
un(e) **musicien(ne)** musician
la **musique** music
musulman(e) Muslim

N

n' … pas not (before a vowel)
nager to swim
la **natation** swimming
naturellement naturally
un **navire** ship
ne … pas not
il **neige** it's snowing
n'est-ce pas? isn't it? don't you?
neuf nine
une **nièce** niece
un **niveau** level
Noël Christmas
Joyeux Noël Happy Christmas
noir black
aux **noisettes** with nuts
un **nom** name
un **nombre** number
non no
le **nord** north
normalement normally
notre (pl nos) our (see p.104)
la **nourriture** food, feeding time
nous we, us
nouveau (f nouvelle) new
nouvel (before masc. noun beginning with a vowel) new
novembre November
la **nuit** (at) night
nul rubbish, useless
un **numéro** number

O

octobre October
un **œuf** egg
un **œuf à la coque** boiled egg
des œufs au bacon eggs and bacon
on m'a **offert** I was given
un **office de tourisme** tourist office

une **offre d'emploi** job vacancy
un **oignon** onion
un **oiseau (pl oiseaux)** bird
une **omelette** omelette
on one, we
on y va? shall we go?
ils/elles **ont** they have (from **avoir** see p.57)
un **oncle** uncle
onze eleven
un **orage** storm
une **orange** orange
une **orangeade** orangeade
un **ordinateur** computer
un **ordinateur portable** lap-top computer
organiser to organise
ou or
où where
oublier to forget
l' **ouest (m)** west
oui yes
un **ours** bear
ouvert open
il/elle **ouvre** he/she opens (from **ouvrir**)
ils/elles **ouvrent** they open (from **ouvrir**)
ouvrez open (from **ouvrir**)
nous **ouvrons** we open (from **ouvrir**)

P

le **pain** bread
un pain au chocolat bread roll with chocolate inside
une **paire de …** a pair of …
un **panier** basket
un **pantalon** pair of trousers
papa dad
Pâques Easter
Joyeux Pâques Happy Easter
un **paquet** a parcel, packet
par by
un **parapluie** umbrella
un **parasol** sunshade
un **paravent** draught screen, windbreak
un **parc** park
un **parc d'attractions** theme park
parce que because
pardon excuse me
un **pare-brise** windscreen
un **pare-choc** car bumper
les **parents (m pl)** parents
paresseux lazy
un **parfum** flavour, perfume
un **parking** car park
parler to talk, to speak
les **paroles (f pl)** words
partager to share
une **partie** a part of
à **partir de … heures** from … o'clock
partout everywhere
il/elle **part** he/she/it leaves (from **partir**)
un **pas** step
ne … **pas** not
pas beaucoup not much
pas ici not here
pas mal not bad
du **passé** of the past
un **passeport** passport
passer to spend, to pass
passez un tour miss a turn
un **passe-temps** hobby
passionné de fanatic about
le **pâté** meat paste, pâté
le **patin à roulettes** roller skating
une **patinoire** ice rink
pauvre poor
payer to pay
le **pays de Galles** Wales
un **pays** country
une **pêche** peach
la **pêche** fishing
la **peinture** painting
pendant during, for
je **pense à quelque chose** I am thinking of or about something (from **penser**)
ils **perdent** they lose (from **perdre**)
perdre to lose
perdu lost (from **perdre**)
un **père** father
le Père Noël Father Christmas
un **perroquet** parrot

une **perruche** budgerigar, parakeet
un **personnage** character
petit small
le **petit déjeuner** breakfast
un **petit-enfant** grandchild
les **petits pois (m pl)** peas
un **peu** a little
peu à peu gradually
le **peuple** people, population
peut-être perhaps
on **peut** you (one) can (from **pouvoir**)
ça **peut** that can (from **pouvoir**)
peux, est-ce que je peux … ? can
I … ? (from **pouvoir**)
tu **peux … ?** can you … ? (from
pouvoir)
une **photo** photo
la **photographie** photography
une **phrase** sentence
un **piano** piano
une **pièce** coin, room
à **pied** on foot
un **piéton** pedestrian
le **ping-pong** table tennis
un **pique-nique** picnic
une **piscine** swimming pool
pittoresque picturesque
une **pizza** pizza
une **place** square
en **place** in the right place
une **plage** beach
un **plan de la ville** street plan
la **planche à voile** windsurfing
le **plancher** floor
la **planète** planet
une **plante** plant
un **plat** dish
le **plat principal** main course/dish
les **plats d'un repas** courses of a
meal
en **plein air** open-air
il **pleut** it's raining
la **pluie** rain
la **plupart** most
en **plus** on top of that
plus tard later
une **poche** pocket
un **point** point
une **poire** pear
un **poisson** fish
poisson d'avril April Fool
un **poisson rouge** goldfish
le **poivre** pepper
la **police** police
poliment politely
une **pomme** apple
une **pomme d'amour** toffee apple
une **pomme de terre** potato
un **pont** bridge
le **porc** pork
un **port** port
un **portable** mobile phone
une **porte** door
porter to wear
une **portion de** a portion of
poser une question to ask a question
la **poste** post office
le **poste de police** police station
le **potage** soup
le **potage aux légumes** vegetable soup
une **poubelle** bin
une **poule** hen
le **poulet** chicken
pour in order to, for
pourquoi? why?
préféré favourite
préférer to prefer
premier (f première) first
prendre to take, have (see p.115)
un **prénom** first name, forename
préparer to prepare
près de near
à **présent** at present
presque almost, nearly
prêt ready
le **printemps** spring
au printemps in spring
principale
la place principale main square
le **prix** price, prize

prochain next
mercredi prochain next
Wednesday
un **professeur (prof)** teacher
profiter de to make the most of
un **projet** plan
une **promenade** walk, excursion
se **prononcer** to be pronounced
protéger to protect
des **provisions (f pl)** provisions, groceries
puis then, next
un **pull** pullover
puni punished (from **punir**)
punir to punish
un **puzzle** jigsaw
un **pyjama** pair of pyjamas

quand when
quand même all the same
quarante forty
un **quartier** district, locality
quatorze fourteen
quatre four
que … ? what … ?
quel (quelle, quels, quelles) what?
which?
quel âge as-tu? how old are you?
quel désordre! what a mess!
quel parfum? which flavour?
quel temps! what terrible weather!
quel temps fait-il? what's the
weather like?
de quelle couleur est-il? what
colour is it (he)?
**quelle est la date
aujourd'hui?** what's the date
today?
quelle heure est-il? what time is
it?
quelle journée! what a day!
quelque chose something
quelquefois sometimes
quelques jours a few days
la **queue** queue, tail (animal)
qu'est-ce que ça veut dire? what
does that mean?
qu'est-ce que c'est? what is it?
qu'est-ce que tu fais? what are you
doing?
**qu'est-ce que tu veux/vous
voulez?** what do you want?
qu'est-ce qu'il y a? what is there?
what is the matter?
qui who
qui est-ce? who is it?
quinze fifteen
quinze jours fortnight
quitter to leave
quoi! what!

raconter to tell, talk about
une **radio** radio
raide straight
j'ai les cheveux raides I have
straight hair
un **raisin** grape
un **rang** row (in class)
ranger des affaires to tidy up
râpé(e)(s) grated
un **rappel** reminder
une **raquette de tennis** tennis racket
une **recette** recipe
rechercher to search for
les **recherches (f pl)** research
une **récolte** harvest
reconnaître to recognise
la **récréation** break
un **reçu** receipt
j'ai **reçu** I received (from **recevoir**)
reculez go back (from **reculer**)
regarder to watch, look at
une **règle** ruler, rule
je **regrette** I'm sorry (from **regretter**)
remplacer to replace
remplir to fill, fill in
rencontrer to meet
un **rendez-vous** meeting place
la **rentrée** return to school
rentrer to return
un **repas** meal

répéter to repeat
répondre to reply
une **réponse** reply, answer
un **requin** shark
un **restaurant** restaurant
rester (à la maison) to stay (at home)
rester en forme to stay fit
les **résultats (m pl)** results
un **résumé** summary
en **retard** late
retourner to return
retrouver to meet up with
au **revoir** goodbye
riche rich
de **rien** it's nothing, think nothing of it
rien de spécial nothing much
rigolo funny
rire to laugh
on **rit** we laugh (from **rire**)
le **riz** rice
une **robe** dress
un **rocher** rock
un **roi** king
le **roller** roller skating
rond(e) round
rose pink
rôti roast
rouge red
une **route** road
roux red/ginger
j'ai les cheveux roux I have red/
ginger hair
une **rue** street
le **rugby** rugby

sa his, her, its (see p.103)
un **sac** bag
un sac à dos backpack
s'accrocher to hook on
sage good
sainement healthy
je ne **sais pas** I don't know (from **savoir**)
une **saison** season
la **Saint-Sylvestre** New Year's Eve
une **salade (verte)** lettuce, (green) salad
une **salle de bains** bathroom
une **salle de classe** classroom
une **salle à manger** dining room
une **salle de séjour** living room
un **salon** lounge, sitting room
salut! hello, hi
une **salutation** greeting
(le) samedi (on) Saturday(s)
les **sandales (f pl)** sandals
un **sandwich** sandwich
sans without
une **sardine** sardine
la **santé** health
un **saucisson** continental spicy sausage
sauf except
sauter to jump
savoir to know
un **saxophone** saxophone
les **sciences (f pl)** science
**SVT (Sciences de la Vie et de la
Terre)** natural sciences
scolaire to do with school
se connecter to go online
seize sixteen
le **sel** salt
une **semaine** week
séparer to separate
sept seven
septembre September
un **serpent** snake
sers-toi! help yourself
ses his, her, its (see p.103)
seul alone
tout seul all alone
seulement only
sévère strict
un **short** pair of shorts
si if, yes
s'il te plaît/s'il vous plaît please
un **siècle** century
simple easy
sinon otherwise
situé situated
six six
un **skate** skateboard

le ski (nautique) (water) skiing
un snack snack (bar)
une sœur sister
un sofa sofa, settee
le soir (in the) evening(s)
soixante sixty
soixante-dix seventy
le soleil sun
il y a du soleil it's sunny
un sommaire summary
nous sommes we are (from **être** see p.49)
un son sound
son his, her, its (see p.103)
un sondage survey, opinion poll
sonner to ring
ils/elles sont they are (from **être** see p.49)
elle sort she goes out (from **sortir**)
sortir to go out
soudain suddenly
souligné underlined
souligner to underline
le souper supper
une souris mouse
sous under
souvent often
un spectacle show
le sport sport
sportif (f sportive) fond of sports
les sports d'hiver (m pl) winter sports
un stade stadium
un stage course
une station d'accueil MP3 MP3 dock
une station (de radio) (radio) station
une strophe verse
un stylo pen
le sucre sugar
des sucreries (f pl) sweet things
le sud south
je suis I am (from **être** see p.49)
(il) suit (it) follows (from **suivre**)
la Suisse Switzerland
suivant following
super great
un supermarché supermarket
sur on
surfer (sur le Net) to surf (the Net)
un surligneur highlighter
un surnom nickname
une surprise-partie party
surtout especially
un sweat sweatshirt
sympa nice, good
sympathique nice
une synagogue synagogue
un Syndicat d'Initiative tourist office

(T)

ta your (see p.22)
une table table
un tableau board, picture, table in a book
un tableau interactif interactive whiteboard
une tablette tablet computer
un taille-crayon pencil sharpener
tais-toi!/taisez-vous! be quiet!
une tante aunt
un tapis d'ordinateur mouse mat
une tarentule tarantula spider
une tarte tart
une tarte aux pommes apple tart
une tartine piece of bread and butter and/or jam
un taxi taxi
la technologie technology
un tee-shirt T-shirt
à la télé on TV
téléphoner to telephone
la télévision (la télé) television (TV)
un temple temple
le temps weather, time
quel temps fait-il? what's the weather like?
avoir le temps to have time
le tennis tennis
le tennis de table table tennis
les tennis (f pl) tennis shoes
une tente tent
terminer to end
un terrain de football football pitch
tes your (see p.22)
la tête head

un texto text message
le thé tea
un thé au citron lemon tea
un théâtre theatre
faire du théâtre to do drama
tiens! hey, look!
tigré tabby (cat)
un timbre stamp
un titre title, heading
le toast toast
un toboggan flume (in pool)
toi you
les toilettes (f pl) toilets
un toit roof
une tomate tomato
une tombola tombola, raffle
(il) tombe (it) falls (from **tomber**)
ton your (see p.22)
toujours still, always
une tour tower
un tour turn (in game)
tournez turn (from **tourner**)
la Toussaint All Saints' Day, autumn half-term holiday
tous all
tous les jours every day
tout everything
en tout in all
c'est tout that's all
à tout à l'heure see you later
tout de suite straight away, immediately
tout droit straight ahead
tout le monde everyone
tout le temps all the time
tout près very near
traduit translated (from **traduire**)
un train train
au travail! down to work!
travailler to work
traverser to cross
treize thirteen
trente thirty
très very
un tricot jumper (or anything knitted)
trois three
troisième third
une trombone trombone, paperclip
une trompette trumpet
trop … too …
pas trop not too much
une trousse pencil case
trouver to find
se trouver to be situated
tu you (singular, informal) (see p.22)
typique typical

(U)

un (f une) a, one
un uniforme uniform
unique only
l' univers (m) universe
ça use that wears out (of shoes) (from **user**)
utile useful

(V)

il/elle va he/she/it goes (from **aller** see p.88)
ça va? how are you?
en vacances on holiday
les grandes vacances (f pl) summer holidays
je vais I go (from **aller** see p.88)
une valise suitcase
faire les valises to pack
à la vanille vanilla flavoured
végétarien(ne) vegetarian
un vélo bicycle
le vélo tout terrain (VTT) mountain bike (biking)
un vendeur (une vendeuse) shop assistant
on vend they're selling (from **vendre**)
vendre to sell
(le) vendredi (on) Friday(s)
venez voir come and see
venir to come
le vent wind
il y a du vent it's windy
vérifier to check
un verre glass
vert green

verticalement down
une veste jacket
les vêtements (m pl) clothes
qui veut … ? who wants … ? (from **vouloir**)
je veux I want (from **vouloir**)
je veux bien I'd like to
tu veux … ? do you want … ? (from **vouloir**)
la viande meat
une vidéo video
viens come here (from **venir**)
vieux (f vieille) old
un village village
une ville town
en ville in (to) the town centre
le vin wine
du vin rouge/blanc red/white wine
le vinaigre vinegar
vingt twenty
un violon violin
un violoncelle cello
une visite guidée guided tour
visiter to visit
vite quickly
la vitesse speed
vive les vacances! long live the holidays!
voici here is, here are
voilà there is, there are
la voile sailing
voir to see
une voiture car
une voix voice, vote
voler to fly, to steal
le volley volleyball
elles vont they go (from **aller** see p.88)
une vote vote
votre (pl vos) your (see p.104)
je voudrais I'd like
vous you (plural; singular polite form)
un voyage journey
voyager to travel
voyons let's see (from **voir**)
une voyelle vowel
vrai true
vraiment really
une vue view

(W)

le weekend (at the) weekend

(Y)

y there
un yaourt yoghurt
les yeux (m pl) eyes

(Z)

zéro zero
un zoo zoo

Anglais – français

A

zut! blast!
a un, une
to **adore** adorer
after après
afternoon l'après-midi (m)
again encore
age l'âge (m)
agreed d'accord
all tout (toute, tous, toutes)
already déjà
also aussi
always toujours
I **am** je suis (**from** être)
amusing, enjoyable, fun amusant
an un, une
and et
animal un animal, des animaux
answer une réponse, une solution
to **answer** répondre
apple une pomme
apricot un abricot
April avril
aquarium un aquarium
there **are** il y a
they **are** ils/elles sont (**from** être)
to **arrive** arriver
art, drawing le dessin
as comme
to **ask** demander
to **ask a question** poser une question
athletics l'athlétisme (m)
August août
autumn l'automne (m)
in autumn en automne
awful affreux/affreuse

B

backpack un sac à dos
bad mauvais
the weather's bad il fait mauvais
badminton le badminton
bag un sac
ball (football, large ball) un ballon
ball (tennis) une balle
banana une banane
baseball cap une casquette
basketball le basket
bathroom la salle de bains
to **be** être
beach une plage
beautiful beau (belle, beaux, belles)
because parce que
bed un lit
to go to bed se coucher, aller au lit
bedroom une chambre
before avant (de)
to **begin** commencer
behind derrière
Belgium la Belgique
beside à côté de
best wishes (at end of letter) Amitiés
between entre
bicycle, bike un vélo
big grand, **(for animals)** gros/grosse
to go **biking** faire du vélo
bin une poubelle
bird un oiseau
birthday un anniversaire
happy birthday! bon anniversaire!
a **bit** un peu
biro un bic
black noir
blouse un chemisier
blue bleu
boat un bateau
book un livre
boring ennuyeux/ennuyeuse
bottle une bouteille
bowling alley un bowling
box une boîte
boy un garçon
bread le pain
bread and butter une tartine
break (time) la récréation, la pause
breakfast le petit déjeuner
bridge un pont
brilliant! génial!
British britannique
brochure une brochure
broccoli les brocolis (m pl)
brother un frère
browser un navigateur
budgerigar une perruche

C

building un bâtiment
bus un (auto)bus
but mais
butter le beurre
by par

cabbage le chou
café un café
cake un gâteau
calculator une calculatrice
I am **called** je m'appelle
camera un appareil (photo)
campsite un camping
canteen la cantine
car une voiture
car park un parking
card une carte
to play cards jouer aux cartes
careful! attention!
carpet un tapis
carrot une carotte
to **carry** porter
cartoon un dessin animé
cartoon strip une bande dessinée
castle un château
cat un chat, une chatte
cathedral une cathédrale
cauliflower le chou-fleur
cello un violoncelle
centre le centre
cereal des céréales (f pl)
chair une chaise
to **chat** discuter
to **check** vérifier
cheese le fromage
to play **chess** jouer aux échecs
chestnut brown châtain
chicken le poulet
child un(e) enfant
I am an only child je suis fils/fille unique
chips les frites
chocolate le chocolat
Christmas Noël
church une église
cinema un cinéma
citizenship l'éducation civique (f)
clarinet une clarinette
class la classe
classroom la salle de classe
to **click** cliquer
to **close** fermer
clothes les vêtements (m pl)
cola un Coca
coffee le café
cold froid
the weather's cold il fait froid
colour une couleur
comic strip une bande dessinée (BD)
computer un ordinateur
computer game un jeu vidéo (des jeux vidéo)
concert un concert
to **cook** faire la cuisine
corner le coin
to **count** compter
country un pays
courses (of a meal) les plats d'un repas
cousin un(e) cousin(e)
cricket le cricket
curly (hair) (les cheveux) frisé(s)
cursor le curseur
cycling le cyclisme

D

to **dance** danser
date la date
daughter une fille
day un jour
dear cher/chère
December décembre
to **delete** effacer
delicious délicieux
design and technology le TME (travail manuel éducatif)
dictionary un dictionnaire
difficult difficile
dining room la salle à manger
dinner (evening meal) le dîner
disco une discothèque, une boîte
to **do** faire
dog un chien
door une porte

E

to do **drama** faire du théâtre
to **draw** dessiner
drawing le dessin
dress une robe
drink une boisson
to **drink** boire
drums la batterie
during pendant

east l'est
Easter Pâques
easy facile
to **eat** manger
egg un œuf
email un e-mail, un message
England l'Angleterre (f)
English anglais
enough assez
e-reader une liseuse
especially surtout
evening le soir
evening meal le dîner
for **example** par exemple
exercise un exercice
exercise book un cahier

F

false faux
family la famille
far (away) loin
farm une ferme
father le père
Father Christmas le Père Noël
favourite préféré, favori/favorite
felt tip pen un feutre
festival une fête
file (computer) un fichier, **(ring binder)** un classeur
film un film
finally finalement
it's **fine weather** il fait beau
first le premier/la première
first of all d'abord
fish le poisson
goldfish un poisson rouge
to go fishing aller à la pêche
flat un appartement
floor, storey un étage
flute une flûte
it's **foggy** il y a du brouillard
football le football, le foot
football pitch un terrain de football
for pour
France la France
French français
Friday vendredi
friend un(e) ami(e), un copain/une copine
in **front of** devant
fruit un fruit
fruit juice un jus de fruit
fun amusant
funny rigolo

G

game un jeu
games console une console de jeux
garage un garage
garden un jardin
geography la géographie
German allemand
Germany l'Allemagne (f)
I **get up** je me lève
gift card une carte cadeau
girl une fille
ginger (hair) (les cheveux) roux
to **go** aller
golf le golf
good bon/bonne
goodbye au revoir
grandfather le grand-père
grandmother la grand-mère
grand-parents les grands-parents
grape un raisin
great! super!
green vert (m pl)
grey gris
to **guess** deviner
guinea pig un cochon d'Inde
guitar une guitare
gymnastics la gymnastique

H

half demi
half brother un demi-frère

Anglais – français

half sister une demi-sœur
ham le jambon
hamster un hamster
happy content
to **hate** détester
to **have** avoir
head la tête
health la santé
hello bonjour
her son, sa, ses
here ici
here are voici
here is voici
hi! salut!
highlighter un surligneur
his son, sa, ses
history l'histoire (f)
hobby un passe-temps
hockey le hockey
holidays les vacances (f pl)
at **home** à la maison
to go **home** rentrer
homework les devoirs (m pl)
horse un cheval, des chevaux
to go **horse riding** faire de l'équitation
hospital un hôpital
hot chaud
　　it's hot il fait chaud
hotel un hôtel
hour une heure
house une maison
　　at my house chez moi
how comment
　　how are you? (comment) ça va?
　　how old are you? quel âge as-tu?
　　how do you spell that? comment ça s'écrit?
how many? combien (de)
hundred cent

I je
ice cream une glace
ice rink une patinoire
ICT l'informatique (f)
idea une idée
in dans
interactive whiteboard un tableau interactif
interesting intéressant
Ireland l'Irlande (f)
　　Northern Ireland l'Irlande du Nord
Irish irlandais
he/she/it **is** est (**from** être)
there **is** il y a
　it is c'est
　it isn't ce n'est pas
　its son, sa, ses

jacket une veste
jam la confiture
January janvier
jeans un jean
jogging trousers un jogging
journey un voyage
judo le judo
July juillet
jumper un pull, un tricot
June juin

key (on keyboard) une touche, **(for lock)** une clef, une clé
keyboard un clavier
kilo un kilo
kilometre un kilomètre (1 km)
kind gentil/gentille
kitchen la cuisine
kiwi fruit un kiwi
I **know** je sais
I don't **know** je ne sais pas

laboratory un laboratoire
language une langue
lap-top computer un ordinateur portable
large grand
last dernier/dernière
to **last** durer
later plus tard
leaflet un dépliant, une brochure
on the **left** à gauche
lemon un citron
lemonade la limonade

lesson un cours
letter une lettre
lettuce la salade
library une bibliothèque
lift l'ascenseur (m)
to **like** aimer
　　I would like je voudrais
list une liste
to **listen to** écouter
little petit
a **little** un peu
to **live** habiter
　　where do you live? où habites-tu?
　　I live in London j'habite à Londres
living room la salle de séjour
to **log off** déconnecter
to **log on** connecter
long long/longue
to **look at** regarder
to **look for** chercher
a **lot** beaucoup
lounge le salon
to **love** adorer
lunch le déjeuner

main course le plat principal
to **make** faire
man un homme
many beaucoup
map (town) un plan de la ville, **(region, country)** une carte
March mars
market le marché
marmalade la confiture d'oranges
maths les maths (f pl)
May mai
maybe peut-être
me moi
meal un repas
meat la viande
melon le melon
menu (computer) le menu, **(restaurant)** la carte
midday midi
midnight minuit
milk le lait
minus moins
mistake une erreur
mobile phone un portable
Monday lundi
month le mois
morning le matin
mosque une mosquée
mother la mère
mountain bike le VTT (vélo tout terrain)
to go **mountain biking** faire du VTT
mouse une souris
mouse mat un tapis d'ordinateur
MP3 dock une station d'accueil MP3
MP3 player un lecteur MP3
Mr M. (monsieur)
Mrs Mme (madame)
museum un musée
music la musique
musical instrument un instrument de musique
my mon, ma, mes

name un nom
　　my name is je m'appelle
naughty méchant
near (to) près (de)
nearby tout près
new nouveau (nouvel **before masculine word beginning with a vowel**) / nouvelle / nouveaux / nouvelle
　　New Year's Day le jour de l'An
next ensuite
next to à côté de
nice sympa
　　the weather's nice il fait beau
nickname un surnom
night la nuit
no non
not ne ... pas, pas
notebook un carnet
November novembre
now maintenant

October octobre

of de
office le bureau
often souvent
OK d'accord, okay
old vieux (vieille, vieux, vieilles)
　　how old are you? quel âge as-tu?
omelette une omelette
on sur
online en ligne
only seulement
　　only child fils/fille unique
open ouvert
to **open** ouvrir
or ou
orange une orange
orchestra un orchestre
other autre
our notre, nos
over there là-bas

to **pack a suitcase** faire sa valise
to do **painting** faire de la peinture
paper clip un trombone
park un parc
parrot un perroquet
party une fête, une soirée
peach une pêche
pear une poire
peas des petits pois (m pl)
pen un stylo
pencil un crayon
pencil case une trousse
pencil sharpener un taille-crayon
penfriend un(e) correspondant(e)
people des gens (m pl)
pet un animal (domestique)
　　have you any pets? as-tu des animaux à la maison?
peut-être perhaps
person une personne
photography la photographie
to take **photos** faire des photos
physical education l'éducation physique (f) (l'EPS)
piano un piano
picture une image, un dessin
pineapple un ananas
it's a **pity** c'est dommage
to **play** jouer (à + sports, de + instruments)
please s'il vous plaît, s'il te plaît
post office la poste
postcard une carte postale
poster une affiche, un poster
potato une pomme de terre
to **prefer** préférer
to **prepare** préparer
present un cadeau
to **press** appuyer
pretty joli
to **print** imprimer
printer une imprimante
pullover un pull, **(knitted jumper or top)** un tricot
pupil un(e) élève
to **put (on)** mettre
pyjamas un pyjama

quarter un quart
question une question
quickly vite
quite assez

rabbit un lapin
radio une radio
it's **raining** il pleut
raspberry une framboise
to **read** lis/lisez (**from** lire)
really vraiment
to **record** enregistrer
recorder une flûte (à bec)
red rouge
red (hair) (les cheveux) roux
religious education la religion, l'éducation religieuse (f)
to **reply** répondre
restaurant un restaurant
to **return (home)** rentrer
on the **right** à droite
ring binder un classeur
road (street) la rue, **(main road)** la route

Anglais – français

to roller skate/blade faire du roller
roller blades des rollers (m pl)
roller skates des patins à roulettes (m pl)
room (in house) une pièce, **(in school)** une salle
rubber une gomme
rucksack un sac à dos
rugby le rugby
ruler une règle

S

to go sailing faire de la voile
salad une salade
salt le sel
sandals des sandales (f pl)
sandwich un sandwich
Saturday samedi
to save (file) sauvegarder
say dis/dites (**from** dire)
school (primary) une école, **(secondary)** un collège, un lycée
school bag un cartable
science les sciences (f pl), **(natural sciences)** SVT (Sciences de la Vie et de la Terre)
scissors des ciseaux (m pl)
Scotland l'Écosse (f)
Scottish écossais
screen un écran
sea la mer
season une saison
second deuxième
sentence une phrase
September septembre
serious grave
several plusieurs
she elle
shirt (boy's) une chemise, **(girl's)** un chemisier
shoe une chaussure
shop un magasin
to go shopping faire des courses/du shopping
shopping centre le centre commercial
shorts un short
Shrove Tuesday mardi gras
to sing chanter
sister une sœur
situated situé
sit down assieds-toi/asseyez-vous
skateboard un skate
to go skiing faire du ski
skirt une jupe
slowly lentement
small petit
smartphone un smartphone
snack (afternoon) le goûter
snake un serpent
it's snowing il neige
so alors, donc
sock une chaussette
something quelque chose
sometimes quelquefois
son un fils
song une chanson
soon bientôt
see you soon! à bientôt!
(I am) sorry (je suis) désolé(e)
sorry! pardon!
soup le potage, la soupe
south le sud
Spain l'Espagne (f)
Spanish espagnol
to speak parler
to spend (time) passer
sport le sport
sporty sportif/sportive
spring le printemps
in spring au printemps
(town) square une place
staffroom la salle des profs
staircase l'escalier (m)
to start commencer
starter (meal) un hors-d'œuvre
station la gare
to stay (at home) rester (à la maison)
stepbrother un demi-frère
stepfather un beau-père
stepmother une belle-mère
stepsister une demi-sœur
stereo (system) une (chaîne) stéréo
story une histoire

straight (hair) (les cheveux) raide(s)
straight ahead tout droit
strawberry une fraise
street une rue
student un(e) étudiant(e)
school subject une matière
sugar le sucre
suitcase une valise
summer l'été (m)
in summer en été
summer holidays les grandes vacances (f pl)
sun le soleil
it's sunny il y a du soleil
Sunday dimanche
sunglasses des lunettes de soleil (f pl)
supermarket un supermarché
to surf (the Net) surfer (sur le Net)
surname le nom de famille
sweatshirt un sweat
sweet (adj) mignon/mignonne
sweet (noun) un bonbon
sweet things des sucreries (f pl)
(to go) swimming (faire de) la natation
swimming costume un maillot de bain
swimming pool une piscine
to switch on allumer
synagogue une synagogue

T

table une table
table tennis le tennis de table, le ping-pong
tablet computer une tablette
to take prendre
to talk parler
tall grand
tea (drink) le thé, **(meal)** le goûter
teacher un professeur
team une équipe
technology la technologie
to telephone téléphoner
television la télévision
temple un temple
tennis le tennis
terrible affreux
test un contrôle
text message un texto
thank you merci
theatre un théâtre
theme park un parc d'attractions
then alors, puis
there là
there is, there are il y a
therefore donc
they ils/elles
thing une chose
things (possessions) les affaires (f pl)
to think penser
third troisième
this is c'est
Thursday jeudi
to tidy up ranger
tie une cravate
from time to time de temps en temps
what time is it? quelle heure est-il?
school timetable un emploi du temps
tired fatigué
tiring fatigant
toast le toast
today aujourd'hui
together ensemble
toilets les toilettes (f pl)
tomato une tomate
too (much) trop
tourist office un office de tourisme, un syndicat d'initiative
towards vers
town une ville
in town en ville
town centre le centre-ville
town hall l'hôtel de ville
train un train
trainers des baskets (f pl)
trousers un pantalon
true vrai
trumpet une trompette
trunks (swimming) un maillot de bain
T-shirt un tee-shirt
Tuesday mardi
TV la télé

twin un jumeau/une jumelle
to type taper

U

umbrella un parapluie
under sous
I (don't) understand je (ne) comprends (pas)
uniform un uniforme
United Kingdom le Royaume-Uni
until jusqu'à
USB stick une clé USB
useful utile
useless nul
usual normal
usually normalement, d'habitude

V

vegetable un légume
vegetarian végétarien/végétarienne
very très
very much beaucoup
video une vidéo
video game un jeu vidéo
village un village
violin un violon
to visit visiter
volleyball le volley

W

Wales le pays de Galles
Welsh gallois
to go for a walk faire une promenade
to want (je veux, tu veux, vous voulez)
it's warm il fait chaud
to watch regarder
watch out! attention!
water l'eau (f)
we nous
to wear porter
the weather is bad il fait mauvais
website un site web
Wednesday mercredi
week une semaine
weekend le weekend
well bien
west l'ouest
what? (pardon?) comment?
what colour is it? de quelle couleur est-il?
what is it? qu'est-ce que c'est?
what's the date? quelle est la date aujourd'hui?
what's the weather like? quel temps fait-il?
what time is it? quelle heure est-il?
what is he/she/it like? il/elle est comment?
when quand
where où
which quel (quelle, quels, quelles)
white blanc/blanche
who qui
why pourquoi
to win gagner
to go windsurfing faire de la planche à voile
window une fenêtre
it's windy il y a du vent
wine du vin
winter l'hiver (m)
in winter en hiver
with avec
without sans
woman une femme
word un mot
to work travailler
world le monde
write écris/écrivez (**from** écrire)
it's wrong c'est faux

Y

year un an, une année
yellow jaune
yes oui
yoghurt un yaourt
you tu, toi, vous
your ton, ta, tes; votre, vos
youth hostel une auberge de jeunesse

Z

zoo un zoo

Acknowledgements

The authors and publisher would like to thank the following for permission to reproduce material:

Illustrations:

Mike Bastin, David Birdsall, Humberto Blanco (c/o Sylvie Poggio Artists Agency), Mark Draisey, Steve Evans, Tony Forbes (c/o Sylvie Poggio Artists Agency), Lorna Kent, Laura Martinez (c/o Sylvie Poggio Artists Agency), Judy Musselle, Andy Peters, Dave Russell, Graham Smith (c/o The Bright Agency), John Wood

P8 1.1: Martyn F. Chillmaid; P8 1.2: Robert Fried/Alamy; P8 1.3: shadrin_andrey & wdstock/iStockphoto; P8 1.4: Martyn F. Chillmaid; P10 1A: Harriet/NT; P10 1B: sabinadimitriu/Fotolia; P10 IC: rdnzl/Fotolia; P10 1D: WimL/ Fotolia; p10 1E: artburger/Fotolia; P10 1F: tagore75/Fotolia; P10 1G: nattstudio/Fotolia; P10 1H: Natika/Fotolia; P10 1I:Fotolia; P10 1J: Coprid/Fotolia; P10 1K: Fedorov Oleksiy /Shutterstock; P10 1L: Jeff Gynane/iStockphoto; P10 1M: Joe0876/BigStockPhoto.com; P10 1N: indigolotos/Fotolia; P10 1O: 2008 Jupiterimages Corporation; P10 3.1, 4, 7, 8, 9, 12, 13: Nelson Thornes Ltd, P10 2.2: pixhook/iStockphoto, P10 2.3: Andrew Barker/Fotolia; P10 2.5: Michael Flippo/iStockphoto; P10 2.10: BiltOn Graphics/BigStockPhoto.com; P12 1c 2: Africa Studio/Shutterstock; P12 1c 3: assalve/iStockphoto.com; P12 1c 4-6: Nelson Thornes Ltd; P14 3b: Michael Spencer; P14 5b: Office de Tourisme de La Rochelle; P14 7b: les polders/Alamy; P14 8b: John Harper/Corbis; P14 1a, 7a, 8a: Martyn F. Chillmaid; P14 1b, 3a, 6a, 6b: David Simson; P14 2a: Luna Vandoorne /Shutterstock; P14 4a: Iakov Filimonov /Shutterstock; P14 2b: Martyn F. Chillmaid; P14 4b: Michael Spencer; P14 5a: aabejon/iStockphoto; P16 7a: Jbryson/iStockphoto; P16 2: Alamy/ Corbis; P17 3: Nelson Thornes Ltd; P17 5A: Alamy/Corbis; P20 1.1: Martyn F Chillmaid; P20 1.2: Martyn F Chillmaid; P20 1.3: Martyn F Chillmaid; P20 1.4: Martyn F Chillmaid; P20 1.5: Martyn F Chillmaid; P21 4.1: David Simon; P21 4.2: Martyn F Chillmaid; P21 4.3: stormy/Fotolia; P24 1: Shutterstock; P24 2: Martyn F Chillmaid; P25 4b: Martyn F Chillmaid; P32 1A,B,E &F: Michael Spencer; P32 1C: andsem/iStockphoto; P32 1D: Sylvia Honnor; P32 1G: Feng Yu/ iStockphoto; P32 1H: Thomas Barnes/iStockphoto; P42: Le sais-tu? Tomas Plecenik/BigStockPhoto.com; Rossillicon Photos/BigStockPhoto.com; Britvich Ilia/BigStockPhoto.com; Alex Nikada/iStockphoto; Florea Marius Catalin/ iStockphoto; P45 4A: Corbis; P45 4B: Corbis; P46 1.2, 1.6: Martyn F. Chillmaid; P46 1.7: Alamy; P46 1.8: David Simson; P46 1.11a: RF/Alamy; P46 1.11a: Corbis; P46 1.11b: thefinalmiracle/iStockphoto; P46 1.3: Nelson Thornes Ltd; P48: Corbis; P56 2: iStockphoto; P57: iStock by Getty Images; P61 8: Michael Spencer; P63 4.1 & 4.4: Martyn F. Chillmaid; P65 4.2: Roberto A. Sanchez/iStockphoto; P65 4.3: Michele Galli/iStockphoto; P66 1C-H: David Simson; edgardr/iStockphoto Juergen Hasenkopf/Alamy/Alamy; P66 1A: edgardr/iStockphoto; P66 1B: Jurgen Hasenkopf/ Alamy; P72 1: NASA Jet Propulsion Laboratory (NASA_JPL) Prisma Bildagentur AG/Alamy; P73 6: Prisma Bildagentur; P74 3: 2008 Jupiterimages Corporation; P76 5a: micromonkey/Fotolia; P76 5b: PhotoAlto/Alamy P78 A: Nelson Thornes Ltd; P78 B: Ever/Fotolia; P78C: Musee Maritime in La Rochelle; P78 D: grahamheywood/ iStockphoto; P79E: Francofolies La Rochelle; P79 F: yanlev/Fotolia; P79 F & H: David Simson; P79 J: Aleksandr Volkov/Fotolia; P79 L: Martyn F. Chillmaid; P79 I: Blend Images/Alamy/Alamy; P79 G: Nelson Thornes Ltd; P79 K: Xabier Armendariz / Alamy; P80: Ray Roberts/Alamy; P81 2a: Cephas Picture Library/Alamy; P81 2b: Martyn F. Chillmaid; P81 3a: Getty Images; P81 3b: Fotolia; P82 3: Martyn F. Chillmaid; P90: Hemis/Alamy P96 1.1-12: David Simson; P97 4: Kovac/ Fotolia; P98 3a: Martyn F. Chillmaid; P101 A, C-F: Nelson Thornes Ltd; P101 B: Goodluz/Shutterstock; P102 1: Nelson Thornes Ltd; P103 5: Martyn F. Chillmaid; P104 1: Radius Images/Alamy; P104 3.2: Nelson Thornes Ltd; P104 3.3: Roman Chmiel/iStockphoto; P104 3.4: Joe0876/BigStockPhoto.com; P104 3.5: Tom McNemar/Fotolia; P104 3.6: Nelson Thornes Ltd; P104 3.7: Dmitry Kolmakov/Fotolia; P104 3.8: Nikolai Sorokin/Fotolia; P105 5: Michael Spencer; P106 1a: David Simson; P106 1b: Ulrich Doering/Alamy; P106 1c: Courtesy of Ji-Elle; P106 1d: Hemis/Alamy; P106 1e: pjmalsbury/iStockphoto; P106 f: poco_bw/iStockphoto; P106 1g: Alistair Cotton/iStockphoto; P106 1h: Bernhard Richter/iStockphoto; P106 1i: Peter Malsbury/iStockphoto; P108 1.4, 5, 6, 7, 9, 11: Martyn F. Chillmaid; P108 8: Picsfive/iStockphoto; P108 1.1-3: Collège Missy; P108 1.10: Nelson Thornes Ltd; P111 Infos 1: Solodov Alexey / Shutterstock; P111 Infos 2: Chris Edgcombe/Alamy; P111 Infos 3: FrankRamspott/iStockphoto; P111 Infos 4: Veniamin Kraskov/Fotolia; P111 Infos 5: Kristan/Fotolia; P112 1.2, 1.4-13: Martyn F. Chillmaid; P112 1.1 & 1.3: Michael Spencer; P112 1.14: tashka2000/Fotolia; P112 1.15: Martyn F. Chillmaid; P113 1.17: Martyn F. Chillmaid; P113 1.16: Brad Pict/Fotolia; P113 1.18: StockPhotosArt/ Fotolia; P113 1.20: laylandmasuda/iStockphoto;P113 1.19: Michael Spencer; P113 3: Shutterstock; P120 1.1 + 2.1: iStock by Getty Images; P120 1.2 + 2.2: Shutterstock; P120 2.3: iStock by Getty Images; P120 2.4: iStockphoto; P120 2.5: Alamy; P120 2.6: Shutterstock; P121 3: Elena Elisseeva/Shutterstock; P122 1a: Nelson Thornes Ltd; P122 1c: Nelson Thornes Ltd; P122 1e: Nelson Thornes Ltd; P126 1A: .shock/Fotolia; P126 1B: PhotoSky/Shutterstock; P126 1C: mma23/Fotolia; P126 1D: Jacek Chabraszewski/ Shutterstock; P126 1E: Olesia Bilkei /Shutterstock; P126 1F: PHB.cz/Fotolia; P126 1G: Ronnie Kaufman / CORBIS; P126 1H: Galina Barskaya/Fotolia; P128 1A, C, D, J, K, L: 2008 Jupiterimages Corporation; P128 1B: Anne de Haas/ iStockphoto; P128 1E: weim/Fotolia; P128 1F: shapiso/Fotolia; P128 1G: RoIMat/Fotolia; P128 1H: Andrea Leone/ iStockphoto; P128 1I: Dorlies Fabri/Fotolia; P129 3.6: bo198 2/iStockphoto; P129 3.5: wavebreakmedia/Shutterstock; P129 3.1, .3 & .4: David Simson; P129 4a: Michel Bouvet/ADCEP - Fete de la Musique; P129 4b: Iconotec/Alamy; P130 1A, B, F: auremar/Shutterstock,CEFutcher/ iStock, Janine Wiedel Photolibrary/Alamy; P130 1C: Thomas_EyeDesign/ iStockphoto; P130 1D:Laurentiu Iordache/Fotolia; P130 1E: Pavel L Photo and Video /Shutterstock; P132 1a: Paul Hakimata Photography /Shutterstock; P132 1b: Indigo Fish/Shutterstock; P134 2.1: S. Cambon/Parc Astérix; P134 2.2: H. Cussot/Parc Astérix; P134 2.3: H. Cussot/Parc Astérix; P134 2.5: S. Cambon/Parc Astérix; P134 2.4: J.L. Bellurget/Parc Astérix; P136 1: iStockphoto; P137 3a: YAY Media AS/Alamy; P137 3b: Getty Images; P145 5: Martyn F. Chillmaid; P148 3.1: Martyn F. Chillmaid; P149 4: Martyn F. Chillmaid; P152 1: v/iStockphoto; P153 6D: Arch White/Alamy

Cover photograph: Carol Havens/Getty Images

Special thanks to Hilary Attlee of Pates Grammar School, Cheltenham; Elizabeth King of Manchester High School for Girls, Manchester and Ruth Smith of Royal Grammar School, High Wycombe for reviewing material.
Thanks also to Mrs S. Hotham of Wakefield Girls' High School and to Ms Bethany Honnor, Florence Picard and the French staff at Latymer School for their feedback and advice.